宋代研究文萃丛书

包伟民　总主编

知宋
宋代之货币

王申 包伟民　主编

浙江人民出版社

图书在版编目（CIP）数据

知宋·宋代之货币 / 王申，包伟民主编. — 杭州 ：
浙江人民出版社，2024. 9. — ISBN 978-7-213-11295-9

Ⅰ. K875.6

中国国家版本馆 CIP 数据核字第 20245A9W52 号

知宋·宋代之货币

王　申　包伟民　主编

出版发行：浙江人民出版社（杭州市环城北路177号　邮编　310006）
　　　　　市场部电话：(0571)85061682　85176516

丛书策划：王利波　李　信　　　　营销编辑：张紫懿

责任编辑：金将将　　　　　　　　责任校对：陈　春

责任印务：程　琳　　　　　　　　封面设计：毛勇梅　袁家慧

宋代研究文萃印章设计：高　阳

电脑制版：杭州天一图文制作有限公司

印　　刷：杭州钱江彩色印务有限公司

开　　本：710毫米×1000毫米　1/16　　印　　张：15

字　　数：196千字　　　　　　　　插　　页：6

版　　次：2024年9月第1版　　　　印　　次：2024年9月第1次印刷

书　　号：ISBN 978-7-213-11295-9

定　　价：68.00元

"浙江文化研究工程成果文库"总序

　　有人将文化比作一条来自老祖宗而又流向未来的河，这是说文化的传统，通过纵向传承和横向传递，生生不息地影响和引领着人们的生存与发展；有人说文化是人类的思想、智慧、信仰、情感和生活的载体、方式和方法，这是将文化作为人们代代相传的生活方式的整体。我们说，文化为群体生活提供规范、方式与环境，文化通过传承为社会进步发挥基础作用，文化会促进或制约经济乃至整个社会的发展。文化的力量，已经深深熔铸在民族的生命力、创造力和凝聚力之中。

　　在人类文化演化的进程中，各种文化都在其内部生成众多的元素、层次与类型，由此决定了文化的多样性与复杂性。

　　中国文化的博大精深，来源于其内部生成的多姿多彩；中国文化的历久弥新，取决于其变迁过程中各种元素、层次、类型在内容和结构上通过碰撞、解构、融合而产生的革故鼎新的强大动力。

　　中国土地广袤、疆域辽阔，不同区域间因自然环境、经济环境、社会环境等诸多方面的差异，建构了不同的区域文化。区域文化如同百川归海，共同汇聚成中国文化的大传统，这种大传统如同春风化雨，渗透于各种区域文化之中。在这个过程中，区域文化如同清溪山泉潺潺不息，在中国文化的共同价值取向下，以自己的独特个性支撑着、引领着本地经济社会的发展。

　　从区域文化入手，对一地文化的历史与现状展开全面、系统、扎实、有序的研究，一方面可以借此梳理和弘扬当地的历史传统和文化资源，繁荣和丰富当代的先进文化建设活动，规划和指导未来的文化发展蓝图，增强文化软实力，为全面建设小康社会、加快推进社会主义现代化提供思想保证、精神动力、智力支持和舆论力量；另一方面，这也是深入了解中国文化、研究中国文化、发展中国文化、创新中国文化的重要途径之一。如今，区域文化研究日益受到各地重视，成为我国文化研究走向深入的一个重要标志。我们今天实施浙江文化研究工程，其目的和意义也在于此。

千百年来，浙江人民积淀和传承了一个底蕴深厚的文化传统。这种文化传统的独特性，正在于它令人惊叹的富于创造力的智慧和力量。

浙江文化中富于创造力的基因，早早地出现在其历史的源头。在浙江新石器时代最为著名的跨湖桥、河姆渡、马家浜和良渚的考古文化中，浙江先民们都以不同凡响的作为，在中华民族的文明之源留下了创造和进步的印记。

浙江人民在与时俱进的历史轨迹上一路走来，秉承富于创造力的文化传统，这深深地融汇在一代代浙江人民的血液中，体现在浙江人民的行为上，也在浙江历史上众多杰出人物身上得到充分展示。从大禹的因势利导、敬业治水，到勾践的卧薪尝胆、励精图治；从钱氏的保境安民、纳土归宋，到胡则的为官一任、造福一方；从岳飞、于谦的精忠报国、清白一生，到方孝孺、张苍水的刚正不阿、以身殉国；从沈括的博学多识、精研深究，到竺可桢的科学救国、求是一生；无论是陈亮、叶适的经世致用，还是黄宗羲的工商皆本；无论是王充、王阳明的批判、自觉，还是龚自珍、蔡元培的开明、开放，等等，都展示了浙江深厚的文化底蕴，凝聚了浙江人民求真务实的创造精神。

代代相传的文化创造的作为和精神，从观念、态度、行为方式和价值取向上，孕育、形成和发展了渊源有自的浙江地域文化传统和与时俱进的浙江文化精神，她滋育着浙江的生命力、催生着浙江的凝聚力、激发着浙江的创造力、培植着浙江的竞争力，激励着浙江人民永不自满、永不停息，在各个不同的历史时期不断地超越自我、创业奋进。

悠久深厚、意韵丰富的浙江文化传统，是历史赐予我们的宝贵财富，也是我们开拓未来的丰富资源和不竭动力。党的十六大以来推进浙江新发展的实践，使我们越来越深刻地认识到，与国家实施改革开放大政方针相伴随的浙江经济社会持续快速健康发展的深层原因，就在于浙江深厚的文化底蕴和文化传统与当今时代精神的有机结合，就在于发展先进生产力与发展先进文化的有机结合。今后一个时期浙江能否在全面建设小康社会、加快社会主义现代化建设进程中继续走在前列，很大程度上取决于我们对文化力量的深刻认识、对发展先进文化的高度自觉和对加快建设文化大省的工作力度。我们应该看到，文化的力量最终可以转化为物质的力量，文化的软实力最终可以转化为经济的硬实力。文化要素是综合竞争力的核心要素，文化资源是经济社会发展的重要资源，文化素质是领导者和劳动者的首要素质。因此，研究浙江文化的历史与现状，增强文化软实力，为浙江的现代化建设服务，是浙江人民的共同事业，也是浙江各级党委、政府的重要使命和责任。

2005年7月召开的中共浙江省委十一届八次全会，作出《关于加快建设文化大省的决定》，提出要从增强先进文化凝聚力、解放和发展生产力、增强社会公共服务能力入手，大力实施文明素质工程、文化精品工程、文化研究工程、文化保护工程、文化产业促进工程、文化阵地工程、文化传播工程、文化人才工程等"八项工程"，实施科教兴国和人才强国战略，加快建设教育、科技、卫生、体育等"四个强省"。作为文化建设"八项工程"之一的文化研究工程，其任务就是系统研究浙江文化的历史成就和当代发展，深入挖掘浙江文化底蕴、研究浙江现象、总结浙江经验、指导浙江未来的发展。

浙江文化研究工程将重点研究"今、古、人、文"四个方面，即围绕浙江当代发展问题研究、浙江历史文化专题研究、浙江名人研究、浙江历史文献整理四大板块，开展系统研究，出版系列丛书。在研究内容上，深入挖掘浙江文化底蕴，系统梳理和分析浙江历史文化的内部结构、变化规律和地域特色，坚持和发展浙江精神；研究浙江文化与其他地域文化的异同，厘清浙江文化在中国文化中的地位和相互影响的关系；围绕浙江生动的当代实践，深入解读浙江现象，总结浙江经验，指导浙江发展。在研究力量上，通过课题组织、出版资助、重点研究基地建设、加强省内外大院名校合作、整合各地各部门力量等途径，形成上下联动、学界互动的整体合力。在成果运用上，注重研究成果的学术价值和应用价值，充分发挥其认识世界、传承文明、创新理论、咨政育人、服务社会的重要作用。

我们希望通过实施浙江文化研究工程，努力用浙江历史教育浙江人民、用浙江文化熏陶浙江人民、用浙江精神鼓舞浙江人民、用浙江经验引领浙江人民，进一步激发浙江人民的无穷智慧和伟大创造能力，推动浙江实现又快又好发展。

今天，我们踏着来自历史的河流，受着一方百姓的期许，理应负起使命，至诚奉献，让我们的文化绵延不绝，让我们的创造生生不息。

2006年5月30日于杭州

"浙江文化研究工程成果文库"序言

易炼红

国风浩荡、文脉不绝，钱江潮涌、奔腾不息。浙江是中国古代文明的发祥地之一，是中国革命红船启航的地方。从万年上山、五千年良渚到千年宋韵、百年红船，历史文化的风骨神韵、革命精神的刚健激越与现代文明的繁荣兴盛，在这里交相辉映、融为一体，浙江成为了揭示中华文明起源的"一把钥匙"，展现伟大民族精神的"一方重镇"。

习近平总书记在浙江工作期间作出"八八战略"这一省域发展全面规划和顶层设计，把加快建设文化大省作为"八八战略"的重要内容，亲自推动实施文化建设"八项工程"，构筑起了浙江文化建设的"四梁八柱"，推动浙江从文化大省向文化强省跨越发展，率先找到了一条放大人文优势、推进省域现代化先行的科学路径。习近平总书记还亲自倡导设立"文化研究工程"并担任指导委员会主任，亲自定方向、出题目、提要求、作总序，彰显了深沉的文化情怀和强烈的历史担当。这些年来，浙江始终牢记习近平总书记殷殷嘱托，以守护"文献大邦"、赓续文化根脉的高度自觉，持续推进浙江文化研究工程，接续描绘更加雄浑壮阔、精美绝伦的浙江文化画卷。坚持激发精神动力，围绕"今、古、人、文"四大板块，系统梳理浙江历史的传承脉络，挖掘浙江文化的深厚底蕴，研究浙江现象、总结浙江经验、丰富浙江精神，实施"'八八战略'理论与实践研究"等专题，为浙江干在实处、走在前列、勇立潮头提供源源不断的价值引导力、文化凝聚力、精神推动力。坚持打造精品力作，目前一期、二期工程已经完结，三期工程正在进行中，出版学术著作超过1700部，推出了"中国历代绘画大系"等一大批有重大影响的成果，持续擦亮阳明文化、和合文化、宋韵文化等金名片，丰富了中华文化宝库。坚持砺炼精兵强将，锻造了一支老中青梯次配备、传承有序、学养深厚的哲学社会科学人才队伍，培养了一批高水平学科带头人，为擦亮新时代浙江学术品牌提供了坚实智力人才支撑。

文化是民族的灵魂，是维系国家统一和民族团结的精神纽带，是民族生命力、创造力和凝聚力的集中体现。在以中国式现代化全面推进强国建设、民族复兴伟业的新征程上，习近平文化思想在坚持"两个结合"中，以"体用贯通、明体达用"的鲜明特质，茹古涵今明大道、博大精深言大义、萃菁取华集大成，鲜明提出我们党在新时代新的文化使命，推动中华文脉绵延繁盛、中华文明历久弥新，推动全党全国各族人民文化自信明显增强、精神面貌更加奋发昂扬。特别是今年9月，习近平总书记亲临浙江考察，赋予我们"中国式现代化的先行者"的新定位和"奋力谱写中国式现代化浙江新篇章"的新使命，提出"在建设中华民族现代文明上积极探索"的重要要求，进一步明确了浙江文化建设的时代方位和发展定位。

文明薪火在我们手中传承，自信力量在我们心中升腾。纵深推进文化研究工程，持续打造一批反映时代特征、体现浙江特色的精品佳作和扛鼎力作，是浙江学习贯彻习近平文化思想和习近平总书记考察浙江重要讲话精神的题中之义，也是浙江一张蓝图绘到底、积极探索闯新路、守正创新强担当的具体行动。我们将在加快建设高水平文化强省、奋力打造新时代文化高地中，以文化研究工程为牵引抓手，深耕浙江文化沃土、厚植浙江创新活力，为创造属于我们这个时代的新文化贡献浙江力量。要在循迹溯源中打造铸魂工程，充分发挥习近平新时代中国特色社会主义思想重要萌发地的资源优势，深入研究阐释"八八战略"的理论意义、实践意义和时代价值，助力夯实坚定拥护"两个确立"、坚决做到"两个维护"的思想根基。要在赓续厚积中打造传世工程，深入系统梳理浙江文脉的历史渊源、发展脉络和基本走向，扎实做好保护传承利用工作，持续推动优秀传统文化创造性转化、创新性发展，让悠久深厚的文化传统、源头活水畅流于当代浙江文化建设实践。要在开放融通中打造品牌工程，进一步凝炼提升"浙学"品牌，放大杭州亚运会亚残运会、世界互联网大会乌镇峰会、良渚论坛等溢出效应，以更有影响力感染力传播力的文化标识，展示"诗画江南、活力浙江"的独特韵味和万千气象。要在引领风尚中打造育德工程，秉持浙江文化精神中蕴含的澄怀观道、现实关切的审美情操，加快培育现代文明素养，让阳光的、美好的、高尚的思想和行为在浙江大地化风成俗、蔚然成风。

我们坚信，文化研究工程的纵深推进，必将更好传承悠久深厚、意蕴丰富的浙江文化传统，进一步弘扬特色鲜明、与时俱进的浙江文化精神，不断滋育浙江的生命力、催生浙江的凝聚力、激发浙江的创造力、培植浙江的竞争力，真正让文化成为中国式现代化浙江新篇章中最富魅力、最吸引人、最具辨识度的闪亮标识，在铸就社会主义文化新辉煌中展现浙江担当，为建设中华民族现代文明作出浙江贡献！

2023 年 12 月

引言：认识一个时代

我们这一套"知宋"丛书，旨在为有一定文史基础并有兴趣进一步了解两宋历史的读者，提供一个方便学习的门径。

中华民族五千多年文明史的各个发展阶段，都有其独特的历史地位，两宋时期尤其如此。历史的演进，如长河奔流，不舍昼夜，平缓湍急，变化百态，然而必有关键河段，决定着下游走向。如长江之出三峡、黄河之过龙门，终于一泻千里，奔腾入海。由唐入宋，正是这样一个关键节点。不同解释体系，从各自视角出发，截取的起讫时间往往并不一致：陈寅恪先生观察古代文化史流变，以唐代中后期的韩愈为"唐代文化学术史上承先启后转旧为新关捩点之人物"；近数十年来，不少欧美学者从社会阶层演变入手分析，多视两宋之际为转变节点。国内学界更多视唐（五代）宋之际为转折点，除了由于改朝换代具有天然的标识意义外，还因为国家制度大多随着新政权的建立而更新。对这一历史转折的定性，无论视之为"变革"，还是"中国封建社会从前期向后期的演进"，总之可以肯定的是，自南宋以降，我国传统农业社会进入发展后期，从唐末到南宋三四百年间则是它的调整转折时期。前贤曾论今日中国"为宋人之所造就"，就是指自南宋以降奠定了我国传统社会后期基本格局这一点而言的，所以南宋尤其值得重视。

但是，想要全面地认识一个时代，并不容易。人类社会现象之错综复杂，无论怎样强调都不为过。如果说自然界最复杂的事物是宇宙，那么与之相对应的人类社会中最为复杂的事物就是社会本身了。对于我们生于此、长于此的现实世界，且不说域外他国，即便身边的人与事，人们也不免常有孤陋寡闻之叹；更何况对千百年前的历史世界，存世的资料总是那么的零散与片面，想要接近真实就更难了。

具体就10—13世纪的中国历史而言，在传统正史体系中，除《宋史》外，同时有《辽史》《金史》并存。还有其他未能列入正史的民族政权，例如西北的西夏、西南的大理国；更往西或西南，包括青藏高原，都存在众多地方性的族群与统治力量。赵宋政权尽管占据了以黄河与长江两大流域为主的核心经济区，历时也最久，但毕竟不过是几个主要政权中的一个而已。在某些重要方面，例如对西北地域的经略以及国家政治的走向等，赵宋甚至难说代表着一般的发展趋势。

这套文萃选编以两宋为中心，有一定的局限性，并不能等同于10—13世纪全部的中国历史。选编共列出了政治制度、君臣、法律、科举、军事、城市与乡村、货币、交通、科技、儒学、文学、书画艺术、建筑等专题，每题一册，试图尽可能涵盖目前史学研究中关于两宋历史的核心议题，但难免仍有欠缺。出于各种原因，还有其他一些重要议题，例如经济生产、人口性别、社会生活、考古文物等，都暂未能列入。即便是已经列入的这些议题，今人既有的认识——假设它们准确无误，对于极其丰富的真实历史生活而言，恐怕也不过是浮光掠影而已。这既有我们当下的认识能力尚有不足的原因，也因史文有缺，造物主吝于向我们展现先人生活的全貌。总之，我们必须直面历史知识不得不大量留白之憾，切不可为既有的史学成就而沾沾自喜。

但是，人们认识先人生活的努力从未懈怠。自20世纪80年代以来，中国史学成绩斐然，两宋史领域也不例外。可以说，举凡存世资料相对充分、足以展开讨论的议题，差不多都已经有学者撰写了专书，更不必说数量无法统计的专文了。近半个世纪以来，在两宋史领域，每一个知识点基本上都得到了更新与拓展。在许多议题上，学者们更是相互讨论辩难，意见纷呈，远未取得相对一致的"共识"。那么，在这样先天不足、后天失调的前提之下，以每册区区20余万字的篇幅，来反映目前史学界对宋史领域相关议题的研究成果，又有什么意义呢？或者说，我们将如何坦然面对挂一漏万之讥，以使选编工作对读者，同时也对选编者都能呈现一定的价值呢？

首先必须指出，每一个专题对于相关研究文献的择取，都出于选编者自身的理解，具有一定的主观性。也可以说，选编工作本身就体现了对相关专题的某种认识思路，这自然毋庸讳言。

其次，我们请每册主编都撰写了一篇导言，以尽可能客观地总结各个不同专题的学术史概况。这既是对每册字数容量有限之憾的弥补，也是对每个专题学术史展开的基本路径的梳理，以供读者参考。也正因此，在尽可能选择最新研究成果的前提之下，选编者还会择取少量发表时间稍早，但在学术史上具有重要地位，迄今仍具有相当影响力的专文。

最后，本套文萃选编的目的不是试图提供关于各个专题的"全面"的知识框架，而是借几篇研究精品，向读者展示本领域研究者如何利用可能获取到的历史信息，在大胆假设与小心求证之间驰骋智力，以求重现先人生活某一侧面之点滴的过程与成果。因此，本丛书除了对相关史学领域的初学者在了解两宋历史时提供一些帮助外，相信还能使更广大的资深文史爱好者开卷有益。

以上就是我们出版这一套文萃选编的基本设想，谨此说明。

总主编　包伟民

2023 年 10 月

目录

第四编　物价及其他货币形式

导　论

王　申　包伟民

　　这是一本关于宋代货币研究的论文选集，汇集了10位作者的13篇长短不一、侧重面不同的文章。这些文章涉及宋代货币问题的多个不同层面，大致可分成四部分：总论、铜钱、纸币、物价及其他货币形式，每部分都是研究宋代货币史和了解宋代货币流通基本情况的重要方面。在进入各位学者精彩的正文之前，有必要对宋代货币的基本史实、学者目前关心的主要问题，以及各领域大体的认识情况、存在的难点疑点，略作介绍。

铜钱

　　宋代是一个铜钱经济特别发达的时代。最直接的体现便是铜钱铸造量特别巨大。据学者统计，仅是北宋一朝，铜钱的铸造量就达到了2.6亿—3亿贯。不论是按足钱（1000枚铜钱成1贯）还是按当时的一种特殊计钱方式省陌（770枚铜钱成1贯），将2.6亿或3亿贯换算为枚数，都会带有很长的一串0。从赵匡胤建立北宋的960年，到遭受"靖康之变"灭亡的1127年，北宋王朝历经167年，年均铸钱量达到了155万—179余万贯。元丰三年（1080），北宋全国铜钱和铁钱的铸造总量更是达到几近600万贯的天文数字，在中国古代历史可谓无出其右。

　　宋廷铸造这么多钱干什么？有人说，宋代经济比前代发达许多，商业规模扩大了不少，因此需要更多的钱币支撑经济发展。这种说法有一定道理。宋朝以其超越前代的发达经济、繁荣的市场贸易闻名于世。即便是如今，如果在街头随机采访路人，问哪一个中国古代王朝的经济最发达、商业最繁荣，应该有不少人的回答会是宋朝。

不过，商业交易需要钱币肯定无法说明全部问题。王安石变法所处的熙宁、元丰年间是整个北宋铜钱铸造量最多的时期，而且增加铸钱量是出于朝廷诏令。难道是朝廷察觉目前经济发达，民间钱币不够用，为了鼓励商业、发展经济而特地大量铸钱吗？

显然不是。王安石为了推行变法政策与反对派斗得昏天黑地，更是为处理新法实际操作中出现的问题而忙得焦头烂额，又怎会有时间关注经济发展呢？更何况，将经济增长作为一项统计指标和发展目标要到近代才出现，王安石恐怕不太会像现代政治家那样，脑海中有着明确的发展社会经济的意识。他关注的，无非是如何充盈国家府库、强化军事力量，以解决北宋边患。实际上，王安石推行的主要新法，如青苗法、免役法、市易法、均输法都需要大量货币作为支撑，甚至可以说新法是以货币为中心运转起来的。因此，有不少学者将王安石变法视为唐宋之际国家财政货币化发展的重要历史节点。这一时期，大量铜钱和其他货币替代品在国家财政循环中发行回笼，而北宋原有的铜钱不足以支撑王安石施展变法措施，尽管北宋前期的铸币量其实已不算少。

虽然北宋铸钱量极大，但是对于北宋货币流通状况，史书中却出现了两种截然不同的记载。

第一种记载很容易理解，因为铜钱铸造量、流通量大，宋钱随着国际贸易流向其他地域。当然，宋廷在许多时候都不允许铜钱和铜矿石出境，但防不胜防——许多境外商人用极为诱人的价格求购铜钱，挡得住诱惑的宋人恐怕不多。王安石本人倒是对钱币的流出持比较开放的态度，还解除了"钱禁"。从历史记载和考古发现来看，两宋时期中国大陆上的其他政权，如辽、夏、金都大量使用宋朝铜钱，周边的朝鲜半岛、日本、东南亚地区也吸收了不少宋钱。尽管这些地区买入宋钱的目的并不都是用作本国货币，也有融化后铸造佛像的，但是长期、大量地流出海外还是大大增强了宋钱的流通性与国际性。最让人吃惊的是，域外人不仅使用铜钱，甚至还按照宋钱的样式进行仿造。因此，若是在海外看到一枚打着某个宋朝年号的铜钱，还真不一定是宋钱。

第二种记载则让人感到意外。明明北宋铸钱量很大，可时人还是抱怨铜钱不够，甚至说自己所在的地方陷入了"钱荒"。到底什么是钱荒，为什么形成了钱荒，一直是牵动学者注意力的大问题。就连宋人自己的说法也形形色色、层出不穷，令如今的我们读来莫衷一是。

不过无论哪种记载，都不是历史的全貌。比如宋代钱荒之所以成了一个重要的学术研究议题，是因为今人尚看不清楚宋代货币流通的整体状况，宋人也未必看得清楚。宋人生活在宋朝，能感受到我们无法感受的时代脉搏，听到和看到我们现在接触不到的消息与文字，自然比我们了解的要多些。可反过来，历史学家也能看到许多在宋朝只有皇帝和极少数官员才能看到的资料，还能掌握不少跨越两宋数百年的史料记载，又无疑比许多宋人（哪怕是高官）接触到更多资料。可即便宋人看问题的维度和我们看问题的维度相叠加，仍然难以囊括百分之百的历史，足见铜钱经济在宋代的面貌是多么丰富。宋代经济如此吸引今人的目光，除其本身就繁荣与发达外，复杂与多样应该也是重要原因。

纸币

中国是世界上最早使用纸币的国家，而纸币正诞生于距今1000多年前的宋朝。从今天的视角看，纸币当然是很伟大的一项发明。不论铜钱还是白银，作为金属都有其市场价值。中国古代"一文"铜钱的币材价值在大部分时期就在一文上下；白银更不用说，人们习惯于直接按秤量方式使用流通。在长期使用金属货币的背景下，宋代以降的中国人竟然接受用几乎不值一钱的纸张做货币，一张纸甚至还能代表数百上千文铜钱，这其中一定有一些奥妙。

根据现有的记载，最早的纸币交子是北宋成都的大商人发明的。原因也很容易理解，当时成都地区流通的主要货币铁钱的单位币值太低，携带不便且容易生锈，大商人们缺乏大额和长途贸易使用的货币。而纸币无疑是最好的选择。不过这个解释不足以满足人们的求知欲，接下来的追问非常难以回答：为什么是纸币？为什么是成都？

学界有各式各样的解释。比如宋代的商品经济相比之前的朝代有较大的发展，而四川又是经济颇为发达的地区；比如四川有大量的楮树，它的树皮是当时生产纸币的重要原料；比如唐宋以来人们已经大量地在金融领域利用纸张做汇票等票据，发明纸币的制度基础已经有了，等等。但是，为什么是纸币、为什么是成都之类的问题就像是为什么工业革命发生在英国一样，人们提出了许许多多的可能性，却一直未能找到特别令人满意和信服的答案。历史的发展太过复杂，远远不是我们现在总结的一、二、三、四点历史经验或者原因就能解释的，真正的原因也许如何都说不尽。

要确定原因很困难，但要论证什么不是原因则要容易些。在论证的过程中，一些直击宋代纸币本质的东西也会逐渐浮出水面。要找到深层次的动因很困难，而落实到改变历史进程的历史事件、人物决策则要清晰不少。另一方面，当我们沉浸于宣传宋代纸币多么伟大，探索它为什么兴起、为什么衰败等宏大问题时，又不自觉地忽略了一个对当时人而言最重要，同时也具有相当大意义的问题：宋代纸币到底是怎么流通的？它在流通中有什么优势，碰到了什么困难？如果搞不清楚最基础的流通问题，弄不清楚宋人如何使用纸币，那么要论证宋代纸币的伟大又何从谈起呢？

因此，研究宋代纸币其实不只是讨论一个货币问题，而是需要充分关注当时的经济、财政等更为宏大、复杂、综合的方面。附加给一张白纸如此多的内涵，一定牵动了大量的制度、政策和信用关系。呈现这些复杂的制度、政策和信用关系，恐怕是研究宋代纸币问题最有趣的一面了。

物价及其他货币形式

物价问题向来是货币史乃至中国古代货币史的大难题。过去的钱价值几何？古人一天的收入相当于现在的多少人民币？粮食在古代贵不贵？唐朝人一天收入高还是宋人一天收入高？诸如此类的问题，在时不时勾起人们好奇心的同时，也让历史学家难以完美回应。胆大者敢于下论断，给出一些概括式的回复；谨小慎微者则觉得手边资料不足、不同时代的物价很难比较，因而说不出所以然。

让物价问题如此棘手的原因，我想主要有两个。

第一是资料的质量不够高，不足以支撑研究者展开系统的定量研究。当代统计学仰赖于优质的连续数据，至于所谓"大数据"则更是需要海量数据以供算法即时响应、即时分析。很遗憾的是，虽然宋朝官方手中有某些定期的物价统计数据，但这些数据几乎没有留存至今。今天的历史学家能够见到的，基本上只有零散的、代表特殊情况的数据，可谓既不连续、又不优质。即便研究者掌握了回归分析等统计学工具，也很难有用武之地。如果100个连续数据中缺了一两个，人们或许能把这两个缺失的数据"回归"出来。而宋代数据的情况则是：本应该有100个数据，现在只留下一两个，叫人如何"回归"是好？打个比方，如果有人雄心勃勃地想要做关于宋代全国粮价的定量研究，却发现能见到的数据多是今年杭州丰收的粮价和5年前鄂州歉收的粮价，这种零散的数据甚至还主要是特殊情况，"束手无策""巧妇难为无米之炊"或许是这位研究者心中率先蹦出来的词语。

第二是宋人使用的交易媒介十分多样，除了铜钱、纸币等货币，还有布帛、白银、粮食等许许多多具有某些货币功能的替代品。这些货币和货币替代品的单位、购买力都不统一，甚至同一种物品在不同时期、不同地域、不同场合的购买力也有差异。对于处于宋代某一时间节点、某一地域的人而言，这些交易媒介的购买力、常用种类、相互间比价是静止的和容易分辨的，但对于今人而言事情就没那么简单了。一大堆记载得没头没尾的史料数据扑面而来，用一个字总结就是乱。

不过，迎难而上才是研究工作的真谛，待在舒适圈中永远无法向真问题发起进攻。为了更为细致地解读宋代物价问题和不同货币形式的相互关系，学者们从不同角度做出了努力。这些努力不仅试图说明当时多种货币并行的现象，更试图揭示现象背后的道理。毕竟，古人身处的货币流通情景复杂而多元，与今日完全不同。今人要想感受和理解全然不同的古代情景，只能付出超乎常人的毅力和智力。本书就这一方面问题选择的三篇文章，为我们拨开重重迷雾打下了坚实基础。

总的来说，宋代货币的复杂程度远远超过我们的印象。这既有制度设计精密的一面，也有多元货币同时流通混乱的一面。而无论哪一个方面，都让宋代货币问题充满了令人深陷其中、想要一探究竟的无穷吸引力。货币作为支付手段、交流媒介，必须依靠人、事和各种渠道，而货币的流通也串联起了经济的方方面面。从这个角度来说，一部宋代货币史，就是一部宋代经济史，值得仔细品味。

最后，需要指出的是，本书选编的文章创作于不同年代，且各位作者的学术观点不一，因而不同文章对于宋代货币的认识不一也是在所难免。因编者能力和经历有限，本书无法在有限篇幅内收录所有相关的高水平文章，恳请各位读者见谅。另外，部分文章系作者原稿，或为作者修订稿，与在期刊发表的版本略有不同。

第一编

总　论

本编是关于宋代货币史的总论，具体涉及宋代货币流通的特点、宋人计算和表述钱数的方式。不论人们考察何种形制的宋代货币，都需要通过认识以上几个问题来"打底"。

本编有三篇文章。高聪明《宋代货币流通的特点》全面梳理和归纳了宋代货币流通的三个主要特点：货币的沉淀；货币在各地区间分布的不平衡；货币需求量和流通量受生产季节性影响而表现的季节性变化，货币流通速度慢。这是一篇提纲挈领的文章。较少流通货币的王朝和大量使用银行金融系统的当代人，很难感受到上述宋代货币流通的特点。这些特点可以说是宋代货币流通的标志，但有时又成为当时人面临的难点。

李伟国《宋代文献计钱方式例析》综合讨论了几种宋代文献中计算钱数的方式。现在人们使用人民币的单位只有"元""角""分"，其中绝大多数场合用元，增减货币数量也主要靠数字进位。相较于此，宋人计算钱数的单位和方式则要多得多，若不正确理解，就看不明白宋代史书中货币的数量。因此，熟习各种计钱方式，是了解宋代货币流通的第一步。

李伟国《略谈宋朝计钱的省陌制》应该是第一篇系统讨论宋朝省陌制度的文章。省陌来源于短陌，而短陌大体指以不足实数的钱当作实数用。例如以铜钱77枚当作100文，即是省陌。此文不长，却清楚阐释了宋朝省陌制的基本内容、历史沿革，让今人进一步了解宋人使用省陌的来龙去脉。

宋代货币流通的特点

高聪明

　　宋代是中国封建社会商品货币经济发展的高峰时期，货币流通呈现出丰富而复杂的内容，除货币流通的基本性质外，宋代货币流通还有一些显著的特点，主要表现在三个方面：一是货币的沉淀，即货币在流通过程中一部分货币退出流通，转化为贮藏货币；二是货币在地区间分布不平衡；三是货币需求量和流通量受生产周期的影响而表现的季节性变化，货币流通速度慢。了解这些特点有助于我们对宋代货币经济的全面理解，对认识宋代货币流通中出现的一些现象也很有意义。下面就对上述特点进行分别论述。

一、货币的沉淀

　　从宋代货币的流通渠道看，货币的集中是一个重要规律。货币总是不断向商人、地主手中集中，形成流通中货币的聚积，这些聚积起来的货币流向何处由商品经济发展水平，特别是商品生产发展水平决定。宋代的商业尽管已有较高程度的发展，但是商品生产还不发达，商业的发展是独立于生产之外的，货币还没有与生产相结合而转化为生产资本，货币就只是单纯财富的象征。在商人、地主手中积累起来的货币，除用作商业资本继续流通或者购买土地，或者只是用于生活消费外，其余则是作为积累财富的方式加以贮藏，而不可能用作生产资本重新投入流通。"产品的商品性质越是不发达，交换价值越是没有占领生产的全部广度和深度，货币就越是表现为真正的财富本身，表现为一般财富，而同财富在使用价值上的有限表现相对立。货币贮藏就是建立在这个基础上的。"①贮藏货币的发达是商品生产不发达的结果，商品生产不发达必然导致贮藏货币的发达。

袁采在《袁氏世范》中指出了宋代贮藏货币的风气，并对此持批评态度。他说：

> 人有兄弟子侄同居，而私财独厚，虑有分析之患者，则置金银之属而深藏之，此为大愚。若以百千金银计之，用以买产，岁收必十千，十余年后，所谓百千者，我已取之，其分与者皆其息也，况百千又有息焉。用以典质营运，三年而其息一倍，则所谓百千者我已取之，其分与者皆其息也，况又二年再倍，不知其多少，何为而藏之篋笥，不假此收息以利众也？②

宋代贮藏货币不只是金银，也并不是单纯为避免所谓"分析之患"。袁采虽主张将货币用于流通生息，也只是投资于"典质营运"，即投资于高利贷和商业活动，而不是投资于生产以进行商品生产，这正说明了商品生产不发达对于货币流通的影响，货币还没有成为生产资本，没有与生产相结合。

在商品生产发达的情况下，货币的拥有者为了追求利润会将手中的货币投资于生产，而不会让货币停留在手中，它是资本的人格化，所执行的是资本的职能，而资本的本性就是不断地、最大限度地获取利润。而宋代商品经济还没有发展到这一程度，所以货币的贮藏就很发达，流通过程中所积累起来的货币并没有投资于生产，除用作商业和高利贷资本外，大量货币被贮藏起来。宋代货币贮藏十分盛行，许多大家富室都有库藏钱，称为"镇库钱"。这些货币一旦被贮藏，则可能被埋藏于地下永无见天之日，或藏之库中至累世不用。这样的例子是很多的，如咸平县张士宁"尝蓄皇

---

① 《资本论》第3卷，人民出版社1975年版，第676页。
② 〔宋〕袁采：《袁氏世范》上卷《睦亲》。

祐钱万贯，谓之镇库钱"①，海州怀仁县杨六秀才妻刘氏家财十万贯，藏屋十间；青州麻员外"至富，号麻十万，……其富三世，自其祖以钱十万镇库，而未尝用也"。宋人议论说："然则所谓富家大室者，所积之厚，其势可以比封君，而钱足以使鬼神，则于剥取之道唯恐无间。"②全国各地都有一批挂牌的大豪富，青州麻氏不过其中之一，"射利之豪，拥高赀，轨楫鳞差，而荷任者不得完短褐也。前日右姓有如青社之麻、龙门之李、寿春之王、大贾之焦氏，与夫近世都下之孙、郭，此亦卓氏辈，何以异哉？天下此俦固不少矣"③。这些大家经济力量雄厚，甚至连政府也要向他们借贷，"方关陕用兵、朝议贷在京民钱"④，政府曾向永兴大姓李氏借钱二十万贯，"后与数人京官名目以偿之"⑤。南宋时期钱荒问题一直很严重，但同时货币贮藏之风也很盛，"言者论比年权富之家以积钱相尚，多者至累百钜万，而少者亦不下数十万缗，夺公上之权而足私家之欲，富者日益富，而贫者日益贫"⑥。靖安张保义本是屠户，建炎时以战功得官，"藏钱不胜多，至筑土库数十所作贮积处，平生享用自如"⑦，会稽詹氏为郡巨室，其中詹抚干又最富，"藏镪尤多……库屋十余堂，元堆叠缗钱"⑧。南宋中期人吴箕说"货殖列传中所载富者固曰甚盛，然比之近代，似不足道，樊嘉以五千万为天下高赀，五千万钱在今日言才五万贯耳，中人之家以五万缗计之者甚多，何足传之于史，盖汉时兼并之风犹未至甚，民之富者特止于是，自唐以来财产蓄于私室而贫民无立锥，宜乎货殖之多于古也"⑨，可见唐宋以来商品经济的发展使地主商人的货币财富大量增加，

① 〔宋〕王巩：《闻见近录》。
② 〔宋〕何薳：《春渚纪闻》卷二《二富室疏财》。
③ 〔宋〕刘弇：《龙云集》卷二七。
④ 《宋史》卷三三三《余良肱传》。
⑤ 〔宋〕李焘：《续资治通鉴长编》（以下简称《长编》）卷三八八，元祐元年九月丁丑条。
⑥ 〔宋〕李心传：《建炎以来系年要录》卷一八二，绍兴二十九年六月丙申条。
⑦ 〔宋〕洪迈：《夷坚志·支志·乙》卷九《张保义》。
⑧ 《夷坚志·支志·庚》卷三《詹抚干》。
⑨ 〔宋〕吴箕：《常谈》。

但是"富者兼田千亩，廪实藏钱至累岁不发，然视捐一钱可以易死，宁死无所捐"①。货币贮藏的盛行使大量货币不断沉积于流通之外，成为豪室大家随时可以支配的财富，正常的流通难以进行，宋人诗曰：

> 物外幽奇物，吟看复叹吁，
> 豪家如可用，穷巷却应无，
> ……
> 良冶何由铸，常流岂易图，
> 野人惟自爱，难把悦妻孥。②

"常流岂易图"正说明了宋代货币沉淀严重这一事实。大量货币贮藏必然使流通领域货币减少，同时也使总的货币流通速度变慢，现有存量货币不能发挥应有的作用，从而增加了货币的需求量。

货币贮藏的盛行总的来说是商品生产不发达的结果，货币制度的不合理变动也会加剧货币贮藏的盛行。如铸币减轻、劣币流通会使优良货币被贮藏。北宋时期主要以铜钱为流通手段，相对来说，北宋铜钱质量的变化不大，但也发生了两次铸币减轻的情况。第一次是宋仁宗时期在西北实行大钱和铁钱制度，致使小铜钱退出流通，"旧钱不出，新钱愈轻"③，第二次是宋徽宗朝蔡京推行大钱和夹锡钱，涉及整个铜钱流通区，破坏性极大，"小平钱益少，市易濡滞"④，使正常的交换都难以进行。

南宋铜钱退出流通领域的问题比北宋更为严重，主要原因是纸币的大量流通，以及南宋铜钱质量普遍降低，使北宋以来铸造的大量优良铜钱退出流通。在会子尚未流通的绍兴时期就已经存在官铸铜钱含铜量降低，民间大量铸造沙毛钱，铸币质量低劣的问题，民间形成了"以积钱相尚"的风气。良币被大量贮藏，流通领域货币短缺，所以绍兴二十九年（1159）

---

① 〔宋〕曾巩：《元丰类稿》卷一七《分宁县云峰院记》。
② 〔宋〕魏野：《东观集》卷一《苦钱八韵》。
③ 《长编》卷一二九，康定元年十二月戊申条。
④ 《宋史》卷一八〇《食货下二·钱币》。

宋政府"立为限制，命官之家存留见钱二万贯，民庶半之，余限二年听变转金银算请茶盐香矾钞引之类，越数寄隐许人告"①，企图以立法形式限制私家藏钱，强制被贮藏的货币重新回到流通中来。唐代实行两税法后造成了严重的钱荒，曾立法限制私家藏钱，两宋时期只有绍兴年间曾实行这样的措施，足见当时钱荒问题的严重。秦桧当政时，临安货币缺乏，市场商品滞销，"时都下货雍，乏见镪，市廛大缺，府尹以闻"，老谋深算的秦桧深知其中原因，于是召来文思院官，告以钱法将变，命铸新样钱，传闻于外，"富家闻者，尽出宿镪市金粟，物价大昂，泉溢于市"②，富人害怕现行货币废而不用造成损失，所以贮藏的货币就流向市场，市场由乏钱一变而为泉溢。从这一事例可以看出，所谓钱荒，与货币贮藏有着极为密切的关系。

一般来说，被用于贮藏的只是那些实际价值等于或者高于名义价值的货币，只有这样的货币才具有贮藏保值的职能，那些不足值的货币则没有贮藏职能。在宋代来说，被贮藏的主要是铜钱，特别是铸造质量较好的铜钱，大铜钱、铁钱、纸币则不被贮藏，"铜钱以可运可积为贵，而铁钱不可运不可积为贱"③。在铜钱与纸币并用的时候也是铜钱被贮藏，而楮币则充斥于市场，"楮行而钱益少"④。所以，货币在流通中的沉淀主要是就良币而言的。与此相反的则是劣币的壅滞。在政府铸造流通劣币的时候，人们不愿把劣币保留在手中，而是竞相把劣币抛向市场购买商品，劣币的流通速度会因此而加快，劣币的面值本来就高于它的实际价值，流通速度的加快则加速劣币的贬值，出现通货膨胀、钱多为患的情况。宋代凡是铸造大钱、铁钱和超量发行纸币的时期和地区，无一例外地出现了以钱多为患、劣币壅滞的现象，像北宋西北地区、四川、宋徽宗朝以及南宋都是如此。

---

① 〔元〕马端临：《文献通考》卷九《钱币考二》
② 〔明〕胡我琨：《钱通》卷二一。
③ 〔宋〕周行己：《浮沚集》卷一《上皇帝书》。
④ 〔明〕杨士奇等：《历代名臣奏议》卷五四《叶适应诏上言》。

货币的沉淀，主要是良币的沉淀，是宋代货币流通中的一个重要现象和规律，正如宋人所说的"常流岂易图"，认识这一点对理解宋代的钱荒现象和宋代商品经济的发展水平有重要意义。

二、货币在各地区间的分布

货币在各地区间的分布取决于两方面的因素，一是政府的货币投放和征收，二是商业活动中货币在各地区间的流通。政府的货币投放与征收是第一决定因素。按照常规，随着地区间的商业交换，货币也会在各地区间流进流出，商品输出多的地区，货币流入也多，通过这种调节，物产丰富、商品输出多的地区，货币供给也就充足。但是宋代的实际情况却并非如此，货币在地区间的流通较少，主要是政府的财政调剂起作用，因而货币在地区间的分布很不平衡。

北宋革五代积弊，收回地方财权，在中央设三司作为最高财政管理机构，地方则设转运司负责一路财赋的调节和上报，并负责上供。地方上的财政收入实际上分为两部分，一部分上供，即地方上缴中央财政，一部分留州，主要供地方财政开支。地方财政开支的货币仍然在当地，并不转移。上供则要由各地输送京师，其中一部分则是兑现商人在京师的入便钱，并不实际上搬运至京师。宋徽宗朝的宇文粹中说：

> 祖宗之时，国计所仰皆有实数，有额上供四百万，无额上供二百万，京师商税、店宅务、抵当所诸处杂收钱一百余万。三司以七百万之入供一年之费，而储其余以待不测之用，又有解池盐钞、晋矾、市舶遗利，内赡京师，外实边部，间遇水旱，随以振济，盖量入为出，沛然有余。①

可见北宋时由中央直接支配的收入为诸路上供和京师商税等收入，以及解盐、晋矾、市舶收入等项，其中，上供占有重要地位，这些上供主要

① 《宋史》卷一七九《食货下一·会计》。

由诸路搬运至京师，东南上供又占有较大的比重，"祖宗之时银绢缯絮钱谷皆仰给于东南"，庆历三年（1043）东南诸路上供钱运至京师者，江东80万、江西34万，湖南北27万，两浙东西路74万，总计约215万贯，"是则国家财赋之仰于东南也者未尝不丰也"①。上供使诸路特别是东南货币集中于京师，成为中央直接支配的财富，但中央财政对这些货币的使用则主要用于"内赡京师、外实边鄙"，使大量货币投向京师和沿边地区。

京师为北宋政治军事中心，中央财政开支的货币大量投放于京师自不待言。西北二边为北宋与夏、辽军事对峙地区，这两个地区集结的军队占北宋全部军队总数的很大部分，所以中央财政每年都要有大量开支供养这部分军队，即所谓"外实边鄙"。军费开支一部分是直接支付军人的薪饷，另一部分为购买军需物资的籴买。籴买分两种情况，一种是政府直接开场和籴，这部分货币直接投放于西北、河北市场。另一种是入中和买，即商人在沿边地区向政府入中粮草，持钞券到京师或内地领取现钱或盐茶等商品作为入中的报酬，"朝廷自昔谨三路之备，粮储丰溢，其术非他，惟钞法流通，上下交信。东南末盐钱为河北之备，东北盐为河东之备，解池盐为陕西之备，其钱并积于京师，随所积多寡给钞于三路。如河北粮草钞至京，并支见钱，号飞钱法；河东三路至京，半支见钱，半支银、绸、绢；陕西解盐钞则支请解盐，或有泛给钞，亦以京师钱支给。为钱积于京师，钞行于三路，至则给钱，不复滞留。当时商旅皆悦，争运粮草，入于边鄙。商贾既通，物价亦平，官司上下，无有二价，斗米以百余钱，束草不过三十，边境仓廪，所在盈满"②。北宋政府的入中法运用了飞钱的办法，货币并不运到沿边，而是仍积于京师。

北宋铜钱的年铸额很大，铜钱总供量是不断增加的，这些每年新增的货币是如何投放于流通的呢？北宋的主要铸钱都集中于东南，"国朝故事，

---

① 〔宋〕章如愚：《群书考索》续集卷四六《东南财赋》。
② 《宋史》卷一八二《食货下四·盐中》。

诸监所铸钱悉入于王府、岁出其奇羡给之三司，方流布于天下"①。东南所铸新钱要先纳入内藏，然后经内藏和三司的支出转化为流通货币。这主要是就东南钱监而言的，西北的钱监则由当地转运司负责，新铸货币主要通过转运司的开支进入当地流通。熙宁五年（1072），"内藏库言：勘会饶、池、江、建等州递年额铸钱一百五万贯并额外增剩钱久来并纳内藏库，每年却退钱六十万贯并三年一次支南郊钱一百万贯赴三司，显见往复。欲乞下三司自今年额铸钱一百五万贯内支一十一万六千六百六十贯六百六十七文并饶、池、江、建州监铸到额外剩钱并纳本库外，余钱并令左藏库受，更不令本库逐年退钱六十万贯并每次南郊支钱一百万贯与三司"②。不论在两者之间如何分配，总不外乎通过"内赡京师，外实边鄙"，而投放于京师和沿边地区。

政府财政行为造成了货币地区分配的不均衡，而由于宋代主要货币铜钱本身所带有的局限性，这种不均衡又难以在商业交换活动中得到调节。尽管铜钱比铁钱值大量小，但它仍属于贱金属货币，携带运输仍很困难，以宋代铜钱每贯足五斤计，百贯铜钱计五百斤，一千贯铜钱则重五千斤。宋代从事远距离贩运的商人所运货币的价值量都很大，在出售货物后，把所得货款带回是一个很重的负担，带钱不仅不能获利，而且还要支付运费，对商人来说是不合算的。此外，携运铜钱还要交纳沿途过税，税额很重，如南宋时一位王位官员在四川卸任后，傀舟东下，"橐无蜀装，惟俸给缗二千，所过镇务毕输税，无虑费三百缗"③，对于逐利的商人来说，绝不会如此。运费和对货币征收过税是阻滞货币在地区间流通的重要因素。南宋时期绍兴年间政府因供应沿边驻军而在江淮沿线地区投放大量铜钱，但是在内地则是铜钱缺乏。尽管如此，铜钱回流也很少，"而商旅贩易少有载见缗回者，不唯脚乘之费而所过场务例皆收税，自江上至行在场

---

①〔宋〕张方平：《乐全集》卷二六《论钱禁铜法事》。
②《长编》卷二三〇，熙宁五年二月丁卯条。
③〔宋〕蔡襄：《定斋集》卷一四《故端明殿学士王公行状》。

务十余，及往诸州愈远愈多，一一抽收，所余无几，是致滞于一方，不能流通，江淮日益多，诸处日益竭"①。由于运费和商税太重，所以尽管江淮地区铜钱很多，却不能向江南内地回流。北宋的情况也是如此，有人指出政府在河东地区籴买粮草而支出的铜钱，也因为"般运脚费数多，支与客人亦决不肯顾脚却般回"②。除上述原因外，政府还明令禁止铜钱流出都城，无论是北宋的开封还是南宋的临安都有这样的禁令，京师是政府货币投放最集中的地方，也是四方钱货聚集之地，这样的禁令对货币的流通有很大影响。

铜钱在地区间的流通不畅，而商业上盛行的回货贸易以及有价证券和信用制度则代替了铜钱的流通。

宋代商人在长途贩运中，为了避免运输铜钱的费用和缴纳沿途过税，往往采取往返贩运的形式，即运甲地货物到乙地销售后，再贩运乙地货物回甲地销售，这样可以降低商业成本，使商业资本最大效率地发挥作用，这种回头货在宋代称为"回货"。

回货贸易是宋代长途贩运的重要方式，有无回货往往是影响商业发展的最重要的因素之一。北宋西北地区，消费量很大，外地商人到陕西，"自来患在卖到见钱别无回货"③，"物斛至边有数倍之息，惟患无回货"④，都城开封同样因为消费量大，可输出的商品少，"入中客旅上京请钱难为回货"⑤。南宋绍兴初，生产尚未完全恢复，当时人说"今商贾虽通，少有回货"⑥，成为制约商业发展的因素。荆湖北路驻扎大军，"自来盐商无回货"⑦。上述这些例子都是因无回货而造成的对商业发展的制约，所以为当时人们所强调，说明回货贸易的方式是商业活动中的重要方式。

① 《建炎以来系年要录》卷一〇〇，绍兴六年四月甲子条。
② 〔宋〕李复：《潏水集》卷四《与运判朱勃正言》。
③ 《长编》卷三四四，元丰七年三月癸丑条。
④ 《文献通考》卷一六《征榷考三》。
⑤ 《宋会要》食货三六之一九。
⑥ 《建炎以来系年要录》卷九八，绍兴六年二月条。
⑦ 〔宋〕李心传等：《建炎以来朝野杂记》甲集卷一六《湖北会子》。

如北宋时期四川与陕西的商业往来中，"陕西客人兴贩解盐入川，买茶于陕西州军货卖，获利厚"①，在川茶自由买卖的时期，川茶与解盐就互为回货，"往时茶乡人户既得各自取便卖茶，于是陕西诸州客旅无问老少往来，道路交错如织"②，回货贸易很兴盛。宋代各地经济都得到了普遍的发展，各地大都有各具特色的商品，商人往来于其间，以往返贩运的方式沟通两地的经济交流，但是货币却很少在地区间流通。

尽管回货贸易的形式很便利，但是有些地区难以提供回货，特别是政府驻军集中的边防地区和人口集中的都城，政府在这些地区的货币投放量很大，形成了庞大的消费市场，本地区商品难以满足需要，因而商人将物产丰富地区的大量货物贩运到这些地区，这些地区虽然没有回货可运，但是在宋代仍然有一种办法以避免运输货币的困难，陕西、河东、河北和京师开封都属于这类地区。

北宋西北地区是一个由于大量驻军而形成的极富特色的消费市场，陕西诸路商业发达，但以商品输入为主。庞大的消费市场吸引了来自各地的商人，"关陕以西至沿边诸路颇有东南商贾，内如永兴军、凤翔府数处尤多"③；"蜀商多至秦"④；"是时（元祐时），四方商贾不行，惟陕西道路如织"⑤。这说明西北是四方商品辐辏之地，各地向西北输入的商品数量是很可观的。西北实行的是铜铁钱并用制，铁钱流通仅限于西北，铜钱虽可通行于关东诸路，但运输困难很大，西北又缺乏商贾所要的回货。为了克服这些困难，北宋政府采取了积极的措施，以解决商业发展中商人无回货的问题。盐钞制、现钱钞，现钱公据和入便制是政府所采取的主要措施，这些措施实际上就是用信用制度来解决商人无回货和携运货币的问题。

---

① 《宋会要》食货二四之九。
② 《宋会要》食货二四之十。
③ 《长编》卷三四四，元丰七年三月癸丑条。
④ 《长编》卷一六〇，庆历七年二月乙酉条。
⑤ 〔宋〕苏辙：《龙川略志》卷八《议罢陕西铸钱欲以内藏丝绸等折充漕司》。

祖宗以来行盐钞以实西边，其法积盐于解池，积钱于在京榷货务，积钞于陕西沿边诸郡，商贾以物解斛至边入中，请钞以归。物斛至边有数倍之息，惟患无回货，故极利于得钞，径请盐于解池。旧制通行解盐池地甚宽，或请钱于京师，每钞六千二百登时给与，但输头子等钱数十而已，以此所由州县贸易炽盛，至为良法。①

政府为了吸引商人在陕西入中粮草，在京师榷货务准备现钱，印盐钞给陕西，商人在陕西出售货物后，不必将现钱运回内地，而用现钱买盐钞，再用盐钞领盐贩卖，或者直接到京师领取现钱，这样就使商人克服了无回货和运输货币的困难。盐钞实际上成为一种飞钱手段，"是以一百六十五万不专为钞请盐，兼为飞钱耳。今以百（年）〔贯〕之多，移之他州以为重载，易之为钞则数幅纸耳"，"枭客得钱不能置远，必来买钞，是用边籴不匮，抄法通行"②，"户部一造飞钞以给边郡，边郡以给商贾，持入元丰库请钱，尤为私便。是时商贾不行，惟陕西道路如织"③。除盐钞外，政府还在西北发售现钱钞，现钱公据，实行入便制。现钱钞与现钱公据同盐钞相类似，不同的是它们专门以现钱兑现，政府在京城开封准备现钱，商人持钞或公据在京城领现钱，并获得规定的加饶。政府直接用现钱钞或现钱公据在西北向商人购买粮草等物资，或在西北出卖。商人在西北用粮草或现钱都可以从政府那里得到现钱钞或现钱公据。盐钞的发行额受食盐销售量的限制，而现钱钞与现钱公据则是朝廷资助西北军费的一种形式，发行时间与数量根据需要而定，较之盐钞，兑现更有保证，因而更受商人们的欢迎，"商人多愿请见钱京钞"④。入便制度是继承唐代的飞钱，商人或官员等在西北向政府交入现钱，领取凭据，然后在京城或其他指定地点兑取现钱，"熙宁、元丰间遇有边事，许诸色人于边上入便钱，却于在京

---

① 《文献通考》卷一六《征榷考三》。
② 〔宋〕张舜民：《画墁录》。
③ 《龙川略志》卷八《议罢陕西铸钱钱欲以内藏丝绸折充漕司》。
④ 《长编》卷二四八，熙宁六年十二月癸未条。

向南请领，仍支于加抬及脚乘钱不计其数"①。这些措施解决了商业发展中存在的问题，促进了商业的繁荣，同时也避免了西北铜钱向内地的流通。

京师开封同样如此，开封为北宋政治军事中心，官僚云集，驻军庞大，货币投放量大，四方商贾辐辏，特别是大量来自东南的商人和商品，"东南客旅多是要贩行货入京，少有在外领公据入京请钱之人"②，"富商大贾自江淮贱市粳稻转至京师，坐邀厚利"③。京师虽然商品输入多，但是货币流出并不多，除铜钱笨重难运外，还因为政府限制将铜钱搬运出城，咸平三年（1000）"仍令开封府出榜晓谕，其诸城门锁不得私放出见钱"④，商人也不愿运输铜钱，而是采取其他办法实现货币资财的转移，如买盐钞、度牒之类有价证券，"旧小平钱有出门之禁，故四方客旅之货交易得钱，必大半人中未盐钞，收买告牒，而余钱又流布在市井"⑤，除采用盐钞告牒等有价证券外，商人还采取买运银绢等物的办法，以便携带。这些物品便于运输，在宋代被称为轻赍，政府财政中常用轻赍以便于运输，商人以及行旅也是如此，如"吴兴士子六人入京师赴省试，共买纱一百匹，一仆负之"⑥，是以纱为路费而不用铜钱。南宋王迈也曾说"四方游士充赋上京，思得白锃如拾至宝"⑦，是以白银为路费。北宋时绢价每匹值千钱，重仅十二两，而铜钱每千则重五斤左右，银则更为轻便，以行路而言都优于铜钱。京师的便钱业也很发达，"先是，太祖时取唐飞钱故事，许民入钱京师，于诸州便换。其法，商人入钱左藏库，先经三司投牒，乃输于库。开宝三年，置便钱务，令商人入钱诣务陈牒，即辇致左藏

①《长编》卷五一二，元符二年七月癸卯条。
②《宋会要》职官四二之二八。
③《长编》卷六三，景德三年五月戊辰条。
④《宋会要》食货五五之二二。
⑤《宋史》卷一八〇《食货下二·钱币》。
⑥《夷坚志·丁志》卷一一《霍将军》。
⑦〔宋〕王迈：《臞轩集》卷一《乙未馆职策》。

库，给以券，仍敕诸州，凡商人赍券至，当日给付，违者科罚"①。四方
商贾在京城出售货物以后，不必把钱带走，只要向政府交入现钱，即可得
到凭证，持券到所要到达的地点，向当地政府凭券领取现钱。最初为直接
向左藏库交钱，后来则有专门机构便钱务负责其事。至道末京师的便钱额
为170余万贯，天禧末则增至280余万贯。除官办便钱业外，民间也有商
人经营的便钱业，政府曾禁止民间便换正说明了它的存在。会子正是在民
间便钱业的基础上发展起来的。在南宋，在需要把货币带到外地时也常把
铜钱换成纸币以图方便，如"闻人尧民伯封，嘉兴人也。淳熙六年赴楚州
录曹，母春秋高，不肯去乡里，乃嘱其弟舜民侍养，而独之官，经三月积
俸钱百千，买楮券，遣仆持归遗母"②，他并不是把百千俸钱直接从楚州
带到嘉兴，而是兑换成楮券，因为百千钱可重数百斤，难以携带，换成楮
券则方便多了。南宋会子在信用稳定的时候，甚至出现了会子购买力高于
铜钱的情况，就是因为"商旅往来贸易竞用会子，一为免商税，二为省脚
乘，三为不复折阅，以此观之，大段流通"③，会子既可免税，又可免除
搬运之费，所以商旅往来更乐于用会子。

由于上述原因，在民间的商业往来中，商旅主要用轻赍、有价证券、
入便以及回货的方式避免运输铜钱，铜钱在地区间的流通较少，在地区间
的分布不能通过商业活动来加以调剂。那么货币在地区间的分布情况只能
取决于政府的财政调拨和投放，由此而形成货币由东南向京师和沿边集
中。铜钱在地区间的分布不平衡，与区域经济的发展水平是不相适应的。
沿边和京师是由于军事、政治原因而发展起来的消费性市场，而东南则是
生产发达、物产丰富、大量提供商品的地区，但京师和沿边的货币供给量
大，东南的货币供给量小，而且东南的铜钱又不断通过上供形式流向北
方，这一矛盾现象是宋代货币流通的一大特色，显示出政治、军事因素对

---

① 《宋史》卷一八〇《食货下二·钱币》。
② 《夷坚志·支志·癸》卷三《闻人氏事斗》。
③ 《皇宋中兴两朝圣政》卷五四，淳熙二年正月甲申朔条。

货币流通的重要影响。就宋代几种主要货币来说，铁钱本身就是区域性货币，只限定在一定的区域内流通，纸币则以轻便见长，不存在搬运问题。上述矛盾现象主要存在于以铜钱为主要流通手段的北宋。

三、生产的周期性对货币流通的影响

货币流通的基础是商品流通，因此商品的生产周期也必然影响货币流通。生产的周期性对货币流通的影响主要表现在两个方面，一是对货币流通速度的影响，二是对货币需求量的季节性变化的影响。

宋代市场商品的种类是十分丰富的，最重要的则是粮食和布帛。农业生产周期完全是季节性的，布帛生产也受种桑养蚕植麻的季节性影响。生产的季节性首先影响商业资本的周转，从而影响货币流通。

"产业资本必须不断把产品投入市场，并从市场再取走商品。商人资本才能保持迅速周转。如果再生产是缓慢的，商人资本的周转也就是缓慢的"，生产时间"对商人资本的周转来说是第一个界限"，"商人资本的周转最终要受全部个人消费的速度和规模的限制，因为商业资本中加入消费基金的整个部分，取决于这种速度和规模"①。这是马克思对资本主义生产条件下商业资本流通周期所作的分析。宋代基本上不存在生产资料市场，或者说生产资料在商品市场中所占比例很小，宋代市场主要是生活资料市场，那么商业资本周转主要受两个方面条件的限制，一是商品生产的周期，二是商品的消费周期。也就是说粮食和布帛类商品的生产与消费周期对于货币流通有很大的影响。其具体表现为，商人必须在收获季节才能获得商品，收获季节是粮食等季节性商品大量涌向市场的时间，对于粮食和布帛来说其消费过程也是很缓慢的，一季粮食的消费最迟要延续到下一个收获季节，布帛等消费则可能更长。宋代生产对商业的影响是很明显的，"商旅与农贸易，不劳质剂，皆指秋成以为期"②，小农经济并非商品

---

① 《资本论》第3卷，第339页。
② 〔宋〕晁说之：《景迁生集》卷一《元符三年应诏封事》。

生产，但是为了获得纳税、还债以及购买一些生产生活必需品所需要的货币，所以要在收获季节出售部分农产品，"民计每岁种食之外，余米尽以贸易"①，"田家自给之外，余悉粜去，曾无久远之积"②，"今农民皆贫，当收获时，多不复能藏，亟须粜易，以给他用，以解逋负"③，收获季节，农产品上市，商业资本的周转开始，而只有到下一个收获季节，商人资本才能开始另一次周转，而且由于小农对货币的迫切需要，不能待价而售，所以粮食集中涌向市场。除粮食外，种植业也是季节性的，如四川茶商向茶园户收买茶叶，"自来隔年留下客放定钱"④，预支价钱，到收获时才能取茶贩卖。再如荔枝"初著花时，商人计林断之以立券，若后丰寡，商人知之"⑤。商业也同样受生产周期的影响。纺织品贸易的季节性虽不像农业和种植业产品贸易那样严格，但也有明显的季节性。特别对小农家庭手工业来说更是如此，如乐史所说："臣尝历职州县，粗知利病，编民之内贫窭者多，春蚕所成正充赋调之备，晚蚕薄利始及卒岁之资。"⑥从政府的和买政策方面也可反映出纺织品贸易的季节性特点，如四川的预买布制度，"薛简肃公时，布一匹三百文，依其价春给以钱，而秋令纳布"⑦。北宋最初推行于河北而后加以推广的和买也是"方春民乏绝时，豫给钱贷之，至夏秋输绢于官"⑧。民间商业活动也说明了这种情况。较著名的是抚州商人陈泰的故事，陈泰从事贩布，"每岁辄出捐本钱，贷崇仁、乐安、全溪诸债户，达于吉之属邑，各有驵主其事，至六月，自往敛索，率暮秋乃归，如是久矣"⑨。陈泰向生产者贷放本钱，既是预付商品价格，也可

---

① 〔宋〕叶适：《水心集》卷一《上宁宗皇帝札子》。

② 〔宋〕周去非：《岭外代答》卷四《常平》。

③ 〔宋〕陆九渊：《陆九渊集》卷八《与陈教授书》。

④ 〔宋〕吕陶：《净德集》卷一《奏具场买茶旋行出卖远方不便事》。

⑤ 〔宋〕蔡襄：《荔枝谱》，转引自漆侠《宋代经济史》，中华书局2009年版，第1110页。

⑥ 《长编》卷二八，雍熙四年十二月庚寅条。

⑦ 〔宋〕范镇：《东斋记事》卷三。

⑧ 《东斋记事》补遗。

⑨ 《夷坚志·支志·癸》卷五《陈泰冤梦》。

能带有高利贷的性质，每年六月开始收回商品，直到暮秋完毕。陈泰的商业资本的周转明显是受生产季节性的影响的。生产的季节性决定了商业资本的周转速度，就宋代的农业和蚕桑业的情况而言，生产的周期一般为一年一收或一年二收、二年三收几种情况，商业资本的周转与此相关联。

宋代商业中盛行以商业信用为基础的赊买赊卖，"夫商贾之事曲折难行，其买也先期而与钱，其卖也后期而取直，多方相济，委曲相通，倍称之息由此而得"①，加藤繁最早对此进行过研究。②既然赊是很流行的商业习惯，那么从赊的期限也反映出商业资本的周转时间。"商贾贩卖例无现钱，若用现钱则无利息，须今年索去年所卖，明年索今年所赊，然后计算得彼此通济"③。这里所反映的赊的期限为一年。宋代的赊主要存在于大商人与小商人之间，贩贾与铺户之间。"夫大贾之能蓄其货者，岂其锱铢躬自鬻于市载？必有贩夫小贾就而分之，贩夫小贾（为）〔非〕利则不为，故大商不妒贩夫之分其利者，恃其货博，虽取利少，货行流速则积少而为多也"④，这种大商与小贾之间的关系相当于批发商与零售商之间的关系，他们之间可能主要采取的就是赊的形式。贩贾与铺户牙人之间的关系就像《夷坚志》布张家的故事反映的那样，一位大商人运贩大量布匹到邢州，他并不直接在邢州零售，而是通过牙人赊于铺户，"但访好铺户赊与之，以契约授我，待我还乡，复来索钱未晚"⑤。因为这种商业信用关系是相当普遍的，所以在政府方面以立法形式加以规范。乾兴元年（1022）六月"诏在京都商税院并南河北市，告示客旅等，自今后，如将到行货物色，并须只以一色见钱买卖，交相分付。如有大段行货，须至赊卖与人者，即买主量行货多少，召有家活物力人户三五人以上，递相委保，写立期限文

① 〔宋〕苏轼：《东坡全集》卷五一《上皇帝书》。
② 〔日〕加藤繁：《宋代的商业习惯"赊"》，《中国经济史考证》下卷，吴杰译，中华书局2012年版。
③ 《东坡全集》卷六一《论积欠六事》。
④ 〔宋〕欧阳修：《欧阳文忠公文集·居士集》卷四五《通进司上书》。
⑤ 《夷坚志·乙志》卷七《布张家》。

字交还。如违限，别无抵当，只委保人同共填还。若或客旅不切依禀，只令赊买人写立欠钱文字，别无有家业人委保，官中今后更不行理会。若是内有连保人，别无家活，虚作有物力，与店户牙人等通同蒙味客旅，诳赚保买物色，不还价钱，并乞严行决配"①。赊买赊卖是商业中通行的习惯，那么赊的周期大致反映了货币流通的周期。赊的支付期限并不是随意规定的，它实际上由商业周期所决定的，对于赊买者来说要有足够的时间才能将货物销售出去，并获得货币来支付给赊卖者。熙宁时期的市易法中的结保赊请法大致就是依照民间的商业习惯，由市易务向行人赊卖货物，偿价期限分半年和一年两种，"若半年纳，出息一分；一年纳，即出息二分已上"②。从以上所论商业资本的周转来看，宋代商业资本的周转受生产周期性影响，所以是较慢的，这说明货币的流通速度也并不快。

生产的季节性不仅影响商业资本周转，同时也决定赋税征收和高利贷的偿还期限。"在每个国家，都规定一定的总的支付期限。撇开再生产的其他周期不说，这些期限部分地是以同季节变化有关的生产的自然条件为基础的"③。宋代两税即是按生产季节来征收，夏税于六月起征，秋税于十月起征，都是在收获季节，两税中既有实物也有货币，后来增收的免役钱、折帛钱都是随两税一起征收。由于从北宋到南宋，农业税中货币部分的比例越来越大，货币流通受生产季节性的影响也越来越大。民间高利贷的偿还也大都集中于收获季节，"秋收幸值岁稍丰，谷贱无钱私债重"④，"秋成之时，百逋丛身"⑤，宋代大量史料都说明了这种情况。熙宁新法的青苗钱的借偿也是按生产季节进行的，青苗钱的偿还随二税一起进行。赋税和高利贷的支偿及支偿的季节性，本身对货币流通造成很大的影响，它同时还影响到商业。正是在收获季节，因为纳税和还债都需要货币，所以

---

① 《宋会要》食货三七之九。
② 《长编》卷二三一，熙宁五年三月丙午条。
③ 《资本论》第1卷，第161页。
④ 〔宋〕刘学箕：《方是闲居士小稿》卷上《插秧歌》。
⑤ 〔宋〕王柏：《鲁斋集》卷七《社仓利害书》。

生产者出售产品也集中在这个时间，于是就出现了"方夏蚕毕工，秋稼初敛，丝帛米粟充满廛市"①的现象，这就又强化了商业所受生产季节性的影响。

由于上述原因，宋代市场呈现出了明显的季节性特点，收获季节货币需求量突然增加，赋税中的大量货币征收、高利贷债务偿还、商业中赊的期限已到，生产者急于出售自己的产品，大量商品待售，这一特点在宋代是极其明显的。如四川交子在民办时期，每当收获季节就要增加发行以满足需要，"每岁丝蚕米麦将熟又印交子一两番，捷如铸钱"②。四川钱引的购买力变化也是随季节而变，"每州之春引直必亏，至笋茶之出，官司催驱之时则例增"③。春季钱引购买力低下，而到茶叶收获季节，赋税交纳之时则上升，就是随季节性的需求量变化而变动的。同样，南宋会子与铜钱比价的变化也有季节性特点，"每遇输纳折帛之时，持券求钱，茫无所售"④，折帛钱随二税征收，其中有一半铜钱，当此之时铜钱需求量增加，所以铜钱价格上升，会子价格降低。但是在其他季节，特别是春季则又是另外一种情况，宋人称为"仓耗"，"市寂然若将暮，贾匮农困闭而不张，钱井金沟谨其阖藏，收列肆于九衢，刀布滞乎千商，至于白藏之府，红腐之仓，宾嚓积埒，琛币充梁，亦且签筹寝乎会计，关石罢乎低昂，怪而问焉，有客言于余曰；是为春孟望之后一日，其名为仓耗"⑤。春季成为市场最萧条的时期，市场商品很少，货币流通似乎停滞了，此时货币的需求最少，与收获季节的情况形成了鲜明的对比。

生产的季节性影响到货币流通，结果是货币流通的周期长、速度慢，单位货币发挥的效力不高，因而货币的需求量大。宋代思想家已注意到货币流通速度与货币需求量的关系，著名的科学家沈括说"钱利于流，借十

①《长编》卷三八四，元祐元年八月丁亥条。
②〔宋〕李攸：《宋朝事实》卷一五《财用》。
③〔宋〕李流谦：《澹斋集》卷九《与汪制置札子》。
④〔宋〕杜范：《清献集》卷八《便民五事奏札》。
⑤〔宋〕崔敦礼：《宫教集》卷一二《仓耗解》。

室之邑有钱十万而聚于一人之家，虽百岁故十万也，贸而迁之使人享十万之利，遍于十室则利百万矣，迁而不已钱不可胜计"①，就是要通过加快货币流通速度使货币发挥更大的效力。沈括的思想固然可贵，但货币流通的速度是由多方面的因素所决定的，一定的社会经济条件下，货币的流通速度是较为稳定的，难以加快。货币需求量加大集中于收获季节，商品大量涌向市场，在当时的社会经济条件下不可避免地出现周转困难，商品售价低，或者销售困难，大量商品难以在短时间内为商业流通过程吸收，生产者的商品卖不出去又必然会影响纳税、高利贷偿还等，形成连锁反应，使人们感到货币不足。"米贱之时，负贩者则有不售之忧，米贵之时，计日而籴者则有绝粒之病"②。商业受生产季节性影响很大，就是因为受自然条件决定的农副产品在商业市场占有很大比重，这也正是宋代商品经济建立在小农生产以及小手工业与市场普遍联系基础上的结果。

上述三个特点，不仅在宋代，在封建社会的商品经济发展中也带有规律性，认识这一点对理解中国古代货币流通中出现的各种现象很重要，它可以使我们避免用资本主义发达商品经济条件下的货币流通规律来分析古代的货币流通。

（原载《中国经济史研究》1995年第3期）

---

① 《长编》卷二八三，熙宁十年六月壬寅条。
② 〔宋〕王炎：《双溪类稿》卷二一《上赵帅》。

宋代文献计钱方式例析

李伟国

研究宋代文史，特别是经济史，常常会遇到钱币计算方面的问题，而宋代文献中表达钱币数量的形式相当复杂，一不小心就会弄错。如《续资治通鉴长编》（以下简称《长编》）卷三六一元丰八年十一月壬寅下有：

> 于阗国进马，赐钱百二十万。

陈永龄等同志据此认为，“宋神宗时，新疆于阗和内地贸易，仅仅马匹一项，一次就值钱一百二十万贯”①。程溯洛、冯家昇等同志更认为，元丰八年（1085）北宋政府一次以一百二十万贯购买回鹘人的马，如每匹以最低价格二十五贯计算，这一年马的交易量为四万八千匹。②这些同志误认“钱百二十万”为“一百二十万贯”，从而将数字扩大了一千倍，得出了错

① 陈永龄：《我国是各族人民共同缔造的统一的多民族国家》，《历史教学》1979年第4期；陈梧桐：《正确阐述中国古代的民族关系》，《陕西师范大学学报》1979年第4期。

② 程溯洛：《五代宋辽金时期回鹘人民和祖国各地的经济联系》，《中央民族学院学报》1980年第3期；冯家昇：《维吾尔族史料简编》，民族出版社1958年版，第四章。又白振声同志题为《茶马互市及其在民族经济发展史上的地位和作用》（《中央民族学院学报》1982年第3期）的文章中也说：“在茶马互市中，贸易量一般都十分可观。以远居新疆的回鹘人为例，北宋建隆二年（961）至元丰八年的一个多世纪里，回鹘商人将西域的马匹及其装饰品源源不断地运往内地进行交易。其间于元丰八年的贸易额高达一百二十万贯。按史载当时最高马价每匹五十贯，最低马价每匹二十五贯的平均数计算，这一年的马匹交易达到二万四千匹。”

误的结论。[①]

又如中国财政经济出版社1982年出版之高校教材《中国会计史稿》，引用《宋会要辑稿》（以下简称《会要》）食货二八之四一的一条材料是这样标点的：

> ……贵州元额卖盐二千六百二箩，每箩价钱九贯文足，今减去盐六百二箩，共展计钱七千三十六贯三百六十四文。省内除循环本脚钱，每箩二贯七百三十八文足，共展计二千一百四十贯六百一十七文。省外共亏下岁额息钱及元奏存留盐本钱，通计四千八百九十五贯七百四十六文。[②]

由其错误的标点即可以看出，作者对宋代计钱的省陌制和足钱换算为省钱的方法并不了解。

由于没有掌握宋代计钱形式的规律而发生的错误，并非仅此数例。出于研究宋代财政问题的需要，笔者在三年前曾依据大量数字资料对宋代文献的计钱形式进行了排比分析，找到了其中的规律，现简述如次，希望对治史者有所帮助。

一、贯、缗、千

宋代计钱的基本单位是贯（缗、千）和文（钱）。在所计钱币数量较大（如朝廷及地方政府之收支等）时，一般总以贯或缗为单位，有时也写作千，均表示名义上的一千钱。其例如：

> （元丰二年七月）诏：出三司钱十五万缗付鄜延路经略司市籴

---

① 关于这个数字，楚生同志的《谈宋元丰八年的于阗贡马》（《新疆社会科学》1984年第1期）一文，从宋代马价一般称文而不称贯，宋朝一年买马支出钱总数及于阗一年不可能生产数万匹马等方面，作出了有说服力的辩证，但楚生同志没有从宋代文献的计钱方式这个角度去探讨问题。
② 郭道扬：《中国会计史稿》，中国财政经济出版社1982年版，第407页。

粮草。①

　　臣伏蒙圣慈令三省支降钱十万贯付京西转运使司籴买粮草。②

　　（熙宁三年十一月）顺祖、翼祖、惠明、简穆皇后四忌各斋钱二十千，香十两。③

这种形式最为清楚，一般不会引起误解。

二、缗钱若干

　　使用场合与第一种情况相同。在所计钱的末尾没有数量单位名称，而在数前标明为"缗钱"，也表示名义上的一千钱。其例如：

　　（元祐）六年九月十二日诏：自元祐六年每岁于内藏库支缗钱五十万……④

　　……辇绢四十万匹当缗钱七十万……⑤

将"缗"字置于数前，只是出于行文的需要，这种情况容易同数字前后均无单位名称的表达方式相混淆，应注意分辨。也有一些比较少见的例子，如《长编》卷八："（乾德五年二月戊戌），初，县官市木关中，诸郡岁出缗钱数千万以假民，长吏十取其一，谓之率分钱，岁至数百万。"当时国家一年的总收入不过一千多万缗，文中的"缗钱数千万"显然不是指数千万缗，而是数千万文，"缗钱"二字在这里不作数量单位用。

三、钱若干或若干钱

　　一般在计算较少量钱时使用，如《长编》卷七〇大中祥符元年

---

① 〔宋〕李焘：《长编》卷二九九，元丰二年七月甲辰条。
② 〔宋〕李纲：《梁溪全集》卷五二。
③ 《会要》礼四二之一〇。
④ 《会要》职官二七之一五。
⑤ 《长编》卷一八四，嘉祐六年九月丁酉条。

（1008）九月，"是月，京东西……皆大稔，米斗钱七、八"，《续资治通鉴》卷二七加"文"字作"斗钱七文"。但在叙述帝王的赏赐时，也常常这样表述，以显出数字的巨大。钱若干或若干钱的"钱"字均表示一个钱即一文。《宋史》卷一七八《食货上六》：

> 京师旧置东、西福田院，以禀老疾孤穷丐者，其后给钱粟者才二十四人。英宗命增置南、北福田院，并东、西各广官舍，日禀三百人。岁出内藏钱五百万以给其费，后易以泗州施利钱，增为八百万。

叙述同样一件事，《长编》卷一九九嘉祐八年（1063）十二月庚寅，"钱五百万""八百万"两数分别作五千贯、八千贯，五百万钱、八百万钱换算成贯正是五千和八千。又在叙述赏赐时使用，如：

> （元祐三年三月甲戌）增赐新释褐进士钱百万……①

前述之元丰八年（1085）赐于阗进马钱，虽非小数，却属"回赐"之例，故仍用钱（文）数表达，作赐钱"百二十万"。《会要》蕃夷四之一七（于阗）元丰八年"十一月十二日，因进马赐钱百有二十万"，下又有"十二月六日，特赐进奉人钱百万"，则此次于阗人贡马所得回赐有两项，一为因进马赐钱，二为特赐进奉人钱，后者之"钱百万"也只是指一千缗，而绝非"一百万缗"。

"钱若干"表示"若干文"是通例，但尚有两种特例。

1. 在直接引语中，或虽非直接引语而为了行文方便，有时也以"钱若干"表示若干缗。如（熙宁八年八月癸巳）御史中丞邓绾言：

> ……臣前奏内言（章惇）于熙宁七年十月内两次有札子面奏，称盐钞四年折却八百万，乞借内藏库钱五百万，计尽一年，可以积剩三四百万钱帛。而今年却借司农寺钱三十万支料钱，则见惇去岁所言是

---

① 《长编》卷四〇九，元祐三年三月甲戌条。

欺妄。①

邓绾奏中所叙为政府收支，钱五百万、八百万、三十万等当然都是指贯，在双方都明白的情况下，省去了"缗"或"贯"的单位。又如：

> （熙宁二年癸亥）诏江、池等州铸钱监于合入内藏库钱八十六万三千五百赐三十万缗付安南招讨司充军赏……②

三十万缗的"缗"字也管到了前面那个"八十六万三千五百"。

2. 在某些情况下，实为缗钱而只写作"钱若干"，多为作者遗漏或刊刻脱误。如《长编》卷五三："（咸平五年十一月）癸巳，命度支员外郎李士衡、内殿崇班阁门祗候李溥诣陕西诸州增酒榷之课……由是岁增钱二十五万焉。"原注云："本志云万余缗，今从《李溥传》。"表明所据为《国史·食货志》和《李溥传》。查《宋史》卷二九九《李溥传》，叙同事作"增酒榷缗钱二十五万"，《宋史》所据一般亦为宋历朝官修《国史》，两书之"钱二十五万"和"缗钱二十五万"究以何者为是？文中所述既为陕西一路酒榷所增之钱，其数当不止"钱二十五万"即二百五十缗，《长编》脱"缗"字甚明。又《宋史》卷一八五《食货下七》，记此数作"乃岁增十一万贯"，与《长编》所注"本志云万余缗"亦不合，疑《长编》复脱"十一"二字。

四、数字前后均无数量单位

1. 与第三种通用，也表示一文。如：

> （嘉祐四年正月）壬寅，赐在京诸军班特支钱，始赐孤穷老疾之民，用钱千万。或言于上曰："今百姓已受赐而不及诸军，其觖望

---

① 《长编》卷二六九，熙宁八年八月癸巳条。
② 《长编》卷二七二，熙宁二年癸亥条。

矣。"故复有是赐，凡用一亿五千万。①

其中的后一个数字"一亿五千万"，前后均无数量单位，应同前一个数字
"钱千万"一样，均表示若干文钱。

2. 在直接引语或大家都容易明白的场合中，也可以表示"缗"。如
《长编》卷一九：

> （太平兴国三年十月）初，太祖别置封桩库，尝密谓近臣曰："石
> 晋苟利于己，割幽燕以赂契丹，使一方之民，独限外境，朕甚悯之。
> 欲俟斯库所蓄满三五十万，即遣使与契丹约，苟能归我土地民庶，则
> 当尽此金帛充其赎直。如曰不可，朕将散滞财，募勇士，俾图攻取
> 耳。"会晏驾，不果。

此处叙述封桩库的储财目标，引太祖原话虽只作"三五十万"，实指三五
十万缗无疑，他书转述太祖此语，多有"缗"字。

3. 在所计之财不止有钱币，尚有金、银、匹帛之类时，也表示
缗。如：

> （至和元年）十一月四日，判大名府贾昌朝言：勘会昨支给内帑
> 钱帛八十万下河北都转运司分诸州军趁时收籴军粮……②
> 嘉祐元年十月，范镇言：景德中祀南郊，内外赏赉钱帛总六百
> 万，至是缩明堂一千二百万，用度不得不屈。③

二例中的"钱帛八十万""钱帛总六百万""一千二百万"都表示缗钱在内
的财产总数，也就是说，其中钱币部分单位都是"贯"，金银则以两计，
匹帛以匹计。

---

① 《长编》卷一八九，嘉祐四年正月壬寅条。
② 《会要》食货三九之二〇。
③ 〔宋〕陈均：《九朝编年纲目备要》卷一五。

五、缗（贯）足、省，文足、省

这种形式牵涉到省陌制问题。《宋史》卷一八〇《食货下二》云："自唐天祐中，兵乱窘乏，以八十五钱为百，后唐天成中，减五钱，汉乾祐初，复减三钱。宋初，凡输官者亦用八十或八十五为百，然诸州私用则各随其俗，至有以四十八钱为百者。至是（按指太平兴国二年）诏所在用七十七钱为百。"又欧阳修《归田录》卷二："用钱之法，自五代以来，以七十七为百，谓之省陌。今市井交易，又克其五，谓之依除。"是宋代通用省陌（百）制，官方规定以七十七钱为一百，亦即以七百七十钱为一千（贯、缗），"天下承用，公私出纳皆然"①。故我在前文第一、二点中说到，贯、缗、千所表示的只是"名义上的一千钱"。因通用省陌制，在叙述政府收支、皇家赐予等之钱数时，都不必说明是省陌，但在规定货物价格或民户赋税等时，为了明确起见，常须说明是省陌还是足钱。省陌用"省"字表示，足钱用"足"字表示。如《会要》食货二一之二："（绍兴三十一年）四月二十九日，户部言……今照得行在每岁合用马草绍兴三十一年计三百六十万束，每束支降本钱一百文省，计钱三十六万贯。"文中述每束草之价一百文时，加"省"字，表示是省陌，而在叙总数三十六万贯时，虽然也是省陌钱，却不必说明。

1. 贯足、省

《长编》卷五一二：

> 伏乞照会元祐三年内铁钱一贯六百文足换铜钱一贯文足。

一贯加"足"字，表示实足一千文。又李心传《建炎以来系年要录》卷七九：

> （绍兴四年八月乙未）诏：江西和买绢折纳钱，每匹减作六千省，

---

① 〔宋〕洪迈：《容斋三笔》卷四。

人户愿输正色者听。旧洪州和买，其八分输正色，二分每匹折省钱三千，至是帅臣胡世将请以其三分折六千省。又言，绢直踊贵，请每匹增为五千足。户部定为六千。

六千省增为五千足，可见前者小于后者。

2. 文足、省

《长编》卷四五一：

（元祐五年十一月，米价）及百钱足陌。

《长编》卷四三五：

（元祐四年十一月庚午）诏：泾原路弓箭手以家业分三等集社钱买马，每月一次，上等出钱二百文，中等一百五十文足，下等一百文足。

疑第二例中"上等出钱二百文"下亦应有"足"字。

文足的情况是容易理解的，比较难理解的是文省，兹再举数例说明之。《会要》食货三五之二八：

乾道元年十月十二日，臣僚言：诸路州县出纳钱物每贯收头子钱三十三文足……诏每贯添收钱一十三文省。

"一十三文省"是什么意思呢？仍可从《会要》中去寻找答案，同书食货二三之三一有云："（盐）每石收钱一千三百足，展计一千六百九十文省。"可知文之省陌也要用每百只合七十七文的百分率来折算，一千三百文足除以百分之七十七，即得一千六百九十，反之，一千六百九十文省乘上百分之七十七则可得一千三百。前例中之一十三文省即十三乘上百分之七十七，大致等于十文足。不过，"每贯添收钱一十三文省"所表示的只是一种税率。

又《会要》食货六四之九一，绍兴五年（1135）五月十四日总制司言

"收纳头子钱"下注云："每贯收纳钱二十三文足，展计钱二十九文九分省，内一十三文依旧应付漕司［并］军支用外，有钱一十六文九分省合拘收。"这里的二十九文九分省乘以百分之七十七即还原为二十三文足，而支用的十三文和合拘收的十六文九分均为省钱，十三文省即十文足，十六文九分省即十三文足。在实际使用中，并没有"分"这个单位，它只表示一种计算标准。

至于前述《中国会计史稿》（以下简称《史稿》）所引《会要》一条，似应这样断句：

> 贵州元额卖盐二千六百二箩，每箩价钱九贯文足，今减去盐六百二箩，共展计钱七千三十六贯三百六十四文省，内除循环本脚钱每箩二贯七百三十八文足，共展计二千一百四十贯六百一十七文省外，共亏下岁额息钱及元奏存留盐本钱通计四千八百九十五贯七百四十六文省。

《史稿》作者将文中的"省"字一律属下，且截去最后一个省字不引，显然是因为对省陌制不甚了解。当时贵州卖盐每箩价钱为九贯文足，则所减去之六百二箩，应值五千四百十八贯足，换算成省陌钱，为七千三十六贯三百六十四文省；"循环本脚钱"每箩二贯七百三十八文足，六百二箩共一千六百四十八贯二百七十六文足，换算成省陌钱，则为二千一百四十贯六百一十八文省（原文尾数作"一十七"，有误）；以前项减后项，正得引文中的最末一个数字四千八百九十五贯七百四十六文省。按照《史稿》作者的断句，是无法正确理解这样一条材料的含义的。

以上所述是宋代文献中计钱形式的大体情况，在引用数据作分析时，还应视具体情况仔细分辨。限于学力和资料，这样的归纳一定会有遗漏和错误，望有以正之。

（原载邓广铭、徐规等主编：《宋史研究论文集1984年年会编刊》，浙江人民出版社1987年版）

略谈宋朝计钱的省陌制

李伟国

　　洪迈《夷坚支志》甲卷第十《羽客钱库》条，说有个姓甄的小孩子在野外牧牛，看到两个人一个从东边来，一个从西边来，互相逢迎，其中一个说："钱库后门久已滥坏，宜急倩一夫整之。"另外一个回答说："诺。"于是各自分手。小孩子独自跑到山脚下，看见一个洞穴中有散钱溢出，立即解开衣服把钱包好，并用泥巴将洞口塞没，准备去喊他爸爸一起来挖。回家到半路，又遇上刚才那两个人，其中一个问："钱库门修好了吗?"另一个说："刚刚用钱三百请一个牧童填补完。"这个姓甄的牧童回家数他拿到的钱，"正得二百三十一文"。当然，等他爸爸跑到山边，再也找不到那个洞口了。

　　我们且不去管这个故事的神话色彩，不妨对文中的"钱三百"和"正得二百三十一文"作一番讨论。

　　依照故事的意思，那两个人所用的工钱"三百"，应当正是姓甄的牧童所拿回去的钱，但为什么牧童所得是"二百三十一文"，与钱三百不相符合呢? 原书"钱三百"下有校记说:

　　　　叶本作"三百三十一文"，吕本作"三百贯"。按：每贯七十七，
　　　　似当作三贯。

叶本、吕本和按语虽各说不同，但都认为原文是错的。其实，原文无误，叶、吕两本及"按语"倒是错了，错的原因，在于不懂得宋人计钱的省陌之法。

古人用铜钱铁钱，本来应当是一文作一文，一百作一百的。南朝梁武帝的时候行用铁钱，奸诈的商人们渐渐以不满百钱的钱来充作百钱使用，"岭以东，八十为百，名曰东钱；江、郢以上，七十为百，名曰西钱；京师以九十为百，名曰长钱"。到大同年间，曾有诏用足陌（百），但不起作用，发展到大同末年，竟以三十五为百。盛唐时期，恢复了足钱，至唐末天祐中，"以兵乱窘乏，始令以八十五为百"。至后唐天成间，又减其五；后汉乾祐时，又减三。宋初沿用汉制，宋太宗太平兴国二年（977），规定以七十七为百，"天下承用，公私出纳皆然"。从此承用了近三百年，名曰"省陌"①。

可见省陌刚产生时，是对正常的用钱方法的一种破坏，以不足一百的钱充作一百来用，但后来行用既久，竟由封建王朝明确规定而成为合法的了。

虽说以七十七钱为一百，在两宋大体被遵守，但也常有不循其制的。欧阳修《归田录》卷二说："用钱之法，自五代以来，以七十七为百，谓之省陌。今市井交易，又克其五，谓之依除。"所谓"依除"，就是直以七十二文充作一百文了。

"省陌"和"依除"的名目，渗透到社会生活的其他领域，《归田录》中还记载了一件趣事：

> 咸平五年，陈恕知贡举，选士最精，所解七十二人，王沂公曾为第一。御试又落其半，而及第者三十八人，沂公又为第一。故京师为语曰"南省解一百依除，殿前放五十省陌"也。

在点校本《宋朝事实类苑》卷二四中，"故京师为语曰"以下被点作：

> "南省解一百，依除殿前放五十。"省，陌也。

此则又是不知宋人用钱的省陌、依除之法了。欧阳修这段话说的是，咸平

---

① 此段引文均见〔宋〕洪迈：《容斋三笔》卷四。

五年（1002），陈恕知贡举，解送七十二人，按当时用钱之法，七十七为省陌，七十二为依除，所以戏称"南省解一百依除"，南省即尚书省，这里指礼部。又经过皇帝的亲自考试，及第者得三十八人，大约是七十七的一半，即五十的省陌，所以又说"殿前放五十省陌"。依照《类苑》的点法，是全然不通的。

若问，省陌，顾名思义是说一百之省，为什么又有五十之省陌呢？

原来宋朝用钱的主要单位是缗、贯、文，缗、贯均表示一千文，有时也直接用"千"，在宋代文献中，无论是叙述政府收支还是皇家赐予，三个单位后面一般都不必说明是否省陌，而实际上则均为省陌，缗、贯所代表的一千文只有七百七十文。在规定货物的价格和民户的税率及军饷的单位数字（如一个士兵给若干）等场合，则常需说明是省陌还是足钱，若为省陌，就在缗、贯、文后面加一个"省"字，若为足钱则加一个"足"字。关于此点，拙文《宋代文献计钱方式例析》已详加论述。

借计钱的省陌制来描述科举选士之精，这似乎是北宋士人的一种幽默，而宋人又常运用省陌制来表达年龄，则只能说明省陌制在当时是如何深入人心，让人感到习以为常了。

南宋宰相楼钥有为同僚娄机写的一首寿诗，序云："今则实惟岩壑所夸一百省岁之时……宫僚惟公为旧学，都省后堂，祝寿之仪久不讲，此公首当之。"[1]"岩壑"为著名词人朱敦儒之号。朱敦儒曾在其词《洞仙歌》中自夸"今年生日，庆一百省岁"，此处借以说娄机也正值"一百省岁"。诗中一联亦云："五千余卷学尤富，一百省年身更康。"[2]胡适之先生在《朱敦儒小传》中曾据朱敦儒自夸"一百省岁"说朱大概活到九十多岁，这是将"省"理解为四舍五入了。实际上朱敦儒只活了七十八岁，而娄机也是七十八岁，按古人的算法，又都是七十九岁。楼钥诗序中又有"况值合宫大礼，储君受册"等语。娄机于宁宗嘉定元年（1208）十月除参知政

① 〔宋〕楼钥：《攻媿集》卷一一《娄彦发参政八月十一日寿诗（有序）》。
② 《攻媿集》卷一一《娄彦发参政八月十一日寿诗（有序）》。

事，楼钥于嘉定二年（1209）正月为参知政事，此年八月册皇太子。据此则楼钥贺娄机寿诗作于嘉定二年八月无疑，娄机当时七十七虚岁，与"省陌"正合。

现在我们再回头来说本文开头所举《夷坚志》中的例子。两个客人说用"钱三百"请一个牧童填补了钱库门，这里的"钱三百"应为省陌，乘上百分之七十七，得二百三十一，故下文谓甄姓牧童回家数他所得到的钱，"正得二百三十一文"。前面已经说明，宋人用钱全为省陌，所以"钱三百"不必加"省"字，但牧童回家是一个一个地数的，所以一定要写清是二百三十一个钱。对于这个故事的作者来说，这件事是不言而喻的，而对于后人来说，就颇有不可解之处了。叶本不知省陌之法，而将"钱三百"改作"三〔实当作'二'〕百三十一"，以与后文"一致"，其实大可不必。吕本作"三百贯"，尤谬，一个小孩是无论如何也拿不动三百贯铜铁钱的。至于"按"谓"每贯七十七"，似已懂省陌之法，实亦未曾懂，依省陌之法，每百七十七，每贯则七百七十矣。

学习历史的人，特别是学习古代经济史的人，应当对"省陌"有一个切实具体的了解，才不至于在读书、治学的时候发生误解。

（原载《学林漫录》九集，中华书局1984年版）

第二编

铜 钱

本编关注宋代的铜钱，具体涉及著名的宋代钱荒论、铜钱与国家财政的关系、宋钱的海外影响力。铜钱是两宋最重要的货币，宋代的铜钱流通情况又在中国古代颇具代表性。因此，了解宋代铜钱是认识中国古代铜钱的门径。

本编有四篇文章。何平《唐宋的"钱荒论"及其实质》一文先从陆贽、韩愈、杨於陵、元稹、李觏、张方平、沈括等唐宋思想家、政治家对钱荒现象的认识入手，讨论当时的人怎么看待钱荒，应该如何应对钱荒等问题。随后，作者从当代货币学理角度重新审视了唐宋的钱荒论。

俞菁慧《王安石变法中国家经济与财政行为中的货币化导向——基于青苗、免役二法的考察》是一篇形成大框架的论文，指出王安石变法开启了一种以货币运作为导向的全新财政经济模式，而在变法的诸多新政策中，青苗法、免役法特别能够体现货币化导向。

俞菁慧、雷博《北宋熙宁青苗借贷及其经义论辩——以王安石〈周礼〉学为线索》一文则聚焦青苗法，从王安石变法的学术思想源头出发，分析王安石为什么要采用借贷形式推行青苗法，从而改变了常平制度的传统运作模式（粮食市场价格高时，官府低价卖出；粮食市场价格低时，官府高价买入）。二位作者还着重分析了王安石如何结合经学理论与政策，以价格杠杆诱导百姓使用货币而非实物。

吴旦敏《论马来西亚和印度尼西亚群岛的仿宋锡钱》关注了一个十分有趣的话题——马来西亚、印度尼西亚群岛用锡来仿制宋代钱币的情况。这一类钱币除了材质不是铜之外，与中国宋代小平铜钱基本相似，显然是根据宋钱制作而成。这类钱币的合金成分比例没有定律，这意味着它们并非统一铸造，也没有制造的统一标准，而是分散制造或是私人铸造。这些钱币使用的场合也并非大宗或官方贸易，以个体散用或者民间交易为主。

唐宋的"钱荒论"及其实质

何 平

经济活动中货币资金的短缺，俗称"钱荒"。在传统中国的唐宋时代，由于商品交易模式的根本性变化和财政收入以铜钱实现，出现了具有政策意义的"钱荒"现象。时人从自身的经验和认识出发，对钱荒事实进行了分析，提出了治理措施。他们的"钱荒论"及相关的政策实践，对于我们认识不同货币形态的性质和功能、特定货币条件下的货币运行规律具有不可替代的意义，并为丰富今天的货币理论提供了充实的思想资源[①]。

一、唐代的钱荒论：财政货币化与商品交易模式的转型

唐代两税法之后，出现了我国传统时代首次影响政府政策的"钱荒"现象。这里以陆贽、韩愈、杨於陵和元稹的论述为代表，来看当时人们对钱荒问题的认识和处理。

德宗建中（780）实施两税法时，一年征收铜钱2050余万缗，米400万斛，以供外；钱950余万缗，米1600余万斛，以供京师。据称当时"物重钱轻"，府库充盈。然而，及至穆宗即位时，两税法已实施40年，物轻钱重，民以为患，形成"货轻钱重，民困而用不充"的局面，在各种局势的演进过程中，当时参与政策制定和执行的政治家们提出了自己的意见和对策，成为我们认识钱荒问题的真相和实质的重要思想资源。

[①] 关于钱荒的理论分析，请参考何平：《中国历史上的钱荒》，《中国金融》2016年第8期。

宰相陆贽贞元八年（792）拜相，以直言敢谏著称。他从反对两税法的立场出发，在德宗贞元十年所上奏议《均节赋税恤百姓六条》的第二条中，提出"请两税以布帛为额不计钱数"的主张。这是唐代最早讨论具有政策意义的钱荒问题论述之一。他在奏议中称：

今之两税，独异旧章，违任土之通方，效算缗之末法，不稽事理，不揆人功，但估资产为差，便以钱谷定税，临时折征杂物，每岁色目颇殊。唯计求得之利宜，靡论供办之难易。所征非所业，所业非所征，遂或增价以买其所无，减价以卖其所有，一增一减，耗损已多。且百姓所营，唯在耕织，人力之作为有限，物价之贵贱无恒。而乃定税计钱，折钱纳物，是将有限之产，以奉无恒之输。纳物贱则供税之所出渐多，多则人力不给；纳物贵则收税之所入渐少，少则国用不充。公私二途，常不兼济，以此为法，未之前闻。往者初定两税之时，百姓纳绢一匹，折钱三千二三百文，大率万钱，为绢三匹。价计稍贵，数则不多。及乎颁给军装，计数而不计价，此所谓税入少而国用不充者也。近者百姓纳绢一匹，折钱一千五六百文，大率万钱，为绢六匹。价既转贱，数则渐加，向之蚕织不殊，而所输尚欲过倍，此所谓供税多而人力不给者也。今欲不甚改法，而粗救灾害者，在乎约循典制，而以时变损益之。臣谓宜令所司，勘会诸州府初纳两税年绢布定估，比类当今时价，加贱减贵，酌取其中，总计合税之钱，折为布帛之数，仍依庸调旧制，各随乡土所宜。某州某年定出税布若干端，某州某年定出税绢若干匹，其有绝绵杂货，亦随所出定名，勿更计钱，以为税数。如此，则土有常制，人有常输，众皆知上令之不迁，于是一其心而专其业……

议者曰："吏禄军装，虽颁布粟，至于以时敛籴，用权物价重轻，是必须钱，于何取给？"答曰："古之圣人，所以取山泽之蕴材，作泉布之宝货，国专其利，而不与人共之者，盖为此也。物贱由乎钱少，少则重，重则加铸而散之使轻；物贵由乎钱多，多则轻，轻则作法而敛之使重。是乃物之贵贱，系于钱之多少；钱之多少，在于官之盈缩。官失其守，反求于人，人不得铸钱，而限令供税，是使贫者破产，而假资于富有之室，富者蓄货，而窃行于轻重之权。下困齐人，上亏利柄，今之所病，谅在于斯。诚宜广即山殖货之功，峻用铜为器之禁，苟制持得所，则钱不乏矣。有枭盐以入其直，有榷酒以纳其资，苟消息合宜，则钱可收矣。钱可收，固可以敛轻为重；钱不乏，固可以散重为轻。弛张在官，何所不可，虑无所给，是未知方。"①

陆贽的核心思想体现在两个方面，第一，从"将有限之产，以奉无恒之输"的认识出发，指出两税法以钱纳税，由于物价和货币币值的变动，必然出现"纳物贱则供税之所出渐多，多则人力不给；纳物贵则收税之所入渐少，少则国用不充"的局面，同时给"国家"和"民众"带来伤害。因为以"实物"是有固定数量的，而以"铜钱"缴纳因为物价"无恒"、变动不居，物价下跌的趋势下，必然出现本来缴纳同样的实物税却要以更多的实物去换取货币以应税，而民众的产出有限，无力应对。对于国家来说，获得的货币形式的财政收入，在物价上涨的情况下，必然导致支出缺口。这是货币形式的税收在物价变动的两个方向上，对"国"与"民"造成的困扰。由此他坚决主张，回到租庸调原有的实物税收形式。第二，针对军需缺乏铜钱使用的疑问，他从货币数量论的观点出发，"物之贵贱，系于钱之多少；钱之多少，在于官之盈缩"，认为物价的贵贱，是由铜钱的多少决定的。而铜钱的多少、铸币的供给应当是官方的职责。如果靠以钱征税，从民众身上寻求铜钱短缺的出路，属于"官失其守"，也就是官方失职。这样必然出现"人不得铸钱，而限令供税，是使贫者破产，而假资于富有之室，富者蓄货，而窃行于轻重之权"。贫民因税收逼迫纳钱，受到损害，富人则可能凭借自己的经济力量，窃夺本来是国家用来调控经济的手段"轻重之权"，即对商品和货币合理均衡关系的主导权。

---

① 〔唐〕陆贽：《陆贽集》卷二二《中书奏议》"均节赋税恤百姓第二条（请两税以布帛为额不计钱数）"，刘泽民点校，浙江古籍出版社2013年版，第260—265页。

著名政治家和文豪韩愈在宪宗元和七年（812）复任国子博士的任上，向皇帝上谏的《钱重物轻状》中，针对两税法引起的钱荒提出了具有政策意义的完备的财政和货币应对措施，提出了关于"钱荒论"铸币紧缩的系统观点：

> 臣愚以为钱重物轻，救之之法有四。一曰，在物土贡。夫五谷布帛，农人之所能出也，工人之所能为也。人不能铸钱，而使之卖布帛谷米以输钱于官，是以物愈贱而钱愈贵也。今使出布之乡，租赋悉以布；出棉丝百货之乡，租赋悉以棉丝百货。去京百里悉出草，三百里以粟；五百里之内及河渭可漕入，愿以草粟租赋，悉以听之。则人益丰，钱益轻，谷米布帛益重。二曰在塞其隙，无使之泄。禁人无得以铜为器皿，禁铸铜为浮屠、佛像、磬者。蓄铜过若干斤者，铸钱以为他物者，皆罪死不赦。禁钱不得出五岭，五岭买卖一以银。盗以钱出岭及违令以买卖者皆死，五岭旧钱听人载出。如此则钱必轻矣。三曰更其文贵之，使一当五，而新旧兼用之。凡铸钱千，其费亦千。今铸一而得五，是费钱千而得钱五千，可立多也。四曰扶其病，使法必立。凡法始立必有病，今使人各输其土物以为租赋，则州县无见钱；州县无见钱而谷米布帛未重，则用不足。而官吏之禄俸月减其旧三之一，各置铸钱，使新钱一当五者以给之，轻重平乃止。四法用，钱必轻，谷米布帛必重，百姓必均矣。谨录奏闻，伏听敕旨，谨奏。[1]

韩愈提出缓解钱荒的四个办法，实际上是从铜钱的供给和需求（使用）两个方面入手。第一（赋税征收实物）和第四（减少官吏禄俸中实际铜钱的支发）两个办法，是从货币的需求和使用上来着手，通过减少铜钱的使用范围和数量，压缩需求端的上涨。而第二和第三两个办法，旨在保证铜钱的充足供给。第二个办法是保证铜钱绝对存量的足额。从铜钱的存

---

[1]〔唐〕韩愈：《韩愈文集汇校笺注》，刘真伦、岳珍校注，中华书局2010年版，第6册，第2835—2836页。

量着眼，不允许铜钱作为器皿、佛教用途，蓄积铜料及将铜钱转化为其他物者，严厉处罚。不让铜钱流入五岭地区，而五岭旧钱运出。第三个办法，则完全体现了韩愈的货币名目论观点。他试图改变铜钱的面额，将一个五铢钱改为5个五铢钱的面额，这样成本就比原来低4/5，一个钱的成本就可以铸成相当于原来的5个钱了。这完全违背了货币流通的规律。在他看来，四种方法并用，铜钱就会贬值，谷米布帛价格就会上升，百姓就生活在一个物价平稳的环境里。

户部尚书杨於陵在回应穆宗的奏对中，对唐代钱荒的原因进行了最为全面透彻的论述。他称：

> 王者制钱以权百货，贸迁有无，通变不倦，使物无甚贵甚贱，其术非它，在上而已。何则？上之所重，人必从之。古者权之于上，今索之于下；昔散之四方，今藏之公府；昔广铸以资用，今减炉以废功；昔行之于中原，今泄之于边裔。又有闾井送终之啥，商贾贷举之积，江湖压覆之耗，则钱焉得不重，货焉得不轻？开元中，天下铸钱七十余炉，岁盈百万，今才十数炉，岁入十五万而已。大历以前，淄青、太原、魏博杂铅铁以通时用，岭南杂以金、银、丹砂、象齿，今一用泉货，故钱不足。今宜使天下两税、榷酒、盐利、上供及留州、送使钱，悉输以布帛谷粟，则人宽于所求，然后出内府之积，收市廛之滞，广山铸之数，限边裔之出，禁私家之积，则货日重而钱日轻矣。[①]

杨於陵提出解决通货紧缩的办法，体现在三个方面。第一，保证税收征收实物的范围，减少铜钱的使用，让人们处于一个铜钱使用的宽松环境，"悉输以布帛谷粟，则人宽于所求"。第二，从绝对存量上保证铜钱的供给，"广山铸之数，限边裔之出"，一方面增加铜钱的铸造，一方面杜绝

---

① 〔宋〕欧阳修、〔宋〕宋祁：《新唐书》卷五二《食货二》，中华书局1975年版，第5册，第1360—1361页。

铜钱流出国境。第三，改变铜钱沉淀为实物财富，积而不用的情况，增加流通中的铜钱数量。将政府库藏的钱币投入流通，"出内府之积"；盘活市场领域的沉淀货币，"收市廛之滞"；禁止民间积累铜钱使其非货币化，"禁私家之积"。

在同一时期，唐代著名诗人和政治家元稹，针对穆宗的质询，提出自己的答辩状《钱货议状》，提出钱荒问题的处理意见。他认为：

> ……当今百姓之困，其弊数十，不独在于钱货征税之谓也。既圣问言之，又以为黎庶之重困，不在于赋税之暗加，患在于剥夺之不已；钱货之轻重，不在于议论之不当，患在于法令之不行……窃见元和已来，初有公私器用禁铜之令，次有交易钱帛兼行之法，近有积钱不得过数之限，每更守尹，则必有用钱不得加除之牓，然而铜器备列于公私，钱帛不兼于卖鬻，积钱不出于墙垣，欺滥遍行于市井，亦未闻鞭一夫、黜一吏、赏一告讦、坏一蓄藏，岂法不便于时耶？盖行之不至也……①

一句话，在元稹看来，唐代的铸币紧缩的关键，在于"法令之不行"，与相关政策的执行效果直接关联。

二、宋代的钱荒论：国际化环境与纸币时代的复合货币体系

宋代关于官铸标准铜钱短缺及其危害的议论，从性质上较之唐代有许多相似之处。然而，由于宋代处于周边少数民族政权压力的形势和多元复合货币使用的内部环境，也明显体现出自身的特点。我们仅以李觏、张方平和叶适的论述为代表来看宋代钱荒问题的情形。

李觏，字泰伯，北宋南城（今江西省南城县）人，"庆历新政"的热情支持者，北宋时期的进步思想家，特别重视经济问题，经济思想是他思想的主要内容。他在关于经济文题的专书《富国策》里，就北宋初年的钱

---

① 〔唐〕元稹：《元稹集》，冀勤点校，中华书局1982年版，第456—457页。

荒问题进行了论述,这也是北宋最早、最全面、最系统的对钱荒问题的成因分析及对策的提出。李觏称:

> 大抵钱多则轻,轻则物重;钱少则重,重则物轻。物重则用或阙,物轻则货或滞,一重一轻,利病存乎民矣。至以国计论之,莫若多之为贵,何者?用有常数,不可裁减故也。朝家治平日久,泉府之积,尝朽贯矣。而近岁以来,或以虚竭,天下郡国亦罕余见。夫泉流布散,通于上下,不足于国,则余于民,必然之势也。而今民间又鲜藏镪之家,且旧泉既不毁,新铸复日多,宜增而却损,其故何也?钱非温也,不可衣而弊之也;非脆也,不可食而尽之也。然而安在哉?是有奸人销之也。奸人所以得销者,以恶钱容于市,铜像铜器容于寺观也。窃观人间,或销法钱,殽杂他巧,以为恶钱。其作必于重湖大江,穷山深谷,风涛所阻,猛兽所在,人不得见,吏不得呵,是法令无由而胜也。销一法钱,或铸四五,市人易之,犹以二三,则常倍息矣。民既蓄恶钱,不可使勿用,利之所在,是法令亦无由而胜也。国失法钱,而民得恶钱,恶钱终不可为国用,此钱所以益少也。又缁黄之家,竞礼铜像,易模变巧,动必满堂,铙钲钟磬之器,所在雷震。谓取于官,则有害冶铸;其私,则以钱为之耳。
>
> ……今欲绝盗铸,莫若去恶钱。去恶钱而非急诛之谓也。欲辨铜像铜器,莫若一取而销之,勿得复用也……至于蛮夷之国,舟车所通,窃我泉货,不可不察。[1]

李觏从"钱多则轻,轻则物重;钱少则重,重则物轻"的货币数量论观点出发,基于"治国之实,必本于财用"[2]的"国计"立场,认为钱多为好,因为用度是有常数的,不可以随意裁减。

---

① 〔宋〕李觏:《李觏集》卷一六《富国策第八》,王国轩校点,中华书局1981年版,第145—147页。

② 《李觏集》卷一六《富国策第一》,第133页。

李觏认为"钱荒"产生的原因在于劣币的泛滥导致人民销毁完好的铜钱。同时，寺庙道观铸造铜像铜器，也是导致铜钱销毁和铜钱铸造原料短少的原因。"国失法钱，而民得恶钱，恶钱终不可为国用，此钱所以益少也"，李觏以"劣币驱逐良币"的规律，来解释恶钱泛滥导致钱荒的原因。由此，他坚决主张以"法钱"排斥恶钱，禁止寺庙道观铸造铜像铜器。同时，认真筹划铜钱流出"蛮夷之国"的对策。

张方平，字安道，号乐全居士。历仕仁宗、英宗、神宗、哲宗四朝。他长期担任主管财经的三司使等重要职务，从"钱禁"和"铜钱外流"视角提出了自己的钱荒论。他在《论钱禁铜法事》里称：

……国朝故事，诸监所铸钱悉入于王府，岁出其奇羡给之三司，方流布天下。然自太祖平江南，江、池、饶、建置炉鼓铸，岁至百万缗。积百年之所入，宜乎贯朽于中藏，充足于民间矣。乃自比年以来，公私上下，并苦乏钱。百货不通，万商束手。又缘青苗、助役之法，农民皆变转谷帛，输纳见钱。钱既难得，谷帛益贱，人情窘迫，谓之钱荒。府库例皆空虚，人户又无居积，不知岁所铸钱今将安在！此事实系安危之体，宜明利害之原。

夫铸钱禁铜之法旧矣。累朝所行令敕具载，钱出中国界及一贯文，罪处死，而又重立赏格，使人告捕。至于居停、资给、担擎人等，与夫官吏之失于检察者，各等第坐罪。又禁铜之条，犯之九斤，已得刺配之罪，亦设告赏之科。而自熙宁七年颁行新敕，删去旧条，削除钱禁，以此边关重车而出，海舶饱载而回。闻缘边州军钱出外界，但每贯量收税钱而已。诸舶舶船，旧制惟广州、杭州、明州市舶司为买纳之处，往还搜检，条制甚严，不得取便至他州也。今自广南、福建、两浙、山东，恣其所往，所在官司，公为隐庇；诸系禁物，私行买卖，莫不载钱而去。

钱本中国宝货，今乃与四夷共用。又自废罢铜禁，民间销毁，无复可办。销熔十钱，得精铜一两，造作器物，获利五倍。如此则逐州置炉，每炉增课，是犹田浍之益，而供尾闾之泄也，大为之防，民犹逾焉，若又废之，将何惮矣。盖自驰禁，数年之内，中国之钱日以耗散，更积岁月，外则尽入四夷，内则恣为销毁，坏法乱纪，伤财害民，其极不可胜言矣。臣见公私上下并苦乏钱，深求其由，仅有一得。①

他从反对熙宁七年（1074）王安石解除铜禁、严禁与弛禁不同的铸币影响视角，论述了"钱荒"的成因。与王安石变法所引致的货币需求加大的格局相呼应，指出了"钱荒"的国内和国际两方面影响因素。国内在于铜钱的销毁，国外在于陆路和海上的流入他国，即"边关重车而出，海舶饱载而回"。

沈括的钱荒论，从独具特色的"货币流通速度"的视角，讨论了宋代的"钱荒对策"。沈括，宋仁宗嘉祐进士，著名政治家和科学家，曾任三司使等职。针对宋神宗"公私钱币皆虚"的询问，沈括详细论述了"钱荒"问题的成因及对策。文献记载称：

上尝问：公私钱币皆虚，钱之所以耗者，其咎安在？括对曰：钱之所以耗者八，而其不可救者两事而已，其可救者五，无足患者一。

今天下齿岁蕃，公私之用日蔓，以日蔓之费，奉岁蕃之民，钱币不足，此无足怪；又水火沦败、刓缺者莫知其几何，此不可救者二也。

铜禁既开，销钱以为器者利至于十倍，则钱之在者几何其不为器也？臣以谓铜不禁，钱且尽，不独耗而已。异日，富家备寇、攘水火之败，惟蓄盐钞，而以藏镪为不利。钞之在民以千万计。今钞法数易，民不坚信，不得已而售钞者，朝得则夕贸之，故钞不留而钱益不出。臣以谓钞法不可不坚，使民不疑于钞，则钞可以为币，而钱不待益而自轻矣。古为币之物，金、银、珠、玉、龟、贝皆是也，而不专

---

① 〔宋〕张方平：《张方平集》，郑涵点校，中州古籍出版社1992年版，第410—411页。

赖于钱。今通贵于天下者金银，独以为器而不为币，民贫而为器者寡，故价为之日轻。今若使应输钱者输金，高其估而受之，至其出也亦如之，则为币之路益广，而钱之利稍分矣。钱利于流。借十室之邑有钱十万，而聚于一人之家，虽百岁，故十万也。贸而迁之，使人飨十万之利，遍于十室，则利百万矣。迁而不已，钱不可胜计。今至小之邑，常平之蓄不减万缗，使流转于天下，何患钱之不多也？四夷皆仰中国之铜币，岁阑出塞外者不赀。议者欲榷河北之盐，盐重则外盐日至，而中国之钱日北。京师百官之饔饩，他日取羊牛于私市者，惟以百货易之。近岁，以疗疾干没之为蠹，一切募民入饩牵于京师，虽革刍牧之劳，而牛羊之来于外国，皆私易以中国之实钱。如此之比，泄中国之钱于北者，岁不知其几何。此皆作法以驱之，私易如此者，首当禁也。此可以救者五也。

河、湟之间，孤绝一隅，岁运中都之币以实塞下者，无虑岁数十万缗，而洮、岷间冶铁为币者，又四十万缗，岁积于三州之境。物出于三州者有穷，异时粟斗百钱，今则四五倍矣，此钱多之为祸也。若不以术泄之，数十岁之后，刍粟何止率钟而致石。今莫若泄之羌中，听其私易，贯率征钱数十，岁已得数万缗。以吾之滞积，而得战马、饩羊有用之物，岁入之刍粟遂减数倍之价，一术而数利。中都岁送之钱，但以券钞当之，不徒省山运之劳，而外之所泄，无过岷山之铁耳，此不足为害者一也。[①]

沈括按照政策是否可控、是否对社会经济产生危害的标准，将"钱荒"成因区分为8种情况。第一类属于不可控的。具体分为两种情况。一是经济增长必然表现为人口自然增长和公私开支的增加，二是铜钱的自然磨损和耗减。这两个方面，都是不以人们的主观意志为转移，不是政策所能改变的，恰恰是政策应顺势而为的目标。

---

① 〔宋〕李焘：《续资治通鉴长编》卷二八三，熙宁十年六月壬寅条，上海师范学院古籍整理研究室、华东师范大学古籍整理研究所点校，中华书局2004年版，第12册，第6928—6929页。

第二类是政策能够有效改进而且应当改进的内容，共5种情况。一是开铜禁而引发的销钱为器的行为，它导致了铜钱存量的减少和非货币化。二是盐钞屡变而引致的信用不佳问题，它导致了盐钞补充性货币作用的发挥，增加了铜钱短缺的压力。三是金银不为币的现象，它导致了铜钱单一发挥货币职能的有限性矛盾更为突出。四是像常平仓中蓄积的钱币而窒碍了货币流通，应当设法盘活现存铜钱，提高"货币流通速度"，增加货币流通总量。五是贸易引起的货币外流，流向塞北等地，这是外部铜钱需求造成国内铜铸币绝对量减少的因素，应当严禁消除。

第三类是不足为害的一条，即河湟地区，铜钱的充裕和铁钱大量存在，引起物价上涨。他主张任由该地贸易，以实现货币的"宣泄"，从而达到"一术而数利"的目的。

较之以前的钱荒论，沈括的对策具有突出的创新特色，第一，主张"盐钞"填补铜钱短缺，实现商品交易的思想，是宋代多元货币形式特别是信用意识增强后，以纸币等新的货币形式解决实体货币有限性的社会大环境下的产物。宋代是纸币发明和使用的时代，货币流通体现出多元复合的格局，既有铜钱、铁钱实体货币，又有纸币交子、钱引、会子，同时有盐钞等补充性货币的存在。第二，他提出以贵金属金银加入货币，完成高价值和大宗商品贸易的职能，反映了经济发展和商业贸易规模的扩大对新型高价值基准货币的要求。第三，它提出的"贸而迁之，使人籝十万之利，遍于十室，则利百万矣"，提高货币流通速度以满足货币需求的思想，在中国货币思想史上闪烁着理论光辉。

三、钱荒论的是非与货币形式的革新

钱荒的表现一如唐代宪宗时李翱所说，40年之前初定两税时，一匹绢为4000钱，米一斗为200钱，而40年后，则一匹绢不过800钱，一斗米不过50钱。[1]铸币紧缩对于生产的直接影响是产出的萎缩和经济的萧条。

---

[1]〔唐〕李翱：《李文公集》卷九《疏改税法》。

如上所述，唐宋时期的钱荒在当时政策参与者的观念里，尽管各自从自己所感知的角度提出了不同的具体分析和解决途径，大体上与今天经济学从货币供求角度来讨论资金短缺问题，别无二致。只是今天我们拥有了较之唐宋人更为丰富多样的观察样本，以及信用货币条件下的经济活动体验，可以有更多的参考坐标，从经济活动与货币形式及本质的视角，来看待当时货币政策实践的特质和缺失。

下面，我们结合历史事实来看这些钱荒论在论述钱荒原因和对策时所提出的社会经济条件及前景。就对钱荒的讨论来看，考虑问题的视角可以简单划分为需求和供给两个侧面。

在需求方面，主要体现为两个原因。第一，财政货币化，也就是税收以铜钱来征收，无论唐代或是宋代，都是钱荒的第一位原因，这主要体现在唐代780年的两税法和北宋1069年的王安石变法，前述钱荒论的经典文献大多是反对变法的奏议，便佐证了这一点。我们不妨来看看当时财政收支结构的变化。

表1　唐宋年度财政收入结构（单位：万）

类别	天宝八年（749）	两税法后（780）	天禧五年（1021）	元丰八年（1085）
钱贯	200	3000	2653	4848
谷（石）	2500	2000	2983	2445
布（匹）	2345		1455.8	151
棉（两）	1110		1899.1	

说明：本表数字来源参见全汉昇：《唐宋政府岁入与货币经济的关系》，《中国经济史研究》，新亚研究所1975年版，第234页。"两税法后唐代收入"一栏，笔者根据《新唐书》卷五二《食货志二》补入，中华书局1975年版，第5册，第1351—1352页。

由上可见，税收货币使用大幅度增加。实际上，元丰年间的最高岁入钱数在6000万贯以上。这些钱贯，一旦进入官方府库，在未进行支出以前，实际上等于流通中铜铸币的相应减少。所以，唐宋时期的官员都将税收征收铜钱视为钱荒的首要原因。

需求侧的第二个原因，是经济发展和商品交易模式的变化。经济的发展，体现在人口的增加上。前述沈括所说的"不可救者两事"之一，就是"今天下齿岁蕃，公私之用日蔓，以日蔓之费，奉岁蕃之民，钱币不足"。经济发展，人口增长，官方和民间货币使用量必然增加，这是不可阻挡的自然趋势。同时，自唐代中期开始，中国进入第二个商品经济发展的高峰时代，经济交易的模式从秦汉官方垄断模式的大商人盐铁交易，转化为以茶米为主的平民化交易，使得对铜钱的使用面大幅扩大，市场形态从城镇坊市向草市镇转型，普通小民都与市场联系在一起。这种前所未有的情况，使唐宋面临一个铜钱紧缺的经济环境。①

在铜钱的供给侧方面，体现在绝对供给量（铜钱铸造的减少）和相对供给量（铜钱的退出流通和流向国外）两个方面。唐代铸钱逐渐减少，唐开元中，国内铸钱70几炉，每年满100万；天宝十一年（752），每年铸钱总数为32万7千缗，人均6文；宪宗时（806—820），全国仅铸造13万5千缗，大和八年（834）不到10万缗②。虽然北宋铜钱铸造自咸平三年（1000）的125万贯，上升到熙宁十年（1077）的373万贯，元丰年间（1080）的最高点达506万贯③，但是这些官方统计数字，因"省陌"需要打折计算，而考察钱荒时则要看实际流通领域的相对存量。无论如何，作为实体货币的铜钱形态，供给的有限性是它明显的缺陷。

从官方铸造铜钱实际流通的相对供给量的减少情况来看，以下几个方面是推升钱荒的主要原因。

蓄积铜钱，大量铜钱作为财富形态退出流通。唐宋经济繁荣时期，特别是宋代铜钱铸造数量最多的元丰年间，钱荒反而更加严重。前述张方平谈及"公私上下并苦乏钱"的情况，正是出现在王安石变法大量铸造铜钱

---

① 高聪明《货币在宋代社会经济生活中的地位》一文就货币使用的深度和广度进行了透彻的分析，载漆侠主编：《宋史研究论丛》，河北大学出版社2001年版，第238—249页。
② 彭信威：《中国货币史》，上海人民出版社1965年版，第345页。
③《中国货币史》，第451页。

的时期。在当时，人们越是富庶，越是将铜钱作为财富甚至一种实物资产来窖藏。同时，在当时的传统工商业组织中，其生产备用资金也是以自身蓄积铜钱的形式存在，铜钱的周转便受到阻碍。铜钱的私人窖藏就相当于铜钱的非货币化。前述钱荒论的作者大多指斥富豪"积钱"。唐宋政府均采取多项措施限制蓄积铜钱的数量，要求超额者限期购买实物花费。学者已就这种"货币的沉淀"现象进行了透彻的分析。[1]在没有近代银行体系的情形下，当时呈现出社会越繁荣，铜铸币供给越多，而同时富豪越多，铜钱的私自蓄积越多，钱荒越严重的奇特现象。其主要原因在于，在没有近代金融体系的情况下，社会的剩余货币不能转化为资本，以投资资本的形式进入流通，从而使得货币的贮藏职能异化为流通职能的消失。

销毁铜钱作为器皿、佛像以及其他用度，直接导致铜钱的非货币化。由于作为货币材料的铜，历来价值稳定并为人们喜好，大多数时候铜钱的名义价值低于币材价值，"销钱为器"的现象屡禁不止。如文宗开成三年（838）李珏指出，"今江淮已南，铜器成肆，市井逐利者，销钱一缗可为数器，售利三四倍，远民不知法令，率以为常"[2]。而北宋初年李觏提出的坚决排除佛教势力对铜钱的侵蚀，则反映了佛教寺庙与官方铸钱上的一贯博弈。唐末武宗和后周世宗灭佛铸钱，便反映了两者的冲突和佛教对于铜铸币流通带来的阻力。

铜钱的外流。实际上，传统中国的铜钱为周边国家使用是一种惯常的现象。但是，宋代面临的国际化环境相当特殊。北部少数民族的铜钱流通，基本依赖宋朝的旧钱。而由于北部少数民族政权的压制，宋代成为中国传统时代主动进行海外拓展的关键转换期。于是，铜钱的外流就表现为张方平所描述的"边关重车而出，海舶饱载而回"。苏辙描述他元祐四年（1089）出使辽国的见闻称，"窃见北界别无钱币，公私交易并使本朝铜钱。沿边禁钱条法虽则深重，而利之所在，势无尤止。本朝每虽铸钱以百

---

① 高聪明：《宋代货币流通的特点》，载漆侠主编：《宋史研究论丛》，第218—237页。
② 〔后晋〕刘昫等：《旧唐书》卷一七六《杨嗣复传》，中华书局1975年版，第4557页。

万计，而所在常患钱少，盖散入四夷势尔"①。至于流出海外，淳祐八年（1248），监察御史陈求鲁称，"蕃舶巨艘，形若山岳，乘风驾浪，深入遐陬。贩于中国者皆浮靡无用之异物，而泄于外夷者乃国家富贵之操柄"②。

这三个方面，都是唐宋政府既有的铜钱铸造和发行总量不能全数投入流通，服务于经济活动的原因。因此，唐宋的钱荒是指完好铜钱在流通中的相对不足。

除了以上因素之外，唐代钱荒还来自小面额货币铜钱自身特性的影响。小面额货币只能服务于下层的零星交易市场，不适合大额交易和上交赋税，具有不易回笼的特点。散发开去的铜钱，集聚起来总是有极大的耗损分散在民间。正是这一点，所谓的赋税货币化，在唐代一旦实施，就不是铜钱能够实现的，不仅在于其面值小，供给不足，而且在于难以搬运和成本高昂。这样，两税法就只能倒退，以钱计价而折物缴纳。在经济生活中，货币化的趋势不可阻挡，白银的中转作用便抬头。只是到了白银贵金属真正成为货币主体的明代，赋税货币化才有了货币形态上的基础条件。

面对钱荒，唐宋时代的处理办法分为三个层面。第一个层面，是民间创造出"选钱"和"短陌"的自律机制，在铜钱范畴内来寻求弥补短缺的办法。③也就是说，各个地域以私铸劣币和不足百钱而当百钱的方式进行调整。

第二个层面，是政府从供求两方面保证流通中足额官铸铜钱的措施。唐代采取了组合的政策：（1）奖励采铜，增加铸钱；（2）严禁销钱，禁铜为器；（3）禁止蓄钱，禁钱出境；（4）政府出钱收买布帛，投放钱币，同时鼓励人们使用绢帛作为交易媒介。④然而，这些办法均收效甚微。

---

① 〔宋〕苏辙：《栾城集》卷四一《北使回还论北边事札子》。
② 《宋史》卷一八〇《食货下二·钱币》，中华书局1985年版，第13册，第4399页。
③ 何平、林琳：《中国古代铜铸币流通领域短陌现象的起源及其性质研究》，《中国经济史研究》2013年第1期。
④ 萧清：《中国古代货币史》，人民出版社1984年版，第189—190页。

最后，解决问题的出路只能在铜钱之外去寻找，这就是第三个层面——飞钱等信用证券和纸币的诞生。唐代宪宗年间，为解决南方购茶不得带出京师铜钱，而创造出汇票"飞钱"。宋代，创造出盐钞制、现钱钞、现钱公据和入便制，以及度牒之类有价证券，还有"轻赍"的变通办法，以弥补铜钱的不足及不宜搬运的缺陷。最后，终于发明地区使用的纸币"交子"和国家主导的纸币"会子"。唐宋表现为官铸铜钱短缺的"钱荒"，终于催生出货币形式的革新。人类历史上的纸币时代终于到来。

（原载《中国钱币》2019 年第 6 期）

王安石变法中国家经济与财政行为中的货币化导向

——基于青苗、免役二法的考察

俞菁慧

宋代的货币相关研究面向颇多，既有《两宋货币史》这样的通论，也有关于城乡货币经济、铜铁钱、纸币钞法、货币政策与流通等专题讨论。[①]总体而言，北宋时期国家财政的货币化进程，尤其是王安石变法以后所形成的国家经济行为与财政中的货币化问题，因涉及大量新法细节，很少有人做过细致深入的研究。王安石变法可以说是中国古代经济史上货币化进程中的一个"突变"事件。新法派对货币的理解（"泉布""泉府""轻重""利孔""开阖敛散"等）以及在新法系统中的尝试与广泛应用，产生于思想观念与创造力极为活跃、但又积弊重重的北宋中后期，既有偶然性又有其必然性，它的成败与利弊纠葛长期以来都引起许多学者的关注。总之，这是一个非常值得我们深入探讨的课题。

一、北宋传统国家财政中的货币征收和使用权重

在研究新法之前，我们首先了解一下北宋传统国家财政中的货币征收和使用权重问题。宋代的常赋以实物为主，"岁赋之物，其类有四：曰谷，

---

① 相关著作有汪圣铎：《两宋货币史》，社会科学文献出版社2009年版；［日］高桥弘臣：《宋金元货币史研究：元朝货币政策之形成过程》，林松涛译，上海古籍出版社2009年版；郭正忠：《两宋城乡商品货币经济考略》，经济管理出版社1997年版；高聪明：《宋代货币与货币流通研究》，河北大学出版社2000年版等。论著太多，不一一列举。

曰帛，曰金、铁，曰物产是也"①。而作为主要流通货币的铜铁钱实际上只是"四曰金、铁"之一类，占比非常少。以熙宁十年（1077）为例，当年夏税1696万贯石匹两，钱385万贯，占比22.7%；秋税3504万贯石匹两，钱173万贯，占比仅4.9%。货币（铜铁钱）在两税全年的占比也不过10.7%，十分有限②。

上供物中经常存在折变现象，"一时所须则变而取之，使其直轻重相当，谓之'折变'"③。不管最终折成何种实物抑或是铜铁钱，折变行为并不影响两税征取的整体结构。此外，只要存在钱与实物的折算问题，很容易出现"倍折"与"贵折"现象："今之为绢者，一倍折而为钱，再倍折而为银。银愈贵，钱愈艰得，谷愈不可售，使民贱粜而贵折，则大熟之岁反为民害。"④在税赋系统中，钱既是征收对象之一，也是不同物产之间的"准价"工具。

两税中有折变，还有支移，"其输有常处，而以有余补不足，则移此输彼，移近输远，谓之'支移'"⑤，两者存在一些有限的货币化空间。如"折斛钱"，将粮食折变为现钱征收；又有"脚钱"，"不愿支移而愿输道里脚价者"⑥，即通过输钱来免除远途支移，"脚费，斗为钱五十六"⑦。不管是因支移而增取的"地里脚钱"、部分州县"折斛钱"，还是少数地区的"丁身钱"，在赋税系统中仍占少数，不足以影响整体货币权重。

正赋之外，尚有和买、和籴，两者皆以货币为重要支付手段。所谓和买绢，即官方在特定时期、特定区域向民间采购绢帛，"官给其直，或以钱，或以盐"⑧。和买原则上倡导政府与百姓之间平价交易，但实际上很

---

① 《宋史》卷一七四《食货上》，中华书局1985年版，第4202页。
② 〔元〕马端临：《文献通考》卷四《田赋考》，中华书局2011年版，第103页。
③ 《宋史》卷一七四《食货上》，第4203页。
④ 《宋史》卷一七四《食货上》，第4219—4220页。
⑤ 《宋史》卷一七四《食货上》，第4203页。
⑥ 《宋史》卷一七四《食货上》，第4210页。
⑦ 《宋史》卷一七四《食货上》，第4212页。
⑧ 《宋史》卷一七四《食货上》，第4220页。

容易造成变相征取。到了南宋又衍生出"折帛钱"①，其中和买绢部分折算成钱无偿收取，实质上演变成新税种。

和买与市籴应该是政府最大规模的以货币为主导的、面向民间的集中采购了。比如元丰五年（1082）和买绢帛量"凡八百一十六万一千七百八十匹两，三百四十六万二千缗有奇"②，市籴规模往往会更大，神宗朝河东一地，其和籴规模要远超二税："河东十三州二税，以石计凡三十九万二千有余，而和籴数八十二万四千有余。"③缘边军储多仰赖于和买和籴，货币在国家财政中的支出量虽然大，但本质上也只是政府与基层交易中的支付工具而已。

值得注意的是，和买、和籴中的"预买钱""预付钱"（对农民而言是"预借钱"），在形式上有点接近政府贷款。其主要形式是钱物或物物交易，朝廷出钱或盐，"旧以钱、盐三七分预给"④，百姓输绢帛或粮食，特殊情况下还会再折算回钱。熙宁初，王广渊为京东转运使负责和买紬绢，"率千钱课绢一匹，其后和买并税绢，匹皆输钱千五百"⑤。即转运司前一年出1贯"预买"来年绢一匹，到了第二年和买绢连带正税绢每匹输钱1.5贯。这组操作名义上是"和买绢"，但钱折绢，绢又折成钱。政府预借给农民钱，第二年连本带利收回的还是钱。这在当时观感非常不好，"假和买紬绢之名，配以钱而取其五分之息"⑥，程颢等认为王广渊是假借和买之名在放政府高利贷。这种行为其实并不罕见，由于年景、需求、奸猾操控等因素，政府采购的确存在不对等交易的可能性。"初，预买紬绢务优直以利民，然犹未免烦民，后或令民折输钱，或物重而价轻，民力浸困，

---

① 建炎三年春，两浙转运副使王琮言："本路上供、和买、夏税紬绢，岁为匹一百一十七万七千八百，每匹折输钱二千以助用。"诏许之。东南折帛钱自此始。《宋史》卷一七五《食货上》，第4236—4237页。

② 《宋史》卷一七五《食货上》，第4234页。

③ 《宋史》卷一七五《食货上》，第4242页。

④ 《宋史》卷一七五《食货上》，第4235页。

⑤ 《宋史》卷一七五《食货上》，第4233页。

⑥ 《宋史》卷一七五《食货上》，第4233页。

其终也，官不给直，而赋取益甚矣。"①从形式上看，和买、和籴仍主导实物交易，钱在里面主要扮演支付和准价工具。然而钱、物反复相折，所有的溢价因素都会体现在价格上，致使"物重而价轻"，最终折算成钱而由百姓承担，这是实物交易的最大问题所在。

和买、和籴法中的政府预借或预付模式与后来的青苗、市易借贷，存在某种形式上的一致性，这种实物为主导的借贷法在未来很有可能进一步走向货币化。仁宗朝以来的"陕西青苗钱"②到王安石变法时期的"常平青苗钱"的转变就是一个典型案例。或者说，从偏实物型的政府预买预借法到偏货币型的青苗市易借贷法，这种政府"借贷"模式的演进是考察新法货币化进程的一个重要视角，后文将详述。

再考察一下朝廷的专卖财政。专卖法因时因地而变，往往万变不离其宗，此处以盐茶法为例。盐法一般有两种：或通商，向商人征收商税；或官卖，政府以盐本钱收盐，然后设场专卖。茶专卖要更严格一些，"天下茶皆禁，唯川峡、广南听民自买卖，不得出境"③。"（园户）岁课作茶输租，余则官悉市之。"④和盐法一样，以茶本钱收茶，"择要会之地"设场专卖，有点像政府统购统销模式。

与和买、预买法那种政府向基层百姓的单方面收购不同，茶、盐专卖还涉及更复杂的商贾交易或远程军事贸易。商贾贸易是专卖体系中至为重要的一环：商人通过缘边入中粮食而获得交引，于各地请盐之后再自行销售，或"至京师给以缗钱"⑤。此外还有商人在京入纳金银钱帛而得盐、茶钞等。范祥改革盐政，推行钞盐法，商人向政府入纳实钱得盐钞，然后请盐销售。茶法类此，"入钱若金帛京师榷货务，以射六务、十三

①《宋史》卷一七五《食货上》，第4236页

②"（天圣五年）冬十月，罢陕西青苗钱。先是，陕西籴谷，岁预给青苗价钱。至是罢之，自后不复给。"〔宋〕陈均编：《皇朝编年纲目备要》卷九《仁宗皇帝》，许沛藻等点校，中华书局2006年版，第188页。

③《文献通考》卷一八《征榷考五》，第505页。

④《宋史》卷一八三《食货下》，第4477页。

⑤《宋史》卷一八三《食货下》，第4479页。

场茶"①。

在这个体系中，作为专卖物资的茶、盐、香药等（在各地榷货务），作为军储的粟米粮食和马匹（入中或交易于缘边），和钱（入钱于京师或缘边），三者间形成一种特殊的三角贸易关系。军储仰赖商人入中，缘边需要粮、钱与马匹；京师开封府是茶盐等券钞贸易的集散地，对实钱的需求量非常大，"三四年间，有司以京师切须钱"②，"论者谓边籴偿以见钱，恐京师府藏不足以继"③云云。于是，茶、盐、钱等成了驱动商人进行远程投运和缘边军事贸易（如以茶博马等）的重要战略物资，后来还添入"东南缗钱、香药、犀齿"所谓"三说法"等。④

所有上述物资中，钱承担着多样灵活的"中间"角色。对商人而言，它既是支付、兑付手段，可以通过入纳钱来兑换茶、盐、香药等；同时也可以作为商人需求对象，比如这里说到的"东南缗钱"以及"入粟请钱"的"现钱法"等，致使京师的缗钱尤其紧俏。

纵观北宋传统国家财政中的货币运作，主要有以下几种形式：其一，作为实际征取或变相征取的税收对象（比如两税、商税或折税钱等）；其二，支移折变中，作为物与物之间的"准价"手段，以钱为媒介，折而又折；其三，作为大宗商品和专卖物资的重要支付手段（和买钱、籴本钱、茶本钱、盐本钱等）；其四，在商贾介入的专卖贸易中作为关键性的兑付、中转物资。总之，北宋传统国家财政中货币运作已经多样化，政府也懂得如何通过货币（含券钞）进行各种细分运作，来达成所需要的实物变转和远程军事物资贸易。不过在这些经济行为中，实物性仍是其重要特征，货币机制依然主要服务于自然经济与实物经济模式。确切地说，货币机制与货币化进程仍有较大发展空间。

---

① 〔宋〕李焘：《续资治通鉴长编》卷一〇〇，天圣元年春正月壬午条，中华书局2004年版，第2313页。以下简称《长编》。
② 《长编》卷八五，大中祥符八年闰六月丙戌条，第1937页。
③ 《宋史》卷一八三《食货下》，第4484页。
④ 《宋史》卷一八三《食货下》，第4483页。

二、青苗法与青苗钱

那么，王安石变法到底带来了哪些新的货币化尝试？它的货币运作的广度与深度又如何？抑或形成了哪些新的货币运作机制？

在国家经济和财政行为中（包括赋税、和买籴、征商、专榷、铸造、财政总体收支，等等），关于货币化考察有两个比较直观的面向：一个是货币在这些经济行为中的使用权重或占比问题，另一个则是货币机制的展开及其运作方式的多样化问题。王安石变法开启了新的经济与财政模式，我们自然也要对其中的货币化问题予以一番新的考察。因新法所涉及的货币面向太广，本文我们将以青苗、免役二法为中心进行考察。

熙宁二年（1069）九月，朝廷颁布青苗法。此次青苗法与旧常平法挂钩，常平仓原有敛散功能不变，在此基础上增加并突出借贷功能，所谓"新法之中，兼存旧法"：其一，通有无，广蓄积，欠时赈粜，平抑物价，灾伤赈济等，继续体现作为常平旧法职能，仍以实物赈贷为主。其二，提供青苗钱借贷，振小农乏绝，抑制兼并，此为新法职能。新法之"新"并非只体现在政府借贷行为上，更重要在于其中的货币化导向。确切地说，这也是中国历史上首次尝试以货币为主体的、全国范围的政府借贷。我们将通过以下几个方面来考察。

首先来看放贷（预支）环节。青苗放贷以货币为主体，"仍以见钱，依陕西青苗钱例，取民情愿预给"[1]，"其两仓见钱，依陕西出俵青苗钱例，每于夏秋未熟以前，约逐处收成时酌中物价，立定预支"[2]。发放青苗钱是青苗借贷的通行法则，即使农民名义上申请粮食，政府仍以货币形式发放，如熙宁三年（1070）诏申明"其愿请斛斗者，即以时价估作钱数支给"[3]。

---

[1] 〔清〕徐松：《宋会要辑稿》食货四之一六，刘琳等点校，上海古籍出版社2014年版，第6041页。

[2] 《宋会要辑稿》食货五三之八，第7200页。

[3] 《宋会要辑稿》食货四之一七，第6042页。

常平新法以原常平、广惠仓为基盘，其物资储备以钱、粮食为主。"今诸路常平、广惠仓略计千五百万以上贯石"①，又汇聚各路钱物，诸如"度僧牒数千道为本钱"②"买陕西盐钞钱"等。不过，待到发放青苗钱时，粮食也可以通过转运司进行钱斛兑换，转化为现钱放贷，"遇贵量减市价粜，遇贱量增市价籴，其可以计会转运司用苗税及钱斛就便转易者，亦许兑换，仍以见钱，依陕西青苗钱例，取民情愿预给"③。总之，从各种执行条例上来看，政府给出去的主要是钱，即我们熟知的青苗钱。这一点与之前陕西青苗钱法并无本质区别，因此后续诏令往往会说明"陕西青苗钱例/法"，两者从放贷模式上来看非常接近。

再看青苗借贷规模。从熙宁到元丰年间，随着借贷本金的不断投入和青苗利息盈收等，到元丰后期，常平借贷规模已基本稳定在每年千万贯以上：元丰三年（1080），散1318万贯石匹两，敛1500万；元丰四年，散1383万，敛1197万。④其中元丰三年最高触及1500万贯石匹两，几乎可以匹敌熙宁十年的夏税规模。熙宁后期，常平总物资达3739.4万贯石匹两，⑤而政府严格限定常平仓储投放比例"常留一半外，方得给散"⑥，因此，这里所呈现的敛散量最多不过常平总体量的一半而已。

其次来看还贷环节，这是青苗借贷货币化导向的关键，也是新旧两派的核心争议所在。熙宁二年，制置三司条例司建言：

> 仍以见钱，依陕西青苗钱例，取民情愿预给，令随税纳斛斗。内有愿给本色，或纳时价贵，愿纳钱者，皆许从便。⑦

政府以现钱发给农民，后令其"随税纳斛斗"，这是通行给纳法。但

① 《宋会要辑稿》食货四之一六，第6041页。
② 《宋史》卷一七六《食货上》，第4281页。
③ 《宋会要辑稿》食货四之一六，第6041页
④ 《长编》卷三三二，元丰六年正月壬寅条，第8006页。
⑤ 〔宋〕毕仲衍：《中书备对辑佚校注》，马玉臣辑校，河南大学出版社2007年版，第229页。
⑥ 《长编》卷二五六，熙宁七年九月辛酉条，第6263页。
⑦ 《宋会要辑稿》食货四之一六，第6041页。

为了保证百姓自由选择的可能性，官方设定在请贷时也可选择粮食（"内有愿给本色"），而还贷时也可以选择还钱（"纳时价贵，愿纳钱者，皆许从便"）。于是在"请钱纳斛"的基本模式下，原则上还可以有"请钱纳钱""请斛纳钱""请斛纳斛"三种模式。不过这种货币与实物交错的借贷法在实际执行上是困难重重的：首先，给（贷）、纳（还）两端——给钱还是给粮、还钱还是还粮——缺乏统一标准；其次，除了"请钱纳钱"这种纯粹意义上的货币贷款之外，其他三种几乎都要涉及粮食价格在不同时期的反复折算。于是条例司又作补充：

> 其给常平、广惠仓钱，依陕西青苗钱法，于夏秋未熟已前，约逐处收成时酌中物价，立定预支每斗价，召民愿请。仍常以半为夏料，半为秋料。①

所谓"酌中物价"，即权衡一段时间内粮价波动而确立的中间价格，相当于时价，作为当年的粮食基准价格。不过朝廷没有直接依从条例司的建议，而是重新规定了基准价格：

> 诏：常平、广惠仓等见钱，依陕西出俵青苗钱例，取当年以前十年内逐色斛斗一年丰熟时最低实直价例，立定预支，召人户情愿请领……其愿请斛斗者，即以时价估作钱数支给，即不得亏损官本，却依见钱例纽斛斗送纳。②

这则诏令信息量丰富，我们需要注意两点。第一，无论是名义上"借钱"还是"借粮"，政府实际给出的都是钱。"其愿请斛斗者，即以时价估作钱数支给"，即农民想要粮食，政府还是按"时估价"换算成钱发放给农民，令其自行买粮即可。第二，也就是说在出俵（放贷）时，无论最终采取哪种偿还模式，都要确立一个粮食基准价，以方便来年偿还时核算。

---

① 《宋会要辑稿》食货四之一七，第6042页。
② 《宋会要辑稿》食货四之一七，第6042页。

于是，这个"粮食基准价"的设定就成了最关键要素。条例司最初给的建议是"约逐处收成时酌中物价"（即"时价"），但此条诏令则最终规定为"取当年以前十年内逐色斛斗一年丰熟时最低实直价例"，相当于以"十年最低价"为粮食基准价。为方便读者理解，笔者曾将这一诏令所内含的各种"政策信息"以数据模式，制成了一张常平青苗俵散及还纳本息示意表。①我们假设还纳和请领"时价"为20文/斗，"十年内最低价"为10文/斗，官方向农户俵散1000文：

表1 常平青苗俵散及还纳本息示意表

借贷方式	换算方式	实际支给	还贷数	实际价值
现钱例（借钱）	1000文/100斗 最低价：10文/斗	1000文	1200文（还钱）	1200文
			120斗（还粮）	2400文 时价：20文/斗
斛斗例（借粮）	1000文/50斗 时价：20文/斗	1000文	1200文=120斗（还粮） 最低价：10文/斗	2400文 时价：20文/斗

经数据换算我们可以发现，"请钱还钱"（请1000文还1200文）毫无疑问是最省心的省钱模式，尤其是对农民而言。然而只要是"还斛斗"，给纳时就必须按照十年最低的价格进行换算，即借1000文，当还1200文，如果折算成粮食则需还120斗（按最低价10文/斗）。但因时价是20文/斗，这120斗就相当于2400文实值，这对农民来说既不划算也不现实。

这里笔者在"十年最低价"与"时价"之间只用了一倍价格差，但实际上也有可能不止一倍。"可以说，政府相当于通过价格杠杆设置了一个还实物预亏的结果，以此驱使百姓主动选择以现钱还贷。当然，在现实中也不排除还贷的时候粮食时价与十年最低价相比高出不太多的情形，因为市场转易存在损耗与钱贵物轻等情况，农民宁可选择看上去不太划算的实

---

① 俞菁慧、雷博：《北宋熙宁青苗借贷及其经义论辩——以王安石〈周礼〉学为线索》，《历史研究》2016年第2期。

物还贷。但绝大部分情况下，时价可能远远高出十年最低价，从而使农民在青苗借贷还纳时不可避免地趋向唯一一种官方认可的模式——请钱还钱。青苗借贷政策中以价格驱使农民纳钱的意图是显而易见的：政府通过最低基准价的设定来引导农民选择还贷模式，而基准价与时价之间的差价越高，以现钱还贷为趋向的价格驱迫性因素就会越明显。"①当时王安石与宋神宗的对话更是明确指向这一点。

> 上曰："俵青苗钱而纳米方贵，如何令纳？"安石曰："贵则民自纳钱。"
>
> 上曰："纳钱则仓但有钱，凶年何以振贷？"安石曰："常平米既出尽，则常平但有钱。非但今法如此，虽旧法亦不免如此。"②

王安石的表述非常直白，"贵则民自纳钱"的背后隐藏的正是以粮食基准价（价格政策）驱动货币还贷的基本逻辑。

总之，青苗法不管是借贷还是还贷方式，整体上都在推动或导向货币借贷。虽然依旧杂糅实物形式，比如在常平敛散"以钱银谷帛贯、石、匹、两定年额"③，这本身也与常平仓性质，或者说常平新法兼通"实物赈贷"与"青苗借贷"两种属性相关。但总体而言，并不改变新法在常平借贷问题上的趋货币化尝试。这种趋向自然也被反对阵营看在眼里，成为青苗法争议的焦点。

熙宁三年（1070），新旧两大阵营领袖——王安石与韩琦之间最重要的一次交锋，就是关于青苗借贷及其背后"国服之息"的辩论。两人穷尽经学理论，本质上无非"货币"与"实物"两套经济逻辑在对抗。反对者针对的其实并不是国家借贷行为本身，而是背后的货币化取向。更确切地说，其质疑并不针对贷款发放的货币化，而是还纳本息的货币化。在他们

---

① 《北宋熙宁青苗借贷及其经义论辩——以王安石〈周礼〉学为线索》。
② 〔宋〕杨仲良：《宋通鉴长编纪事本末》卷六八《神宗皇帝》，清嘉庆宛委别藏本。
③ 《长编》卷三三二，元丰六年正月壬寅条，第8006页。

眼里，常平旧法已经受到了新法功能的严重挤压，传统的实物型经济模式正在被新法主导的货币模式所"蚕食"。韩琦云："去岁河朔丰熟……若乘时收敛，遇贵出粜，不惟合于古制，而无失陷之弊，兼民实被惠，亦足收其羡赢。今诸仓方有籴入，而提举司呕令住止，盖尽要散充青苗钱，指望三分之利，收为己功。"[1]

反对阵营主要有两个质疑点：首先是常平储备的货币化，即常平仓因货币储量的增加而影响到旧式常平赈贷法。如司马光言："今闻条例司尽以常平仓钱为青苗钱，又以其谷换转运司钱。是欲尽坏常平，专行青苗也。"[2]其次是常平借贷的货币化及其货币利息形式。这一点在论辩中明确地体现为两种"国服"理论——物息与钱息、实物敛散与货币敛散——之间的对抗。文彦博云："此法（青苗法）于乡村之民行之，以待夏秋成熟，折还斛斗丝帛，即谓之举放；若只令纳本利见钱，即谓之课钱。"[3]而对"课钱"的担忧事实上正是新法实际执行中的"货币化"导向。

可以说，当时关于青苗法几乎所有争议，诸如青苗息钱、钱荒问题以及"天子开课场""有损国体"等，本质上都是来自对新法所执行的货币化（"钱"）导向的忧虑。王安石变法通过政府借贷模式（青苗、市易借贷），以更直接、更彻底的方式把这个问题抛了出来并执行开来，首先要面对的便是来自传统儒家经济观念的挑战。韩琦、司马光等人的立场代表着传统自然经济与小农经济模式下，从生产本位出发的实物（物产）模式："必率以见钱，折以金银，此非民耕凿可得也，无兴贩以求之，是为教民弃本逐末耳。""督民见钱与金银，求国富庶，所谓拥篲救火，挠水求清，欲火灭水清可得乎？"[4]"两税不征粟帛而征钱，吏得为奸以病民。"[5]

---

[1]《宋会要辑稿》食货四之二〇，第6045页。

[2]〔宋〕司马光：《上神宗乞罢条例司及常平使者》，载〔宋〕赵汝愚编：《宋朝诸臣奏议》卷一一一，北京大学中国古代史研究中心校点整理，上海古籍出版社1999年版，第1212页。

[3]〔宋〕文彦博：《上神宗论青苗》，《宋朝诸臣奏议》卷一一四，第1241页。

[4]《容斋续笔》卷一六引《吴唐拾遗录》所载宋齐丘语，〔宋〕洪迈：《容斋随笔》，孔凡礼点校，中华书局2005年版，第418页。

[5]《文献通考》卷三《田赋考》，第69页。

在他们眼里，农民手里只有物产，没有太多的钱，像青苗法这样的货币借贷体量是不可思议的，更何况已经"侵蚀"到旧常平的实物赈贷模式。这也是为什么他们在一定程度上可以接受类似和买、和籴、陕西青苗这样的实物主导下的预买预借法，却不能容忍青苗借贷的根本原因。

三、免役法与免役钱

如果说青苗法与青苗钱代表着货币化性质与运作面向（货币借贷与货币利息），那么免役法则开启了货币化的广度与纵深，开始由赋税、征纳、仓储领域深入到劳役领域。这也是中国历史上首次全国范围内的劳役"货币化"尝试。在历史上，租税征纳从实物走向货币形态是一个迂回曲折的过程，同样，劳役也在经历着艰难的货币化尝试：由"差役"走向部分"雇役"，再到熙宁免役法的全体出钱"免役"。虽然最后还是被人为终止了，但免役法依然称得上是该进程中的一次激进变革，预示着未来劳役发展的方向与可能性。这一进程还需要从宋仁宗朝的衙前改革说起。

仁宗朝改革派立志整顿差役之弊，相继出台限田及乡户衙前[1]等方案，然而收效甚微。之后，几乎所有人都将目光转向了雇募之法。英宗时，司马光提出，"凡农民租税之外，宜无所预，衙前当募人为之，以优重相补"，马端临评述云："所谓募人充衙前，即熙宁之法也。"[2]并言："（韩、蔡诸公）过欲验乡之阔狭、役之疏密而均之……衙前之弊如故也。""此王荆公雇募之法所以不容不行之熙丰软！"[3]在他看来，熙宁役法改革之变"差"为"募"是唯一出路。王夫之以为"免役之愈于差役也，当温公之时，朝士已群争之，不但安石之党也。民宁受免役之苛索，而终不愿差役者，率天下通古今而无异情"[4]。后人对役法的走向其实已经形成一定共

---

① 《文献通考》卷一二《职役考一》，第343页。
② 《文献通考》卷一二《职役考一》，第345页。
③ 《文献通考》卷一二《职役考一》，第344页。
④ 〔明〕王夫之：《宋论》卷六《神宗》，舒士彦点校，中华书局2003年版，第124页。

识。司马光在元祐时主张全面恢复"差役"而不留任何余地，其实并非一开始就反对雇募模式，而实为新法所激。

熙宁四年（1071）十一月，朝廷颁募役法：

> 诸户等第输钱，免其身役，官以所输钱，立直募人充役。输钱轻重，各随州县大小、户口贫富、土俗所宜。（小注：谓以家业钱或田亩或税钱之类。）计一岁募直及应用之数，留准备钱，不得过一分，立为岁额。仍随逐处均敷至第三或第四等，不足，听敷至第五等（小注：坊郭自随逐处等第均定。）即贫乏而无可输者勿敷。①

从颁行条例来看，熙宁役法有几个核心特点：第一，全民输钱免役（少数户等除外），"诸户等第输钱"；第二，收拢的免役钱由政府统筹募役及支出；第三，输钱多少，因地制宜，"各随州县大小、户口贫富、土俗所宜"，并执行财产标准，"谓以家业钱或田亩或税钱之类"；第四，预留一分作为"准备金"以应对灾伤；第五，立定岁额，均敷到诸等户。在熙宁后期保甲执役政策出台之前，本次役改带来的最重要变化是：过去的乡村差役基本被免役输钱所取代（军员、官员代役除外），与此同时，相关役钱由国家统一支配、统一支出。

同样是募役需求，新役法与之前司马光等人倡导的"半募役"模式有着质的区别。第一，司马光、韩维等只是停留在"募役"部分替代"差役"这一步，并不排斥差役，但免役法却是排斥"差役"的，募役是唯一方案。第二，全民"免役"，民户一概缴纳免役钱或助役钱，以货币方式结算，实现基层统一货币化役改方案；第三，免役法还不光是简单货币化问题。汉武帝时"更赋"允许个体之间私自货币结算，不经由国家，但熙丰免役钱的收支结算则要求统一经由政府之手，由政府来主导完成财政统筹、转移支出。这与个体"私自雇役"和国家层面的"局部雇役"，都有本质区别。而这三层在役法改革诉求方面是逐步递进的，分别从劳役执行

---

① 《宋会要辑稿》食货六六之三八，第7886页。

模式（雇募）、结算法（货币）、财政统筹（国家财政）三个方面体现出免役法的深层变革逻辑，也是劳役货币化的基本逻辑。

"免役钱"是国家财政统筹与货币化努力的直接结果，由"差"改"雇"（募），雇佣的本质在于货币结算，货币结算则要求个体劳役充分的货币化，熙宁役法在开始阶段，除了部分可替代劳役外，几乎没有给差役留下太大空间。那么这里"货币化"的本质是什么？我们可以从几个角度来观察。

首先，货币化的背后来自某种均平诉求。免役法令民户均出"免役钱"，然后募人充役，随本役轻重给钱。其他如坊郭户、单丁、女户、寺观、品官之家等原无差役者，按照等第均出"助役钱"。①这种"出钱免役"的方法整体改变了乡村差役格局和力役兑付方式。新法意图通过货币化来实现乡村力役的均衡摊敷，以应对旧差役制度下的不均性、机会性、人为性等问题。毕竟从理论上讲，货币可量化、兑付方式简明清晰，比人为品定差役要客观得多。但事实上，货币主导下的均平模式依然会被体制本身所限制，版籍、户等、财产制定标准、地区差异等是最大的牵制因素。劳役货币化对税收的均衡性提出了很高要求，"时免役出钱或未均，参知政事吕惠卿及其弟曲阳县尉和卿皆请行手实法"②，于是相继产生了一系列辅助政策，但又引发基层强烈反弹。熙宁七年（1074）诏："闻淮南路推行新法，多有背戾，役钱则下户太重"，③熙宁九年，荆湖路察访蒲宗孟言："两路元敷役钱太重，民间出办不易，至每年所收，广有宽剩"，④元丰二年（1079），提举司言："乡村下等有家业不及五十千而犹输钱者，坊郭户二百千以下乃悉免输钱，轻重不均。"⑤可见，免役法推行近

---

① 参考《宋会辑稿》食货六六之三八，熙宁四年十一月所颁募役法的内容，第7886页。另参《长编》卷二一一，熙宁三年五月丙午条引《吕惠卿家传》免役、助役相关内容，第5130页。
② 《宋史》卷一七七《食货上》，第4307页。
③ 《长编》卷二五二，熙宁七年四月丙申条，第6178页。
④ 《长编》卷二七七，熙宁九年七月壬子条，第6780页。
⑤ 《长编》卷二九九，元丰二年七月戊寅条，第7270页。

十年，政府依旧还在为役钱不均问题所困扰。只是从"差役"到"免役"，人们对均平问题的考量方式已发生了根本变化，从个体劳役的不平等性转变为货币均敷的不平等性。

其次，免役法使劳役的"量化""统筹""预算机制"开始进入一般财政程序。就承役者而言，不同等级的差役可以通过货币来权衡轻重与风险大小，谓之"依轻重制禄"（可"量化"）；就雇佣端而言，被雇者的劳役以货币的形式完成结算（可"结算"）；就国家层面而言，通过适当的预算机制来测算某地区的役钱总额、实际支出以及预留宽剩比例（可"预算"）。①这样，承役端与雇役端通过政府的财政统筹来完成劳役交接，以及其他类型的财政支出。熙宁九年（1076），诸路上司农寺岁收免役钱：收1041万贯硕匹两，支648万两贯硕匹。②免役钱收支总额虽仍以"贯石匹两"计，然而细分到各地区，从开封府路到两广路，基本以钱"贯"或钱金银"贯两"计算，实物收支结算仅占据极少数。再看免役钱的规模，至"（元丰）七年，天下免役缗钱岁计一千八百七十二万九千三百……役钱较熙宁所入多三之一"③。免役钱的规模一点也不亚于同时期的常平借贷，而在货币使用占比上（征收与支出）只会比后者更高。

我们可以看到，全国乃至各地的基层劳役被清晰地量化为一组组免役财政数据，并开始纳入国家的财政统筹中。免役钱除了作为主项雇佣经费支出外，还要进一步对接全国吏禄、水利基建、灾伤准备种种。在征收之前，这一切都是事先纳入政府预算的。王安石云："不正用雇直为额，而展敷二分以备吏禄、水旱之用"。④"常留二分宽剩，以为水旱阁放

---

① 对新法预算机制的高度认可，可参考《宫崎市定中国史》中王安石变法的相关内容。（［日］宫崎市定：《宫崎市定中国史》，焦堃、瞿柘如译，浙江人民出版社2015年版，第199—204页）

② 《宋史》卷一七七《食货上》，第4308页。

③ 《宋史》卷一七七《食货上》，第4310页。

④ 《宋史》卷一七七《食货上》，第4310页。

之备。"①而更重要的支付导向在于吏禄，"用免役钱禄内外胥吏"②。某种程度上，我们也可以把它理解为全国范围内胥吏"劳役"的货币化。根据王安石的《周礼》"稍食"观，即凡为公家付出劳动的，理当支付相应报酬（"稍食"），与其公然受贿为生，不如合法予之。王安石云：

> 三司所治，多是生事以取略养吏人……人主理财，当以公私为一体，今惜厚禄不与吏人，而必令取略，亦出于天下财物。既令资天下财物为用，不如以法与之，则于官私皆利。③

又熙宁四年（1071）五月，

> 上又言："曹司都不与禄，反责其受赇废事，甚无谓。"安石曰："本收助役钱有剩者，将以禄此辈。"上曰："以见役钱便可早定法制，使知。"④

吏禄是一笔大宗经费，免役钱是其重要来源之一。"京师岁增吏禄四十一万三千四百余缗，监司诸州六十八万九千八百余缗。然皆取足于坊场、河渡、市例、免行、役剩、息钱等。"⑤以京师开封的变化为例，"初，京师赋吏禄，岁仅四千缗。至八年，计缗钱三十八万有奇，京师吏旧有禄及外路吏禄又不在是焉"⑥。从几无吏禄到全面赋禄，包括全国范围的胥吏阶层收入和部分基层县官的增收，每年度如此大的财政开支基本是通过新法的货币手段与财政统筹进行运作的。

再次，货币财政所实现的劳动力资源的重新配置。宋人对货币的权衡

---

① 《长编》卷二四二，熙宁六年正月庚寅条，第5902页。
② 《宋史》卷一七七《食货上》，第4306页。
③ 《长编》卷二一四，熙宁三年八月癸未条，第5224页。
④ 《长编》卷二二三，熙宁四年五月庚子条，第5428页。
⑤ 《长编》卷二四八，熙宁六年十二月壬申条，第6052页。
⑥ 《宋史》卷一七七《食货上》，第4306页。

与量化特征已有了初步认识，谓之"多寡有准"①。货币财政的重要特征就是对货币机能充分利用。免役法为解放农村劳动力和游手安置问题提供了一种新的可能性，即以货币预算、结算来实现力役的调配，漆侠先生评价"免役法的实施，用货币代替了极大部分差役，从而使劳役制残余进一步地缩小，这不能不算是一个进步的表现"②。

劳役的货币结算在历史上有过先例，但是以如此大规模货币化的方式，甚至是"全面货币化"来驱动劳动力配置，在历史上是从未有过的。汉代"践更法""过更法"似曾为货币化的一线曙光，③但"践更法"仅限于私人雇募，"过更法"虽由国家统筹，但只针对"三日之戍"。唐租庸调之"庸"基本以绢帛等实物形式兑现，两税法货币、实物并行，"庸"已纳入其中而差役不免。④以上种种终究没有免役法这样全面以货币为主导方式。

当王安石第一次罢相后，吕惠卿提出"给田募役"模式，以实物性的土地作为劳役报酬。说起来依旧还是免役、雇募模式，仅结算方式发生了变化。但哪怕是一点点的实物补偿倾向，也遭到王安石的激烈反对，成为他们师徒政见隔阂、日后分道扬镳的重要导火索之一。王安石重新上台后，首要的便是罢去给田募役法，恢复原免役钱征收模式。

最后，货币运作机制一旦成型，就会迅速拓展并进入模式化发展。青苗借贷模式与免役模式完全也可以理解为两套不同的货币运作机制。

首先，青苗法代表着货币借贷及利息机制，"常平之息，岁取二分，则五年有一倍之数；免役剩钱，岁取一分，则十年有一年之备"⑤。不仅

---

① 〔宋〕陈埴：《木钟集》卷七《周礼》，文渊阁《四库全书》影印本，上海古籍出版社2003年版，第703册，第664页。

② 漆侠：《王安石变法》，上海人民出版社1979年版，第118页。

③ 分别指代农民之普通劳役和戍边之役，原则上皆可以役钱来代，谓之"代役钱"或"免役钱"。"践更法"更接近于后世的免役法，但差或雇农民可自行选择，并且当役者自行雇募，役钱并不经政府，所以，与后世免役法仍有本质之别。

④ 《宋论》卷六《神宗》，第125页。

⑤ 《宋史》卷一七八《食货上》，第4332页。

青苗钱、免役宽剩钱可以用来借贷生息，原则上所有的"闲钱"都可以如此操作。这是王安石变法以来的一个重要现象，以至于"常平青苗例"成了财政运作上的一项"惯例"。其次，免役法则代表货币预算和货币结算机制，意味着劳役服务与部分上供义务都可以货币方式来结算。因此在免役法之后，顺理成章地就会出现"免行法"。

> 初，京师供百物有行，虽与外州军等，而官司上下须索，无虑十倍以上，凡诸行陪纳猥多，而责操输送之费复不在是。下逮稗贩、贫民，亦多以故失职。肉行徐中正等以为言，因乞出免行役钱，更不以肉供诸处，故有是诏。①

免役法与免行法其实是同一原理，前者针对基层劳役，后者面向京师诸行上供。不管是乡户劳役还是行户上供，新法之后都纳入货币结算，以"役钱"的形式承担。因此，"免行钱"一开始就被称为"免行役钱"。这一定程度上可以理解为免役法在京师行户领域的延伸。它的征收模式、转移支出形式也与免役钱高度雷同，也是按照财产标准，也是面向吏禄。详定行户利害条贯所奏："应开封府委官监分财产，当官议定，或令探分，毋得辄差行人……今众行愿出免行钱，乞从本所酌中裁定，均为逐处吏禄。"②

四、结语

宋代财政与经济的货币化进程中，王安石变法时期是关键性的尝试与突破时段。新法开启了新的经济与财政模式，并以大规模货币运作为导向。常平新法执行青苗钱借贷。在还贷时，政府虽然设置货币与实物双选可能性，但通过极为低廉的"粮食基准价"设定，驱动农民选择货币还贷。青苗借贷的现实指向性与操作性，实质上构成了比较完整的货币借贷

---

① 《长编》卷二四四，熙宁六年四月庚辰条，第5935页。
② 《长编》卷二四五，熙宁六年五月戊辰条，第5962页。

闭环。与此同时，也引发了新旧两派关于实物与货币借贷的论战。免役法则进一步拓展了货币化的广度与纵深，开始由农业生产领域深入到基层劳役领域，分别从劳役执行模式、结算法、财政统筹三方面展现出深层的变革逻辑，这也是劳役货币化的基本逻辑。

王安石变法中的货币化问题是一个庞大且复杂的课题，除了本文所探讨的青苗、免役二法之外，尚有均输、市易、盐茶（钞法）、货币铸造等诸多面向。尤其是市易一法，其商业借贷模式、货币机制以及由此产生的诸多经济功能，又自成系统。至于整个新法体系背后更深刻的经济与货币运作逻辑，笔者将另文专论。

（原载《首都师范大学学报（社会科学版）》2022年第5期）

北宋熙宁青苗借贷及其经义论辩

——以王安石《周礼》学为线索

俞菁慧　雷　博

北宋熙宁青苗法是宋史学界的经典课题，现有研究对其内容、实施、作用和影响等方面的探讨非常全面，而政策背后的经学内涵与相关的法理阐释方面还有继续发掘的空间。①从现存史料中可以看到，王安石将均输、青苗、市易等法度明确定位为《周礼》泉府之法的继承与延展：当时很多重要的经济议题如"开阖敛散""泉府赊贷""国服之息""国用取具"等都植根于对《周礼》的诠释解析，因此对熙宁新法中具体政策的讨论就必然和经学层面的辨析争议相结合。其中青苗经义论辩既是当时新旧两派意见直接交锋的焦点，也是王安石通过诠释《周礼》对自身经济思想的一次系统论述，其核心问题即"国家借贷"的合理性讨论。这次争论对后世《周礼》学史影响重大，宋代以后经学中的相关概念基本围绕着这次争论

---

① 史学界对青苗法的研究，已有相当多的成果，可参见漆侠、王曾瑜、刘秋根、李华瑞、周藤吉之、东一夫、官泽知之等学者相关论著。大体而言，以往研究主要集中于制度改革、政策内容、机构建置、操作细节等方面，对法度背后的学术体系及其政治经济学内涵的全面考察则显得不足。

及后续问题展开。①因此，这场辩论可以说是一次政治史与学术史相互渗透、影响的典型案例。以笔者陋见，目前尚未见到有学者结合这两个角度对其进行全面解析。

本文尝试回到这次争论的原初语境中，通过其所围绕的"泉府借贷""国服之息"等中心概念，分析王安石经济理论的特色，考辨反对意见的得失；通过梳理双方从经学诠解到理念立场层面的差异，对熙宁青苗法的思路与诉求，乃至对中国历史上的"国家借贷"问题有更加全面深刻的理解。

一、《周礼·泉府》的基本内容与王安石泉府理论的特点

青苗论辩重点围绕《周礼》泉府理论展开，故有必要简单介绍相关经学背景及王安石泉府理论的基本特点。王安石强调：帝王须"以择术为始"②、学问以尽利害③，因此对熙宁新法的研究不能脱离其学理背景。而《周礼》成为新法的经学范本并非偶然，与这部经典本身的结构特色和当

---

① 对王安石的《周礼》学及其泉府理论，在宋代政治与学术史上本有两派意见：一是以当时新法派（吕惠卿、曾布、蔡卞、常秩等）、王安石后学（王昭禹、陈祥道等）和哲宗、徽宗时期及南渡后部分支持新法的儒者（如〔宋〕葛胜仲：《丹阳集》卷六《富强》，文渊阁《四库全书》影印本，台湾商务印书馆1986年版，第1127册，第465—466页；〔宋〕程俱：《北山集》卷一九《京西北路提举常平司新移公宇记》，文渊阁《四库全书》影印本，第1130册，第197—198页。按：北宋末及宋室南渡后支持新法的儒者存世文献很少且影响力较小，故特别注明其出处）组成的支持方；二是熙宁反新法大臣（韩琦、司马光、苏轼兄弟、欧阳修、范镇、范纯仁、李常、陈襄、孙觉等）及后世反王学儒者（杨时、陈瓘、胡宏、陈傅良、叶适、魏了翁、马端临等）组成的反对方。然而，随着新法挫折、新学式微及南渡后朝野上下的批判，后者在历史评议中渐渐成为主导意见。

② 〔宋〕杨仲良：《皇宋通鉴长编纪事本末》（以下简称《长编纪事本末》）卷五九"王安石事迹上"，《续修四库全书》影印本，上海古籍出版社2013年版，第386册，第492页。

③ 熙宁四年（1071）五月，王安石与神宗论租庸调法，曰："夫人主诚能知利害之权，因以好恶加之，则所好何患人之不从，所恶何患人之不避？然利害之情难识，非学问不足以尽之。"〔宋〕李焘：《续资治通鉴长编》（以下简称《长编》）卷二二三，熙宁四年五月癸巳条，中华书局2004年版，第5419页。

时历史情境中所要面对的矛盾问题都有密切关系。[1]

熙宁初,王安石与神宗讨论陕西钱谷问题时首次引用泉府法。其后,从均输、青苗、市易、保甲、免役等新法,到学校、人才、帝王、相权、礼制等重要议题,都能看到他对《周礼》的引用阐述。[2]完成于熙宁后期的《周官新义》虽散佚颇多,然可与《长编》《宋会要》等史书参照,概知其《周礼》学框架、特点及在新法中的阐释与投射。[3]

(一)《周礼·泉府》的基本内容与王安石泉府理论的特点

王安石云"一部《周礼》,理财居其半"[4],明确强调财富管理职能的重要地位,这在《周礼》学史上还是第一次。相关职能主要体现在天官冢宰"制国用"的体系和地官"司市"以下的市官系统。熙宁财政政策多取法市官,尤以"泉府"为重要典范,时人以为"先王所以变通天下之财者在此"[5]。泉府职大致可分为三部分,也正是新法所借鉴的几个不同层面。

第一层:

> 泉府,掌以市之征布,敛市之不售货之滞于民用者,以其贾买之,物楬而书之,以待不时而买者。买者各从其抵,都鄙从其主,国人、郊人从其有司,然后予之。[6]

---

[1] 〔宋〕王安石:《临川先生文集》卷四一《上五事札子》,中华书局上海编辑所1959年版,第440—441页。其中王安石以市易、免役、保甲为例,明言立法师古之意。

[2] 俞菁慧:《王安石之"经术政治"与熙宁变法——以〈周礼〉经世为中心》,北京大学哲学系2013年博士学位论文;雷博:《北宋熙丰"经术政教"体系研究》,北京大学历史学系2013年博士学位论文。

[3] 程元敏:《三经新义辑考汇评》(三),载〔宋〕王安石:《周礼新义》,华东师范大学出版社2011年版。另国内外学者对王安石《周礼新义》亦有专文专著研究,如〔日〕吾妻重二:《王安石〈周官新義〉的考察》,载〔日〕小南一郎主编:《中国古代礼制研究》,京都大学人文科学研究所1995年版,第515—558页;方笑一:《王安石〈周官新义〉探微》,载邓小南主编:《宋史研究论文集(2008)》,云南大学出版社2009年版,第541—559页。

[4] 《临川先生文集》卷七三《答曾公立书》,第773页。

[5] 〔宋〕王与之:《周礼订义》卷二四引杨时语,文渊阁《四库全书》影印本,第93册,第405页。

[6] 〔东汉〕郑玄注,〔唐〕贾公彦疏:《周礼注疏》卷一五《地官·泉府》,赵伯雄整理、王文锦审定,北京大学出版社1999年版,第380页。按:以下所引《周礼·泉府》不出注者皆引自该文献。

以上为泉府征商与同货敛赊。这一条经义在熙宁新法中有很重要的地位，市易法即以此为蓝本，笔者已别具文论述，[①]这里不详细展开。

第二层：

> 凡赊者，祭祀无过旬日，丧纪无过三月。

郑司农云："赊，赊也。以祭祀、丧纪，故从官赊买物。"《周礼·泉府》赊、贷二法界限分明。清人孙诒让注云："凡赊，从官买物，而约期以付贾，不得过旬日、三月，而不取息。贷则从官借物，而约期以偿物，得过旬日三月而有息。此其事异，而所以利民则一也。"[②]所谓赊，即先从官买物以应急用，滞后付款，限在旬日、三月之内而不追加利息；所谓贷，指的是从官借物，后期以偿，不受旬日、三月之期限而有利息。后者成为青苗、市易二法中国家借贷的经典依据。

泉府赊法有具体的限制：限事（仅限祭祀、丧葬等民间大事）、限时（旬日、三月）、有抵（取信之意）、不取息。王莽、刘歆改制，曾用此法。《汉书·食货志》载："民欲祭祀丧纪而无用者，钱府以所入工商之贡但赊之，祭祀无过旬日，丧纪毋过三月。"钱府即泉府。颜师古注云："但，空也，徒也。言空赊与之，不取息利也。"[③]显然，这种政府主导的赊法实际上是惠民救困的赈济政策，可以在财政盈余的条件下作为福利，但本身无法成为理财体系的经济基础。

与之相比，贷法和取息则是熙宁理财体系的核心，其所涉及的便是泉府第三层：

> 凡民之贷者，与其有司辨而授之，以国服为之息。
> 凡国事之财用取具焉，岁终，则会其出入而纳其余。

---

① 俞菁慧：《〈周礼·泉府〉与熙宁市易法——〈泉府〉职细读与王安石的经世理路》，《首都师范大学学报（社会科学版）》2014年第4期。

② 〔清〕孙诒让：《周礼正义》卷二八《地官·泉府》，王文锦、陈玉霞点校，中华书局2000年版，第1097页。

③《汉书》卷二四下《食货志下》，中华书局1962年版，第1182页。

这一层涉及"国服之息"和"国用取具"两个重要问题。前者是对借贷及其利息的规定，后者则是对借贷利息累积而成的财富进行管理和支配。本文所关注的核心是"国服之息"的相关争论及其意义，而"国用取具"问题则将另撰文讨论。

《周礼·泉府》既是新法的经学依据，也是整个熙宁理财政策的宏观方向与法理支点①，其学理诠释与政治施设之间密切关联、互为导向，即所谓"经术者，所以经世务也"②。新法中均输、青苗、市易三法皆承《周礼·泉府》义理而来，但三者的侧重不同。均输法采其"经用通财之法"③，重在通融移用、贸迁有无；而市易、青苗二法取其敛散赊贷理论，即泉府"同货敛赊"之法。其中青苗法偏重"赊贷"，市易法则主要体现"同货"。

所谓"同货"，《周礼·地官·司市》曰："以泉府同货而敛赊。"郑玄注云："同，共也。同者，谓民货不售，则为敛而买之；民无货，则赊贳而予之。"④据熙宁五年（1072）三月颁布的市易法条例，市易务据行户需求从客商收购物货，然后赊贷给行户分销。⑤之后又在此基础上发展出零售、折博官物、科买等业务，而零售端由市易务亲自掌控。当时外界对市易务买卖果实、梳扑等杂物提出质疑，对此王安石申明："泉府之法，物货之不售，货之滞于民用者，以其价买之，以待买者，亦不言几钱以上乃买。"⑥显然，收拢物货并不只是为了平准市场和自我消化，而是建设一个完整的从收购到投卖、分销、零售的链条，其法理依据便是泉府"同货"的原理。"以百万缗之钱，权物价之轻重，以通商而贯之，令民以岁入数万缗息"⑦，通过政府介入，调节市场之有无盈虚，以保障物货畅通并营

① 《临川先生文集》卷七〇《乞制置三司条例》，第745页。
② 《长编纪事本末》卷五九"王安石事迹上"，第494页。
③ 《临川先生文集》卷七〇《乞制置三司条例》，第745页。
④ 《周礼注疏》卷一四《地官·司市》，第369页。
⑤ 《宋会要辑稿》食货三七之一五，刘琳等点校，上海古籍出版社2014年版，第6813页。
⑥ 《长编》卷二四〇，熙宁五年十一月丁巳条，第5827页。
⑦ 《临川先生文集》卷四一《上五事札子》，第441页。

运收息。①

敛散的另一种形式则是借贷，其中市易法主要覆盖工商业借贷，如结保贷、抵押贷等；青苗法则是以"常平仓钱斛出俵青苗"②，即用常平积储为本金向农民发放贷款，农民随税纳斛斗或现钱，并支付利息。两者所依据的都是泉府职"凡民之贷者"条，也是本文所讨论的政府借贷的理论根源。

需要说明的是，在《周礼》中，泉府属市官，主要负责市法与商业借贷，似与常平青苗借贷（面向农民与农业的借贷）并无直接关系。然而泉府从"积聚"到"借贷"的机制，和从常平广积到青苗借贷的机制在形式上具有一致性：无论借贷本金是以"市物"还是以"常平钱斛"的形式发放，以借贷为基础的敛散模式并无不同。此外，在熙宁国家借贷体系中，主体形式是钱币，同时伴随一定比例的物货。③由于经文并无明文规定借贷针对何人、何事，只是笼统概之以"民之贷者"，故法度实施中实际将贷款对象由"贾民"（商人）拓展为普通农民、市民，与之相应，国家借贷的形式也从狭义的商业贷款延伸至小农贷款，甚至更广泛意义上的民间贷款（如坊郭户青苗钱以及后期面向大众的抵押贷）。

总的来说，王安石对《周礼·泉府》的阐释包括宏观政策和微观论述两个层面。在宏观层面，同货与借贷都可以概括为散而后敛、敛而又散的循环过程，故通谓之"开阖敛散"，进一步延伸为政府主导下各种市场营运与调节机制，如以泉府、廛人征商论市易征商④，以泉府同货论市易零售⑤，或以泉府之平准属性论青苗、市易之变通理财、摧制兼并等，即以之解析诸项新法的运作原理，所谓"法其意"。⑥而在微观层面，一是对泉

① 梁庚尧：《市易法述》，《宋代社会经济史论集》（上），允晨文化1997年版，第104—239页。
② 《宋会要辑稿》食货四之一七，第6042页。
③ 如青苗斛斗实物借贷、市易行户赊请商物、物业抵押等。
④ 《长编》卷二五一，熙宁七年三月己未条，第6129页。
⑤ 《长编》卷二四〇，熙宁五年十一月丁巳条，第5827页。
⑥ 《临川先生文集》卷三九《上仁宗皇帝言事书》，第410页。

府经文的详细解析，主要体现于《周官新义》中，此书"地官"部分已大量散佚，但通过后人辑佚，尤其是将王安石所论泉府内容精心衰辑，仍可大致窥其原貌①；二是在政策论述及针对新法的论辩中，将新法中的种种措置提升至经义层面进行学术辨析，如以"画一申明"的方式，对"国服之息"这一概念所做的辨析。

（二）青苗论辩的背景与双方对借贷问题的持论立场

在理解《周礼·泉府》内容和王安石泉府理论特点之后，我们可以更进一步分析熙宁青苗论辩及其实质，这里需要对其背景略作交待。新旧两派的争论，早在王安石执政前就已开始，如王安石与司马光辩论国家理财的主旨与义理，司马光与吕惠卿激辩先王及后世变法更张的经义和法理依据，等等。而宋神宗也有意包容两派自由辩论，"相共讲是非"②，以期事理越辩越明。但效果似乎并不理想，由于立场与理念迥异，双方各执一词，很难有实质性沟通。

然而新法的推进节奏却并未受争论的阻碍：熙宁二年（1069）二月，设制置三司条例司，讲理财之术、编订出台相关立法；同年七月，行均输法；九月，青苗法始颁。相关政策的内容主要有：第一，立法原则与目的：条例司谓通有无、发敛散、广蓄积、平物价、趋农事、抑兼并种种；第二，操作程序与重点：两仓钱物（常平仓与广惠仓）之转移出纳、青苗预支和给纳法以及在此过程中的估值、钱斛钮算法、请领料次、保任机制等；第三，主管机构及人事安排、提举官派遣与基层官员等躬亲执行方案；第四，借贷对象：乡村主客户兼及城市坊郭户；第五，试行区域以及反复重申的禁止抑配方案。③

之后不久，时任河北转运司勾当公事王广廉尝试在河北路进行推广，并制订河北青苗的具体实施细则：第一，立保法：十户一保，设甲头，形

---

① 〔宋〕程元敏：《三经新义辑考汇评》（三），《周礼新义》，第211—218页。
② 《长编纪事本末》卷五三"经筵"，第443页。另参见同书卷五七"宰相辞郊赏"，第480—481页；《宋会要辑稿》食货四之一八，第6043页。
③ 《长编纪事本末》卷六六"三司条例司废置"，第548—549页；卷六八"青苗法上"，第566页。

成基层借贷担保系统；第二，按户等立贷款额度：自第一至第五等户，给钱十五千至千五百不等；第三，借贷范围：乡村户有余则兼及坊郭户借贷；第四，自愿原则：关于民户愿请与否两种情形的处理方式；第五，还贷方式：按市价纳钱规定及息钱设定。[①]于是韩琦等大臣就青苗法及置提举官事上疏。韩琦时任河北路安抚使、判大名府，其疏以"（河北）转运及提举常平广惠仓司牒"为据，所述内容基本涵盖了当时重要的反对意见及质疑点：如青苗法官放息钱有违抑兼并、振贫乏本意；坊郭户及上户存在抑配的可能性；甲头代赔；提举官因势关升黜而抑勒；愚民请易纳难；官方青苗钱失陷、赔费风险；青苗法影响正常籴粜法；青苗息钱"取利三分"；派遣兴利之臣行兴利之法等。[②]以上种种虽未必在基层执行过程中被坐实，却也涉及推行过程中各种难点和可能出现的弊端。当时群臣反对章疏多达十余篇[③]，"上悉以付安石"。王安石阅后言："章疏惟韩琦有可辨，余人绝不近理，不可辨也。"[④]相比而言，其他反对意见都比较片面，并未突破韩琦的立论框架与议论深度。

从当时情状来看，这场辩论势在必然：朝廷初定更张的基调，新法频频出台，内外异论四起，人事更替频繁，决策层内部亦出现妥协和意见分裂[⑤]，原支持新法者发生动摇甚至加入反对阵营。[⑥]对王安石而言，这是公开阐明新法之事理、法理与义理的最佳时机，势在必行且刻不容

---

① 《宋会要辑稿》食货四之一九，第6044—6045页。
② 〔宋〕韩琦：《上神宗乞罢青苗及诸路提举官》，载〔宋〕赵汝愚编：《宋朝诸臣奏议》卷一一一，北京大学中国古代史研究中心校点整理，上海古籍出版社1999年版，第1208—1210页。
③ 〔宋〕韩琦：《上神宗乞罢青苗及诸路提举官》，《宋朝诸臣奏议》卷一一一，第1208页。此外还有苏轼《上神宗论新法》，李常《上神宗论青苗》《上神宗论王广廉青苗取息》，陈襄《上神宗论青苗》，范镇《上神宗论新法》，吕公著《上神宗乞罢提举官吏及住散青苗钱》，司马光《上神宗乞罢条例司及常平使者》等，详见《宋朝诸臣奏议》卷一一〇至一一一，第1194—1211页。
④ 《长编纪事本末》卷六八"青苗法上"，第571页。
⑤ 如王安石与曾公亮、陈升之等关于坊郭户青苗及抑配问题均出现意见分歧，参见《宋会要辑稿》食货四之二〇，第6046页。
⑥ 如吕公著、程颢、孙觉等在熙宁二年（1069）末设置常平提举官前后，立场与意见出现了很大的变化。

缓，故王安石以条例司名义亲撰《画一申明青苗事》（以下简称《申明》），目的就在于"群臣数言常平新法不便，令画一申明，使知法意"①。这篇文章既是此次辩论的核心内容，也是官方首次公开对新法做出的主旨申明。

在《申明》中，王安石以泉府为依据论证青苗借贷之合法性，其据经可辩者主要有以下几点：第一，辩"青苗息钱"。《申明》以泉府借贷以国服为息，证明青苗收息完全正常，合乎古法。第二，辩"三分之息"。《周官》民之贷者，有至二十而五，京西、陕西等地为二分之息，唯河北以三分之息封顶，相比泉府之息不为高。第三，辩"国用取具"。《申明》以为泉府国事财用"取具"于泉府借贷之息，而宋室常平钱斛及息钱只为振乏绝，不充国计。第四，辩"坊郭户青苗"。泉府贷民，无都鄙国野之限，故坊郭户也当享有借贷权利。总之，王安石称常平青苗法为"振救之惠"：既不如泉府息法之高，所得息钱也不充国用，只是维持制度运转，且恩泽遍及国野、不分贫贱。"约《周礼》太平已试之法，非专用陕西预散青苗条贯也"，"亦先王散惠兴利以为耕敛补助，衷多补寡而抑民豪夺之意也"。②

在此之后，韩琦针对《申明》亦做驳议③，其观点与上述十余篇反对章疏中的意见基本一致，即取息取利，破坏民间借贷及其与政府、农民的依附关系；请易纳难，督迫摊派，农民负担加重；国家赔费，财物失陷等。明确双方主要观点是理解此次论辩的前提，泉府经义层面的讨论即主要在此框架下进行。

（三）韩琦等对泉府借贷取息的批评及其基本赊贷观

泉府贷法云："凡民之贷者，与其有司辨而授之，以国服为之息。"王

<hr />

① 《长编纪事本末》卷六八"青苗法上"，第571页。另参见《宋会要辑稿》食货四之二五，第6049—6051页。

② 《宋会要辑稿》食货四之二五，第6051页；食货四之一六，第6041页。

③ 〔宋〕韩琦：《上神宗论条例司画一申明青苗事》，《宋朝诸臣奏议》卷一一二，第1219—1223页。以下韩琦所论不出注者均出自该文。

安石认为泉府借贷以"国服"为息，礼存古法、经有明文，故青苗收息合乎古制。这里有两层意义：一是青苗法所实行的政府借贷行为合理合法，二是青苗收利息合理合法。韩琦首先质疑的便是这种政府放贷取息行为，从经学角度看，他的解释与王安石的取向完全不同。

首先，泉府同货层面。韩琦认为：

> 臣谓周制，民有货财在市而无人买，或有积滞而妨民用者，则官以时价买之，书其物价以示民。若有急求者，则以官元买价与之。此所谓王道也。

"以官元买价与之"依据的是泉府经文"买者各从其抵"，郑众注："抵，故价也"，即官方收购市场滞物，再次销售与民。其表述重点在于原价出售，官方在收购与转卖过程中不得盈利。

其次，泉府赊法层面。韩琦援引郑众、贾公彦对"凡赊者祭祀无过旬日，丧纪无过三月"的注释，强调"赊与民不取利"，即遇缓急之事以赊借的方式赈济百姓，官不取息。

最后，泉府贷法，即经文"凡民之贷与其有司辨之，以国服为之息"。经文明言"国服之息"，则借贷出息似是必然，历代解释只是出息形式、息率不同罢了。而韩琦则以为泉府三层内涵，前两层并无取息之意，故云：

> 若谓泉府一职今可施行，则上所言以官钱买在市不售及民间积滞之货，俟民急求，则依元买价与之，民有祭祀、丧纪，就官中借物，限旬日、三月还官而不取其利。制置司何不将此周公太平已试之法，尽申明而行之，岂可独举注疏贷钱取息之一事，以诳天下之公言哉？

意思是，既然官方要讲泉府制度，何不采用前面"无息"之同货法与赊法，却只究心于泉府贷法以图收息之利？故虽默认经文泉府有此贷法，却对官方独取泉府"贷钱取息"一事行用而不以为然。

韩琦的批评不能说没有根据，但其中也存在较为明显的缺陷。

首先，赊、贷二法在《周礼》的文义和历代的经学解释体系中有非常清晰的界限，王安石对此的辨析极为分明：青苗借贷遵循的是泉府贷法，与泉府赊法无关。故神宗阅韩琦奏引《周礼》"丧纪无过三月"等语，王安石驳曰："此乃赊买官物，非称贷也。"[1]可以说，韩琦的批评并没有针对问题的实质，即政府借贷是否合乎先王之法，而是试图用无利息的泉府赊法和"无所盈利"的同货法来质疑王安石所主张的泉府借贷法。

其次，韩琦所论泉府同货法中"以官元买价与之"出自郑众"故价"说。然而，释"买者各从其抵"的"抵"为故价，只能备为一说，未必允当，郑玄的解释即与其不同，认为"抵实柢字，柢，本也。本谓所属吏主有司是"。即以"抵"为所在乡遂之有司。王安石等则解之为"抵当""抵押"意。市易条文"以抵当物力多少，许令均分赊请"[2]，便是从泉府中的"买者各从其抵"引申而来。韩琦认为同货过程应当"原价取与"，从现实角度看是一种过于理想化的经营方式，在经学上也只是异议的一种，不足以是此非彼。

最后，政府借贷取息或同货过程中的政府买卖价格差是否就意味着"规利""兴利"？因为王安石所指出的制度成本与损耗也是不可忽视的因素。[3]显然，在制度设计时，除了学理的正当性之外，也须兼及政策的可能性和可持续性，而在韩琦的批评中，这一点被有意无意地忽略了，或者说根本没有成为问题。

综上可知，韩琦的疏奏内容是真正深入经学学理与核心价值层面的批评，因此值得重视并回应。然而在泉府借贷与青苗借贷的问题上，最值得辨析讨论的关键之处，是政府借贷从经义、理念和现实层面上是否合理合法。这一点王安石提出了自己的依据和立场，但反对者并未予以正面

---

① 《长编纪事本末》卷六八"青苗法上"，第571页。
② 《长编纪事本末》卷七二"市易务免行附"，第600页。
③ 《临川先生文集》卷七三《答曾公立书》，第774页。

回应。

二、"国服之息"与"旅师散利":泉府借贷中的经学争议与理念对峙

以上对泉府与青苗借贷的相关争议进行了梳理辨析,接下来就可以面对争论中最核心的概念了。无论是在对《周礼》的经学诠释,还是在王安石与韩琦的辩论中,对"国服之息"的理解都是最为关键的分歧点,从中体现出根本性的理念对立,需要详细疏解。此外,在关于敛散模式和借贷对象方面,《周礼·泉府》与旅师职能之间的差别和联系也是非常重要的经学议题,必须分析讨论。

(一)"国服之息"概念的两种诠释及其差异

韩琦在其疏奏中解"国服之息"云:

> 经又云:"凡民之贷,与其有司辨之,以国服为之息。"郑众释云:"贷者,谓从官借本贾也。故有息使民弗利,以其所贾之国所出为息也。假令其国出丝絮,则以丝絮偿;其国出絺葛,则以絺葛偿。"臣所谓周制有从官借本贾者,亦不以求民之利,但令变所贷钱使输国服,即以为息也。此所谓王道也。

韩琦的议论中包含两个要点:第一,承认古代有政府贷款,但"不以求民之利";第二,其取息方式为"令变所贷钱使输国服"。这里的"国服"应当如何理解呢?

郑玄注"泉府借贷"与"国服之息"时,举郑众原注而提出自己的不同意见:

> 郑司农云:"贷者,谓从官借本贾也,故有息,使民弗利,以其所贾之国所出为息也。假令其国出丝絮,则以丝絮偿;其国出絺葛,则以絺葛偿。"玄谓以国服为之息,以其于国服事之税为息也。于国事受圂廛之田而贷万泉者,则期出息五百。王莽时民贷以治产业者,

但计赢所得受息，无过岁什一。

可以看出，郑众以不同封国所出"丝絮""绤葛"为例，说明其所理解的"国服"是"物产"，而"国服"中的"国"即"民"所在的方国。亦有学者将此"服"解释为"侯服""甸服"之服①，指明邦国贡赋之意。孙诒让云："先郑（郑众）盖释国服与《书·酒诰》'肇牵车牛远服贾'义同。必以所出为息者，取其易得，且官不失利也。"②所谓"肇牵车牛远服贾"，伪孔《传》曰："农功既毕，始牵车牛，载其所有，求易所无，远行贾卖，用其所得珍异，孝养其父母。"孔颖达疏云："所得珍异而本不损，故可孝养其父母，亦爱土物之义也。"③因此郑众所理解的"国服"之"息"也呈现出两种特点：一是自然滋生之意，二是地方物产属性。这种还息方式体现自然生产的顺遂之理，遵循差异性与易得性。韩琦取郑众解释，认为民从官借钱，以所在国之出土物产还纳并作为息钱，不对农民构成负担，"此所谓王道也"。

而郑玄则提出了完全不同的解释思路，"以其于国服事之税为息"也。孙诒让云："《尔雅·释诂》云：'服，事也。'于国服事，即九职农圃等事。"④汉以后儒者多从郑玄"国服"解。贾公彦疏"泉府"云："凡言服者，服事为名，此经以民之服事，唯出税是也。"金榜云："后郑（郑玄）说是也……农民受田，计所收者纳税。贾人贷泉，计所得者出息。其息或以泉布，或以货物，轻重皆视田税为差，是谓以国服为之息。"⑤显然，郑玄强调的并非不同地域中物产的差别，而是民从官借贷钱物后，通过纳税形式来偿还利息的基本义务。"国服"并非邦国土物意，而是体现个体劳

① 《周礼订义》卷二四引徐元德语，文渊阁《四库全书》影印本，第93册，第404页。
② 《周礼正义》卷二八《地官·泉府》，第1099页。
③〔唐〕孔颖达：《尚书正义》卷一三《周书·酒诰》，黄怀信整理，上海古籍出版社2007年版，第552—554页。
④ 《周礼正义》卷二八《地官·泉府》，第1099页。
⑤〔清〕金榜：《礼笺》卷一，"以国服为之息"条，《续修四库全书》影印本，上海古籍出版社2013年版，第109册，第14页。

动生产、经营的"服事"意。

郑玄的解释中有两个方面值得注意:第一,郑玄理解的"国",与"民"相对,指的是国家、政府,即作为借贷方与还贷对象的中央之国,而非郑众所理解的封国之国;第二,"服"不是"物产",而是"服事",即还贷方通过差异性的个体劳动"服事于国",以劳动所致的财富偿还借贷之息。需要特别说明的是,同样解释为"服事于国",郑玄注的落脚点与南宋陈傅良等的"服役"说有着本质的差别,泉府借贷还息体现为差异化劳动的赋税形式,而非统一的力役形式。此外,郑玄谓之"税",说明这个借贷行为存在"国—民"之间双向的借贷关系和还贷义务。

《周官新义》的《地官·泉府》部分今已亡佚,故王安石对"国服"的诠释只能通过后人辑佚概见其旨。在王昭禹《周礼详解》中有一段阐释值得注意,程元敏认为当是祖述王安石之说,其释"国服之息"云:"各以其所服国事贾物为息也。若农以粟米,工以器械,皆以其所有也。"[1]其意与郑玄注同,为服事、劳动而非物产意,后面加以"贾物"二字,又举"农以粟米,工以器械",显然是指由不同劳动方式转化而来的商品。如此则一方面强化了贷民的劳动分工与职业属性,另一方面,将不同的劳动成果予以商品化的理解,以此为息。这里所举"贾物"("农以粟米,工以器械")同样表现为物息,却与韩琦所取的"物产之息"("丝絮""绨葛")有着完全不同的意义:后者是地域性的物产,体现出自然经济状态下的物贡属性;而前者的"物息"概念则建立在职任与分工基础上,虽来源于个体劳动所得,但在经济分工体系中用于交换,侧重其商品属性,且随时可以转化为货币形式。

总之,在看似简单的"国服"概念中,不同的诠释包含了两种截然不同的经济理念,这也影响了熙宁变法时期新旧双方在国家借贷问题上的认知。那么以上两种不同的经解理路到底哪种更接近于《周礼》本

---

① 〔宋〕王昭禹:《周礼详解》卷一四《泉府解》引,程元敏以为:"考其说略合郑玄注……意其即述王安石之说。"〔宋〕程元敏:《三经新义辑考汇评》(三),《周礼新义》,第212页。

意呢？

《周礼》王畿征赋之法有二：一为"九赋"地征，"一曰邦中之赋，二曰四郊之赋，三曰邦甸之赋，四曰家削之赋，五曰邦县之赋，六曰邦都之赋，七曰关市之赋，八曰山泽之赋，九曰弊余之赋"①，此田地之租乃国用所仰给者，为正税，又称"九正"；二为"九职"力征，"以九职任万民：一曰三农，生九谷；二曰园圃，毓草木；三曰虞衡，作山泽之材；四曰薮牧，养蕃鸟兽；五曰百工，饬化八材；六曰商贾，阜通货贿；七曰嫔妇，化治丝枲；八曰臣妾，聚敛疏材；九曰闲民，无常职，转移执事"②，所得只以充府库，以备非常之需，与"九赋"相对。上述两者共同构成《周礼》"经常之征"，即"力""赋"两税。其中"九赋"强调的是畿内土地类别与生产属性，主要以田赋形式呈现；"九职"强调的是个体劳动与分工属性，以劳动所得物形式呈现。

郑玄、王安石对"国服之息"的诠释正是基于《周礼》"九职"力征及其分工系统，即孙诒让所云"于国服事，即九职农圃等事"，"民各以其力所能，受职而贡其功，以为赋税"③。"国服之息"作为一种非常规的、以个体为单位的贷款纳息之赋，体现出"民"与"国"之间的经济纽带，而不管是力赋关系还是借贷关系，建立于职业分工基础上的个体劳动所得力赋或补偿机制成为其间最重要的经济关系形态。因此，郑玄注"国服"可以视作大宰"九职"体系的延展，它体现了《周礼》王畿之"民"所具备的国家属性、社会属性以及市场属性。

相比而言，郑众、韩琦解"国服"为"邦国"的"物贡""土物"，这类概念在《周礼》的贡赋机制中并非没有，即"以九贡致邦国之用"，因邦国所有而贡之。然而，若以之套用泉府的"国服"概念，则不免有张冠李戴之嫌。原因有两点：第一，此诸侯邦国岁之常贡，是"邦国"而非个

---

① 《周礼注疏》卷二《天官·大宰》，第35页。
② 《周礼注疏》卷二《天官·大宰》，第32页。
③ 《周礼正义》卷二《天官·大宰》，第80页。

体之"民"与王国之间的关系，不能以此"邦国"来解释政府借贷中的"国服"之"国"。第二，泉府是王畿内机构，其借贷体现的是王畿之民与政府之间的经济关系，在王畿内部的经济体系中强行塞入封国概念与物贡之息，这是难以说通的。以上两点应该是郑众注中最大的逻辑漏洞。

显然，郑众、韩琦的解释思路体现的是自然经济特征，而淡化了市场属性。然而对于借贷这样一种经济关系而言，贷民一旦被纳入其中，不论是政府借贷还是民间借贷，只要进入借贷程序并执行还贷义务，事实上就已经发生了市场行为，其身份就不再是自然经济下自给自足的个体，而成为必须被职能、义务所规约的市场主体或社会主体。因此郑玄、王安石的经解思路更加强调国家借贷中的国民关系、社会分工、市场交换等非自然经济的属性，从经学角度看，也是《周礼》所蕴含的士农工商职业分化、国家统筹经济事务等理念的反映。

（二）泉府借贷与旅师散利：两种敛散模式的异同及借贷范围的争议

除了"国服之息"的争议，双方对泉府借贷对象的认定也有分歧。泉府所谓"民之贷者"都包含哪些社会职业与身份，是否可以覆及农民，这一点涉及青苗借贷作为国家层面农业借贷的合法性问题。虽然在青苗论辩中没有直接展开，却也是后来学者的关注点之一。

这一问题的经学根源仍出在二郑注的差异上。《周礼·泉府》属市官，主要负责市法，故郑众以为"贷者，从官借本贾也"。[1]孙诒让解释云："先郑谓民欲行贾而无本，则从官借泉为本以贾也。"[2]金榜云：

> 泉府，市官之属，以受市之征布为职。其以市之征布贷于贾人以贾，与上经以征布敛市之滞货同义，二者皆恤商阜货，泉府之职也。其言凡民之贷者，对下有司言之谓之民，泉府不得与国人为贷。《周官》旅师职云："掌聚野之锄粟、屋粟、闲粟，凡用粟，春颁而秋敛之。"此贷于国人者，不令出息，为其无所取赢也。贾人贷官财，以

①《周礼注疏》卷一五《地官·泉府》，第381页。
②《周礼正义》卷二八《地官·泉府》，第1099页。

权子母之利，则有息。①

清儒的解释有两个重点：一是贷民"从官借泉为本"，即实行货币借贷；二是泉府借贷对象与旅师敛散对象有本质差异，前者是贾民（商人），后者是国民（主要包括农民）。也就是说，针对普通乡遂农户的"春颁秋敛"只存在于《周礼·旅师》职中，泉府属市官体系，只与市法相关，故称贷收息只是面向贾民。

金榜提到的"旅师职"是继泉府外又一个与熙宁常平青苗法相关的重要经学概念。《周礼·旅师》职云：

> 旅师，掌聚野之锄粟、屋粟、闲粟而用之，以质剂致民，平颁其兴积，施其惠，散其利，而均其政令。凡用粟，春颁而秋敛之。②

旅师非征赋（正税）之官，而是掌六遂之外"三粟"之征聚敛散。依照《周官》之"以积以散"思路，旅师职有相应的"平颁兴积""散利"之法。《周礼·大司徒》以荒政十有二聚万民，散利列第一位。郑众云："散利，贷种食也。"贾疏云："谓丰时敛之，凶时散之，其民无者，从公贷之。或为种子，或为食用，至秋熟还公。据公家为散，据民往取为贷，故云散利贷种食。"③其作用是在农民青黄不接或即将东作之际，贷之以三粟，责秋收而敛之；或灾伤之时，施惠赈济，不责其偿，即所谓"困时施之，饶时收之"④，是荒政的主体部分。

旅师"平颁""散利"与后世的常平仓、义仓赈贷、赈给非常相近⑤，故儒者特别强调其"不出息"，与泉府"国服之息"有本质区别。如叶时云："盖旅师所聚之粟，民粟也……然旅师不取其息，而泉府则收其息，

---

① 《礼笺》卷一，"以国服为之息"条，《续修四库全书》影印本，第109册，第14页。
② 《周礼注疏》卷一六《地官·旅师》，第404—405页。
③ 《周礼注疏》卷一〇《地官·大司徒》，第259、260页。
④ 《周礼注疏》卷一六《地官·旅师》，第405页。
⑤ 〔宋〕朱熹：《晦庵先生朱文公文集》卷七九《建宁府建阳县大阐社仓记》，《朱子全书》第24册，上海古籍出版社、安徽教育出版社2002年版，第3779—3780页。

以货与粟不同也。"①曾钊云："《泉府》'以国服为之息'，乃贷于贾者。先郑注彼经云'从官借本贾，故有息'是也。此旅师主惠民，所用粟春颁秋敛，不言息，则不同泉府明矣。"②

后儒通过泉府职与旅师职的比对，并结合王安石的青苗、泉府借贷理论，旨在说明"借贷"与"散利"之间的根本差别，经学史上谓之"称责"与"取予"之别："贷而生息谓之称责，贷而不生息谓之取予。"③"国中赊贷则用泉货，郊野赊贷则用谷粟。在国则泉府主之，以出于市也，在野则旅师主之，以出于田也。"④"称责"如泉府借贷，"取予"如泉府赊法与旅师散利；"称责"以泉货，"取予"以谷粟；泉府有国服之息，而旅师敛散不出息；泉府借贷面向贾人，而旅师散利给予国人（主要是农民）。以上种种强调的都是泉府借贷与旅师散利之间的本质区别，这与前文提到的韩琦将泉府同货、赊法区别于泉府借贷取息法，并强调泉府制度无利无息的思路是一致的。

与郑众的诠释相比，郑玄对于泉府借贷对象的范围界定要大得多，不仅包括贾民，也将农民包含在内。其释泉府"国服之息"云："于国事受园廛之田而贷万泉者，则期出息五百。"也就是说，受田之民欲经营田产者，同样也在泉府借贷的范围内，需要按期缴纳利息。而在"旅师散利"一节中，郑玄的解释则更进一步："是粟县师征之，旅师敛之而用之。以䘏衣食曰惠，以作事业曰利。均其政令者，皆以国服为之息。"⑤所谓"䘏衣食""作事业"，是对生产者和社会财富创造者的笼统概括，并未强调贾人与国人的差别。更关键的是，郑玄明言，旅师散利与泉府借贷一样，皆有"国服之息"，这里泉府借贷与旅师敛散在借贷对象与取息法上被统合于一，体现政府借贷的普遍性，并一并以"国服之息"为准。

---

① 〔宋〕叶时：《礼经会元》卷三上《市治》，文渊阁《四库全书》影印本，第92册，第106页。
② 《周礼正义》卷三〇《地官·旅师》引，第1167页。
③ 《周礼订义》卷四引王氏《周礼详说》，文渊阁《四库全书》影印本，第93册，第72—73页。
④ 〔明〕柯尚迁：《周礼全经释原》卷首，文渊阁《四库全书》影印本，第96册，第496页。
⑤ 《周礼注疏》卷一六《地官·旅师》，第404页。

　　王安石对泉府与旅师职的理解和运用，正是延续了郑玄这一思路。《周官新义》解"旅师"云："掌聚野之锄粟、屋粟、闲粟而用之者，聚此三粟而用以颁以施以散也。施其惠，若民有艰阨，不责其偿。"①所云聚三粟"以颁以施以散"，"若民有艰阨，不责其偿"主要针对荒政敛散免息，这其实与青苗借贷并不冲突，反而构成了互补关系。因为在青苗法中，常平仓原有敛散功能不变，在此基础上增加并突出借贷功能，所谓"新法之中兼存旧法"。②改革后的常平仓仍发挥着籴粜、赈贷等荒政功能。本于"旅师散利"的常平旧法和本于"泉府借贷"的常平新法在王安石这里并行不悖，共同构成青苗法的两大职能。

　　在郑玄与王安石的诠释框架下，青苗借贷的范围突破了单纯的商业借贷，也不仅限于农业借贷，而是进一步扩展到城镇坊郭户。针对相关质疑，王安石回应云："《周礼》贷民之法，无都邑鄙野之限"，故"坊郭所以俵钱者，以常平本多，农田所须已足而有余，则因以振市人乏绝，又以广常平储蓄也。""今若给散农民有余，仍不许坊郭之人贷借，是令常平有滞积余藏，而坊郭之人独不被朝廷赈救乏绝之惠也。"③明言坊郭户亦在朝廷青苗借贷"赈救乏绝"范围内。纵览熙宁期间所有与政府借贷相关的立法，从面向乡村及坊郭户的青苗借贷，到市易法推行前期面向中小商人的赊贷之法，再到后来面向各阶层的市易抵押贷，"贷者"的身份从一般的农民、坊郭户、商人进而拓展到了所有符合借贷条件的编户齐民。

　　这种以泉府经学为基础的统摄性与普及性的借贷理论及以青苗、市易二法为形式的国家借贷实践，显然已经超越了后儒所云"泉府不得与国人为贷"④"周公之制，必不放债取利"等观念。⑤不管官方借贷面向"国

---

① 〔宋〕程元敏：《三经新义辑考汇评》（三），《周礼新义》，第251页。
② 《宋会要辑稿》食货四之二五，第6051页。
③ 《宋会要辑稿》食货四之二五，第6051页；食货四之二〇，第6046页。
④ 《礼笺》卷一，"以国服为之息"条，《续修四库全书》影印本，第109册，第14页。
⑤ 〔宋〕魏了翁：《鹤山先生大全文集》卷一〇四《周礼折衷》，《四部丛刊初编》，商务印书馆1936年版，第23册，第60页。

人"还是"商人",不管是市易借贷还是青苗借贷,都被纳入以"国服之息"为理论基础的国家借贷法则中。此即王安石在《申明》中所云:"《周官》贷民,明言以国服为息,盖圣人立法,推至信于天下,取之以道,非为己私,于理何嫌,而不可明示条约!"①

(三)王安石之后《周礼》经解中的泉府赊贷观及其倾向

在王安石提出青苗借贷与泉府赊贷理论体系之后,泉府赊贷成为经学史中的重要话题,并于《周礼》经解中形成了专门针对王安石借贷理论的赊贷观,其义理倾向性十分明显,多与韩琦所论相似:或强调先王以泉府"赊法"赈济救恤之意②;或强调"同货法"原价取予、不为盈利;③或以为泉府"贷法"乃"疑文虚说""残文缺简",不足为据④;或又提出《周礼》泉府本"有赊无贷"⑤;更有甚者,则以泉府赊贷法尽为刘歆所杜撰,乃末世悖论之法。⑥另一方面,在经解与制度批评中,后世学者多向往一种理想化的借贷模式,即以《周礼》"泉府赊法""旅师散利"或《孟子》"春耕秋敛"等为代表的先王耕敛补助、无息无利之法。⑦如苏辙云:

> 《周官》之法,使民之贷者,与其有司辨其贵贱,而以国服为息。今可使郡县尽贷,而任之以其土著之民,以防其逋逃窜伏之奸,而一夫之贷,无过若干。春贷以敛缯帛,夏贷以收秋实,薄收其息而优之,使之偿之无难,而又时免其息之所当入,以收其心。⑧

---

① 《宋会要辑稿》食货四之二五,第6051页。
② 〔宋〕李常:《上神宗论青苗》,《宋朝诸臣奏议》卷一一三,第1228页。
③ 〔宋〕王与之:《周礼订义》卷二四,文渊阁《四库全书》影印本,第93册,第404页。
④ 〔宋〕孙觉:《上神宗论条例司画一申明青苗事》,《宋朝诸臣奏议》卷一一二,第1225页;《长编》卷三八一,元祐元年六月乙卯条,第9285页。
⑤ 〔清〕乾隆敕撰:《钦定周官义疏》卷一四,文渊阁《四库全书》影印本,第98册,第396页。
⑥ 〔宋〕胡宏:《皇王大纪论·极论〈周礼〉》,《胡宏集》,吴仁华点校,中华书局1987年版,第258—259页。
⑦ 〔宋〕苏辙:《苏辙集·栾城后集》卷一五《民赋序》,陈宏天、高秀芳点校,中华书局1999年版,第1054页。
⑧ 〔宋〕苏辙:《苏辙集·栾城别集》卷一〇《进策五道·民政下》,第1331页。

这种以耕敛补助、不以取息取利为导向的实物敛散模式，实际上是秦汉以后常平、义仓赈贷的义理所本。故当王安石开辟新的借贷模式时，反对者自然而然地会转向对传统常平敛散旧法的追溯与回护。

而对"国服"概念的讨论，涉及泉府借贷是否取息、如何取息（实物还是货币），更关系到青苗法与国家货币借贷政策的合法性，因此王安石之后的《周礼》学对"国服"问题的讨论，不仅延续了二郑解释理路中的差异，更因韩、王之间的论辩形成明确分野。可以说，北宋之后的《周礼》泉府经解，是一个受到王安石变法影响而显得有些扭曲的解释传统。

其中最明显的变化是：出于对王安石泉府借贷取息的抵触，多数经解者坚持周公之法不为利图，努力阐明泉府的无利无息取向。韩琦所主张的郑众"国服"邦国物贡义是一个基本的解释思路，然而物贡虽非为钱利，但仍存"物息"之说，难与"取息"论彻底脱清干系。所以，后来的经解者干脆更进一步，在此基础上派生出两种解释意见——或以"国服"之"服"为"服役"之"服"，"谓民之贷者，还本之后，更以服役公家几日为息"。其说以陈傅良为代表，在宋代经解中有很大的影响；或将"国服"之"息"读为"司徒以保息六养万民"之"息"，"所以保之使生息（按：指休养生息），非责其利"[1]。无论以"服役"来还贷，还是以为泉府借贷"保息六养万民"，其锋皆指向泉府取利取息说，并意在说明"周公之制，必不放债取利"[2]。由于强解经义、矫说曲解明显，亦遭到批评。如马端临云："自王介甫以郑注国服为息之说行青苗误天下，而后儒之解此语者，或以'息'为生息之息，或以'息'为休息之息，然于义皆无所当。"[3]

"国服"的诠释发展到这一步其实已经相当扭曲，政治态度事实上左

---

① 《周礼订义》卷二四引陈傅良、李叔宝"国服"解，文渊阁《四库全书》影印第93册，第404页。

② 《鹤山先生大全文集》卷一〇四《周礼折衷》，《四部丛刊初编》，第23册，第60页。

③ 〔元〕马端临：《文献通考》卷八《钱币考》，中华书局2011年版，第191页。

右了经学解释。王安石之前，郑玄、贾公彦这一系泉府经解已成主流意见，如李觏可以用"举物生利""理财正辞"等说法正面讨论泉府借贷问题：

> 贷者，即今之举物生利也。与其有司，别其所授之物，所出之利，各依其服事之税，若其人受园廛之田而贷万泉，则期出息五百，他仿此也……《系辞》曰"理财正辞，禁民为非曰义"是也。君不理，则权在商贾；商贾操市井之权，断民物之命。①

但这样的论述在熙丰变法以后几乎绝迹，学者或谓"周之理财，理其出而已，非理其入也"②，或认为周制泉府可以"利民"不可"利国"③。故叶适感叹云："今之君子真以为圣贤不理财，言理财者必小人而后可矣。"④

而在青苗法与国家借贷问题上，部分儒者的态度就更加谨慎小心，即使言借贷，也要与王安石所论划清界限。如南宋孝宗时，张栻答书朱子，极力纠正、规劝其支持青苗的言论：

> 闻兄在乡里，因岁之歉请于官，得米而储之，春散秋偿，所取之息不过以备耗失而已，一乡之人赖焉，此固未害也。然或者妄有散青苗之讥，兄闻之，作而曰："王介甫所行，独有散青苗一事是耳。"奋然欲作《社仓记》以述此意，某以为此则过矣。夫介甫窃《周官》泉府之说，强贷而规取其利，逆天下之公理……在高明固所考悉，不待某一二条陈，而其与元晦今日社仓之意，义利相异者固亦晓然。度元

---

① 〔宋〕李觏：《李觏集》卷八《周礼致太平论五十一篇·国用第十一》，王国轩点校，中华书局2011年版，第90页。
② 〔宋〕章如愚：《群书考索》续集卷四五《财用门·周财用》，文渊阁《四库全书》影印本，第938册，第564页。
③ 《周礼全经释原》卷五，文渊阁《四库全书》影印本，第96册，第628页。
④ 〔宋〕叶适：《叶适集·水心别集》卷二《财计上》，刘公纯、王孝鱼、李哲夫点校，中华书局1961年版，第658页。

晦初亦岂有所取乎彼哉？特因或者之言，有所激作，遂欲增加而力主其事，故并以介甫之为亦从而是之，是乃意之所加，不自知其偏者也……且元晦谓介甫青苗为可取者，以其实之可取乎？抑以其名之可取乎？以其实，则流毒天下，固有显效；以其名，则不独青苗，凡介甫所行，其名大略皆窃取先王之近似者，非特此一事也。[①]

此书大抵可见当时士人的基本态度。朱子因行社仓而受青苗之讥，欲作《社仓记》公开论述青苗法意而遭张栻规劝反对，后者极力为之撇清与王安石泉府、青苗法之关系。张栻秘密书信告知固然是出于对朱子的保护，然亦可见王安石青苗泉府理论在当时的是非已成定论，支持倡述者需要面对很大的舆论压力。

这种谨慎敏感甚至影响到了整个宋代的《周礼》学。学者"欲矫责偿出息之说"[②]，不惜曲解经义，虽重在批判王安石，却已殃及郑玄乃至汉唐注疏[③]，甚至连同《周礼》经一并抵制："此国服为息，恐是刘歆傅会，（郑）康成误解，以致荆公祸天下"[④]，"王安石乃确信乱臣贼子伪妄之书（《周礼》），而废大圣垂死笔削之经（《春秋》）"[⑤]，等等。可以说，王安石变法及其《周礼》学成为宋代《周礼》学史的一个重要分界点。

三、国家借贷中的货币利息与实物利息之争及两种敛散模式的对峙

以上我们主要从经学诠释角度揭示了与泉府借贷相关的理念差别，接下来可以将注意力更具体地落在熙宁时期国家借贷的法度条文和操作细节

---

① 〔宋〕张栻撰，〔宋〕朱熹编：《南轩集》卷二〇《答朱元晦秘书》，文渊阁《四库全书》影印本，第1167册，第590页。

② 《周礼订义》卷二四引李叔宝"国服"解，文渊阁《四库全书》影印本，第93册，第404页。

③ 魏了翁云："此自康成传注穿凿误引，以祸天下，致得荆公坚守以为成周之法……推原其罪自郑康成始。"（《鹤山先生大全文集》卷一九〇《师友雅言》，《四部丛刊初编》，第24册，第157—158页）

④ 《鹤山先生大全文集》卷一〇四《周礼折衷》，《四部丛刊初编》，第23册，第60页。

⑤ 《皇王大纪论·极论〈周礼〉》，《胡宏集》，第260页。

中，探讨关于实物利息与货币利息的争议及其中显现出的政策倾向，进一步理解两种敛散模式的差异和背后的理念对峙。

（一）"给钱"或"纳斛"所揭示的常平改革理路和货币化取向

在前述关于"国服之息"的争论中，有一个重要的差别是利息的支付方式。郑玄的解释是借贷之民将个体劳动所得转化为货币形式偿还国家利息，与郑众"物产为息"存在本质区别。陈埴云："以国服为之息，国服字他无证，二郑以意说之。大郑谓以物为息，随其国之所货，其论甚通恕，而无多寡之准，后人无可依据。小郑谓以钱为息，随其国之服事而定其准，即《载师》'国宅无征，园廛二十而一'以下，等级之数如此，则多寡方有准耳。"①显然已经注意到了韩琦、王安石所理解的二郑注之间的本质差别。

韩琦提出还贷时应当"给钱"还是"纳斛"的疑问，与其在"国服之息"的解释中所坚持的"物产"原则是一贯的，同时还涉及政策推行过程中因钱斛转易对农民造成的负担和可能诱发的民间"钱荒"等问题。对此，条例司的解释是还贷时"纳钱"或"纳斛"皆取自愿，而纳钱则是为了防止"熟时物贵"可能对农民造成的还斛斗负担。然而韩琦仍对其存有质疑：

> （制置司云：）"……若物价低平，即有合纳本色，不收其息。"臣亦谓此论之不实也，缘小麦最为不禁停蓄之物，自来常平仓不籴，盖恐积留损坏。今岁雨雪及时，麦价必贱，提举官必不肯令民纳本色。盖纳下本色则无由变转。若于转运司兑换价钱，则诸处军粮支小麦绝少，必难兑换。既难兑换，则占压本钱，下次无钱散与民户。臣以此知制置司、提举官本无令民纳斛斗之意，故开此许纳见钱一门，将来止令言民愿纳钱息，不容纳本色，则民须至粜麦纳钱，岂不殃害百姓？

---

① 〔宋〕陈埴：《木钟集》卷七《周礼》，文渊阁《四库全书》影印本，第703册，第664页。

韩琦的质疑包含三个方面：首先，小麦不耐停蓄，仓储成本高，容易积留损坏；其次，今岁丰熟，故麦价必贱，百姓以此还纳，显然不利于官方；第三，小麦不易兑换，流通性能差，占压本钱，影响下一回的青苗钱发放。因此他判断制置司与提举官并没有令民纳斛斗之意，而是诱导迫使民众粜麦纳钱。

这样的质疑并非无的放矢，如果前期投放青苗钱而后期回收斛斗，不仅会因货币与实物钮算而增加成本，斛斗反复占压也会影响后续的货币投放。熙宁改革常平旧法，其中一项重要目标就是解决旧常平仓储的积滞问题："常平、广惠之物收藏积滞，必待年歉物贵，然后出粜，而所及者，大抵城市游手之人而已。"①常平仓储积滞，平时存量未得其用，灾伤时节亦不足以资赈贷，即便赈贷，又不免分配不均。因此从情理上分析，无论采用何种改革措施，官方都不希望还贷时出现"以斛易斛"或"以钱易斛"而导致大量斛斗涌入，形成新一轮的积滞，在放贷初期现钱比重有限的情况下尤其如此。

从这个角度可以重新理解青苗法与旧常平法的关系，以及改革的理路与取向。青苗立法申明，常平仓原有敛散功能不变，在此基础上增加并突出借贷功能，包括：其一，通有无，广蓄积，欠时赈粜，平抑物价，灾伤赈济等，体现常平旧法职能；其二，提供青苗钱借贷，振小农乏绝，抑制兼并，此为新法职能。所谓新法之"新"，并非简单强调其借贷属性，因为常平旧法本身就包含了实物为主导的借贷（赈贷）功能。如果只是一般意义上的实物借贷，则通过修补常平旧法就可以完成，官方何必新开炉灶，另立青苗借贷呢？事实上，常平新法之"新"，除了政府借贷取息的基本形式之外，更重要在于青苗敛散（放贷、还贷）中的货币化取向，即通过转运司之钱斛兑换，将部分仓储转化为现钱，并通过农业借贷与货币投放来盘活现有存量，这一点才是改革的关键所在，也是新旧双方在常平理念上的根本对峙处。接下来，我们将进一步从政策条文及操作细节中，

---

① 《宋会要辑稿》食货四之一六，第6041页。

具体分析这一改革理路与新旧双方的分歧焦点。

（二）从钱斛换算基准价看官方的"纳钱"诉求及其意义

青苗借贷中的货币化取向，也就是当时反对者所抨击的"纳钱"意图。韩琦的批评基本停留在推测层面，但这些推测未尝不是理解官方政策意图的重要线索。其中钱斛换算基准价的设定是一个明显的信号。

关于青苗给纳法，条例司在熙宁二年（1069）九月建言：

> 仍以见钱，依陕西青苗钱例，取民情愿预给，令随税纳斛斗。内有愿给本色，或纳时价贵，愿纳钱者，皆许从便。①

条例司建议的"请领—支纳"形式是：以现钱发给农民，其后随税纳斛斗，同时在给、纳两端并设两种选项，即百姓请领时，官方既可给钱亦可给本色，相应地，若"纳时价贵"，不愿纳本色者，亦可纳钱。这样理论上可以有四种形式：以"请钱纳斛"为基本形式，而以"请钱纳钱""请斛纳钱""请斛纳斛"为补充。主要依据两个原则——"民情愿"和市场价格波动。

条例司随后又作补充：

> 其给常平、广惠仓钱，依陕西青苗钱法，于夏秋未熟已前，约逐处收成时酌中物价，立定预支每斗价，召民愿请。仍常以半为夏料，半为秋料。②

所谓"酌中物价"，即权衡一段时间内粮价波动而确立的中间价格，不过高也不至于过低，以此作为实物和货币钮算时的粮食基准价格。

这里史料记载中出现了一处矛盾。据《宋会要》食货五三与《长编纪事本末》卷六六，条例司建言两仓钱依陕西青苗例，于夏秋未熟前酌中物

---

① 《宋会要辑稿》食货四之一六，第6041页。
② 《宋会要辑稿》食货四之一七，第6042页。

价，立定预支，召民请领，神宗"并从之"①。而在《宋会要》食货四之"青苗"的记载中，神宗却并没有直接依从条例司的建议，而是重新给出了一个基准价的规则：

> 诏：常平、广惠仓等见钱，依陕西出俵青苗钱例，取当年以前十年内逐色斛斗一年丰熟时最低实直价例，立定预支，召人户情愿请领……其愿请斛斗者，即以时价估作钱数支给，即不得亏损官本，却依见钱例纽斛斗送纳。②

这道诏文将常平、广惠仓的俵散与给纳方式细分为两种情况，分别可称为"见钱例"与"斛斗例"。其中两种价格需要特别引起注意，也是借贷给纳中的关键要素：一个是"见钱例"中的"十年内逐色斛斗一年丰熟时最低实直价"，可以简单理解为十年内粮食最低价；另一个则是"斛斗例"支给阶段的"时价"。为方便理解，我们将此年还纳和请领时价设定为20文/斗，而十年内最低价为10文/斗，官方要向农户俵散1000文，以此为例，按照诏书的内容分析具体的请纳情况。

第一种俵散法，是以十年内粮食最低价为换算基准。这样就规定了两种还纳方式：一种是"请钱纳钱"，还纳时直接支付本息即可，以官方通行的次息二分（20%）为标准，请1000文，还1200文，无须换算。另一种是"请钱纳斛"，即请领现钱，而还纳时需要钮算为斛斗，以十年最低价作为基准价进行换算。这种情况下，农民请1000文，还纳时须将1200文按照10文/斗的价格换算为120斗。但是请注意，按照还纳时价（20文/斗）计算的话，120斗在当时市场上实际价值2400文，这相当于农民借出1000文，却还了2400文，显然极不划算。

第二种俵散形式，即对于有意请领斛斗的百姓，官方并非直接发给粮

---

① 《宋会要辑稿》食货五三之八，第7200页；《长编纪事本末》卷六六"三司条例司废置"，第549页。
② 《宋会要辑稿》食货四之一七，第6042页。

食，而是以请领时价（20文/斗）估作现钱支给，让农民自己去市场购买等价粮食。如农民愿请50斗粮食，则按时价可得1000文钱。在这种情况下，诏文中只规定了一种还贷可能性："却依见钱例纽斛斗送纳"，即名义上"请斛纳斛"，但实质上是"得钱纳斛"，与第一种情况相同，在还纳的时候，按照十年最低价，将1000文钱的本息1200文，再次钮算为120斗还纳。这样一来，相当于农民借出了50斗，却须还纳120斗，同样极不划算。

根据上述两种形式，三种请纳情况，可以列出一张常平青苗俵散及还纳本息示意表。

表1　常平青苗俵散及还纳本息示意表

借贷方式	换算方式	实际支给	还贷数	实际价值
现钱例	1000文/100斗 最低价：10文/斗	1000文	1200文	1200文
			120斗	2400文 时价：20文/斗
斛斗例	1000文/50斗 时价：20文/斗	1000文	1200文=120斗 最低价：10文/斗	2400文 时价：20文/斗

据表1可知，两种俵散方式虽然请领时计量单位有所不同，但实质都是给钱。而不管是哪一种请纳形式，只要是"还斛斗"，给纳时就必须按照十年最低的价格进行换算，这相当于通过价格杠杆设置了一个还实物预亏的结果，以此驱使百姓主动选择以现钱方式还贷。当然，在现实中也不排除还贷的时候粮食时价与十年最低价相比高出不太多的情形，因为市场转易存在损耗与钱贵物轻等情况，农民宁可选择看上去不太划算的实物还贷。但绝大部分情况下，时价可能远远高出十年最低价，从而使农民在青苗借贷还纳时不可避免地趋向唯一一种官方认可的模式——请钱还钱。

神宗这道诏书中规定以"十年内最低价"为青苗还纳基准价格，这一方案是否最终落实执行，在史料中找不到旁证，很难定论。倒是条例司建言的"酌中物价、立定预支"的方案，可以在陈舜俞《都官集》中找到佐证。陈舜俞在熙宁三年（1070）五月所上的《奉行青苗新法自劾奏状》云：

> 近准敕条，将常平广惠仓钱斛，依陕西青苗钱例，每于夏秋以前，约逐处收成时酬价，立定额支，每斗价例晓示，召人情愿请领，随税送纳斛斗。或纳时价贵，愿纳见钱者，并许从便……今朝廷所置官局，募民以青苗贷取钱斛，以为宽农赈乏之惠，故所设法概以周密，出举给纳皆从民便。然要之人情，以米粟出纳，不若用钱之简便也。今使有司必约中熟为价，贷民以钱，度吾民非岁大稔，米谷至贱，亦必偿缗钱而出所谓二分之息耳。①

陈氏时任知山阴县，该奏状是在前引条例司建言与神宗批示的次年所上。由文中可见，其所奉行的，是条例司所建议的"酌中物价"，与《宋会要》食货五三及《长编纪事本末》所载相同。

然而《宋会要》食货四之"青苗"中所记神宗诏书的内容亦不可忽视。一是因为这部分史料对条例司建言内容与神宗的答复记载最为详实缜密，与其他材料相比，形态更接近第一手史料。二是即便其行用情况存疑，从中依然可以看出决策者的意图——将"酌中物价，立定预支"改成"取当年以前十年内逐色斛斗一年丰熟时最低实直价例，立定预支"，传达出明确的信号，即通过最低基准价的设定来引导农民选择还贷模式。基准价与时价之间的差价越高，以现钱还贷为趋向的价格驱迫性因素就会越明显。

事实上，即使不用"十年最低价"，而是酌中物价，依然会如陈舜俞所言"度吾民非岁大稔，米谷至贱，亦必偿缗钱而出所谓二分之息"。可见青苗借贷政策中以价格驱使农民纳钱的意图是显而易见的。这也从另一

---

① 〔宋〕陈舜俞：《都官集》卷五《奉行青苗新法自劾奏状》，文渊阁《四库全书》影印本，第1096册，第447—448页。

个侧面揭示了本次以"货币化"为基本取向的常平改革理路。

（三）"国服之息"争论的背后：实物敛散与货币敛散的对峙

熙宁财政体系改革，通过青苗、市易、免役等新法，使货币逐渐成为主要载体，在"国"与"民"之间搭建直接的流通关系。[1]货币敛散也成为国家经济行为中的重点，它的意义与功能已经远远超越了以实物敛散为基础的常平旧法。[2]这样大规模的更张必然遭到警惕质疑，反对者一是警惕政府从常平旧法中派生出全新的借贷模式；二是警惕货币借贷的形式，会侵削传统以平准、赈贷为中心的实物敛散。如苏辙云：

> 常平条敕，纤悉具存，患在不行，非法之弊。必欲修明旧制，不过以时敛之以利农，以时散之以利末。敛散既得，物价自平，贵贱之间，官亦有利。[3]

又如范纯仁云：

> 但委逐路监司只用常平旧法，凡物之贱者贵价以敛之，物之贵者贱价以发之，无令抑配人户，务求羡息，亦足以均平物价，沮抑兼并，又何必过为更张以伤大德哉？[4]

当时反对者所论，大抵以青苗法坏常平赈贷、籴粜之法，两者"势不能两立"[5]，甚至以青苗法为"唐衰乱之世所为"[6]。

---

① 宫泽知之以为这是一种新法强制农民接受的货币经济：免役法、青苗法并不以商人为媒介，直接在农民和国家之间移动，巨额货币在农民与国家之间往返，使得两者关系更为紧密，货币的纳税支付机能更加强大等，参见〔日〕宫泽知之：《北宋的财政与货币经济》，刘俊文主编：《日本中青年学者论中国史》（宋元明清卷），张北译，上海古籍出版社1995年版，第99页。
② 新法常平仓除了旧式赈贷、赈济、籴粜法外，新增了面向小农的现钱借贷、水利基建专项支拨、缘边籴储等功能，成为国家财政支援与投放的一个重要的中间渠道（包括物资与货币）。
③《宋会要辑稿》食货四之一七，第6042页。
④〔宋〕范纯仁：《上神宗乞罢均输》，《宋朝诸臣奏议》卷一〇九，第1185页。
⑤〔宋〕苏轼：《上神宗论新法》，《宋朝诸臣奏议》卷一一〇，第1198页。
⑥〔宋〕范镇：《上神宗论新法》，《宋朝诸臣奏议》卷一一一，第1207页。

客观地说，这类批评是有正面意义的。熙宁初期，政府确实将注意力更多地投入到新的借贷功能中，在常平给散之际，未能控制好青苗借贷与常平赈粜之间的比例平衡，往往过量借贷，而到灾害之时方见旧常平仓之用。由于过多资源用于青苗给散，在不少地方造成借贷对于赈粜、赈贷功能的挤压。熙宁七年（1074）七月，因诸路旱灾，常平司未能赈济，神宗皇帝谕辅臣曰："天下常平仓若以一半散钱取息，一半减价粜贵，使二者如权衡之相依，不得偏重，民必受赐。"于是下诏令诸路州县对青苗借贷和常平赈粜的比例进行重新调整，"据已支见在钱谷通数，常留一半外，方得给散"①。

然而我们也应该看到，反对方的批评在更深的层次上，针对的不是国家借贷行为，而是货币化的取向。或者更确切地说，其质疑并不针对贷款发放的货币化，而是针对还纳本息的货币化。正如韩琦强调"令变所贷钱"使输物息，对官方授以农民青苗钱并无微词，但对还贷时"给钱"还是"纳斛"以及"钱""物"的转易问题却十分关注。他们尤其关注其中体现出的两种货币化取向。第一，常平储备的货币化，即常平仓因货币储量的增加而影响到旧式常平赈贷、籴粜之法。如司马光言："今闻条例司尽以常平仓钱为青苗钱，又以其谷换转运司钱。是欲尽坏常平，专行青苗也。"②第二，常平敛散的货币化以及全面借贷所实行的货币利息形式。这一点在论辩中明确地体现为两种"国服"理论——物息与钱息、实物敛散与货币敛散——之间的对抗。如文彦博云："此法（青苗法）于乡村之民行之，以待夏秋成熟，折还斛斗丝帛，即谓之举放；若只令纳本利见钱，即谓之课钱。"③可见或"举放"或"课钱"，或"利民"或"征民"，关键即在于这种面向民众的敛散形式。

在赋税制度史中，实物与货币之间的权衡消长向来是士大夫争议的中

① 《文献通考》卷二一《市籴考二》，第 625 页。
② 《上神宗乞罢条例司及常平使者》，《宋朝诸臣奏议》卷一一一，第 1212 页。
③ 〔宋〕文彦博：《上神宗论青苗》，《宋朝诸臣奏议》卷一一四，第 1241 页。另参见上述司马光、程颢等相关论述。

心话题之一。一般情况下，不管是田赋还是其他税租，对农民而言，最自然方便的当然是纳谷物本色或"任土所宜"，这也是郑众、韩琦"物息"说与"国服"（土物）说的基本理念底色。然而，赋税货币化的过程中，必然伴随着实物与货币两种方式之间的考虑与争议。一方面，货币与实物赋税之间的比重平衡成为调节钱货轻重的重要手段，如陆贽云："播殖非力不成，故先王定赋以布、麻、缯、纩、百谷，勉人功也。又惧物失贵贱之平，交易难准，乃定货泉以节轻重。"①或钱轻物重，则以钱为税；或钱重物轻，则就其轻。②另一方面则是从经济伦理角度考虑，因钱币本非农民所有，士大夫更倾向于站在农民立场而坚持实物租税，"而必率以见钱，折以金银，此非民耕凿可得也，无兴贩以求之，是为教民弃本逐末耳"。"督民见钱与金银，求国富庶，所谓拥篲救火，挠水求清，欲火灭水清可得乎？"③"两税不征粟帛而征钱，吏得为奸以病民。"④自熙宁青苗、免役二法实行以来，反对者对此二法中货币敛散的非议，在很大程度上是这一经济理念的体现。所以，韩琦通过诠释"国服"而秉持"物息""土贡"立场来质疑新法的货币敛散诉求也不足为奇。

上述批评意见反过来揭示出熙宁常平青苗新法改革的一个内在方向，即通过法度体系和流通渠道的建设，使货币在整个国家财富生成与分配体系中扮演更重要的作用，也就是很多学者已经明确提出的王安石变法所带来的财政货币化的基本趋势。⑤关于如何评价这一政策趋势，其与当时历

① 《文献通考》卷三《田赋考》，第61页。
② 《文献通考》卷三《田赋考》，第62—63页。
③ 〔宋〕洪迈：《容斋续笔》卷一六"宋齐丘"条引《吴唐拾遗录》载宋齐丘语，《容斋随笔》，孔凡礼点校，中华书局2005年版，第418页。
④ 《文献通考》卷三《田赋考》，第69页。
⑤ 经济史、货币史学界对唐宋以来货币经济的发展以及王安石变法的货币财政体系等相关问题已有较为成熟的研究。如全汉昇：《唐宋政府岁入与货币经济的关系》，《"中央研究院"历史语言研究所集刊》第20本上册，1948年，第189—221页；全汉昇：《自宋至明政府岁出入中钱银比例的变动》，《中国经济史论丛》，中华书局2012年版，第407—421页；日野開三郎：《北宋時代における貨幣経済の発達と政との関係についての一考察》，《宋代の貨幣と金融》（上），《日野開三郎東洋史學論集》第6輯，三一書房1983年版，第465—488页。

史条件和社会经济发展水平是否相适应，是一个更为复杂的问题，需要从经济史角度进行全方位解析，也并非本文所关注的主旨。

从大历史角度来看，新法政策的得失评价只是问题的一个方面。通过对国家借贷中不同层次的争议进行梳理，我们可以在当时情境下对货币的属性进行思考与理解：货币流通对于一个生产能力、社会分工、商品经济以及全国市场都愈加发达的经济体意味着什么？如何才能建构起一个完整而良性的区域性或全国性货币流通体系？怎样通过"开阖敛散"的杠杆模式实现货币流通与储备、投放与回流的比重平衡，并实现国家资源的合理调节与分配，对缘边军事和基层农业生产、基础建设方面进行大规模的转移支付？这类问题显然不是单一的实物敛散所能涵盖的，需要在长时段的赋税制度及货币财政发展演进过程中，引入更丰富的思想资源，结合改革实践进行思考和探索。王安石引《周礼·泉府》为依据，并对"国服之息"这一概念进行诠释，其目的似正在于此。

四、结语

对《周礼·泉府》"国服之息"的解读，是熙宁新法中诸多政策的学理支点，也是宋代乃至后世《周礼》学中争讼的焦点之一。郑玄将其解释为"于国服事之税为息"，在王安石变法之后，受到当时和后世学者士大夫的质疑。在阐释与争议中，"国家借贷"这一主题中包含的深层问题被逐次展开呈现出来：从具体法度中的"青苗借贷"，到经学理论上的"泉府借贷"，再到核心概念"国服之息"，显示出双方在泉府借贷属性、国民关系、国家立场乃至实物、货币两种敛散模式上的根本对峙，体现出两种不同的财用观、经济观的碰撞。

这种激烈的交锋也全面影响了整个宋代尤其是王安石之后的《周礼》学史，使《周礼》本身及其中凡涉及王安石变法与相关经学言论者都染上了浓厚的政治色彩。如青苗、市易、均输法所本的"泉府""国服"，保甲所本的"比闾什伍"，免役法所本的"吏禄稍食""府史胥徒"等。以这些概念为中心，形成了特殊的政治化的经学聚讼。反对王安石及其新法者在解经过程中夹杂了更多的政治批判立场，极端者甚至不惜矫经义以达否定、批判目的，这些都是经学受现实政治影响下的异常表现。

可以说，不论是王安石还是当时与后来的反对者，都是在论战的背景下，对《周礼·泉府》理论同一内容作不同的阐释，因此其解说不可避免地带有主观色彩。这类政策背后经学脉络的梳理，并不意味着经义的解释可以凌驾于政治之上。事实上，新法的行废并非取决于双方对《周礼·泉府》义理的论辩结果，而在于政治舞台上的得失。这种经义与法度之间的因果虚实关系值得玩味并深思。

笔者认为，在这个问题上另一个有意义的观察角度，不是着眼于政治斗争的因果或者改革的成败评价，而是经学阐释如何为治理带来更丰富的思想资源与价值依据，又是如何在妥协与平衡中落实到具体的政治实践上。特别是改革的顶层设计中蕴含的矛盾争议和内在的发展理路，对于我们理解经术、思想和政治的关系有很大的帮助。这方面在以往的研究中并没有得到足够的重视，现在看来，或许正是我们重新认知、理解熙宁新法的关键之一。

（原载《历史研究》2016年第2期）

论马来西亚和印度尼西亚群岛的仿宋锡钱①

吴旦敏

在马来西亚和印度尼西亚钱币中有一类仿中国宋代年号钱的合金钱币，这一类钱币除了材质不是铜质之外，与中国宋代小平铜钱基本相似，应是根据宋钱制作而成。中国与马来西亚、印度尼西亚等东南亚各国保持着悠久的贸易关系。宋代以来，我国与东南亚诸国的关系密切起来，中国铜钱也随之流入各个国家。至明代，郑和七次下西洋加强了明朝与东南亚各国之间的交往，隆庆年起，中国与马来西亚、印度尼西亚等各国的贸易往来更加频繁，更加强了货币文化的互相影响和渗透。本文根据已有东南亚汉字钱币的相关资料，结合一些新的实物资料，拟对东南亚钱币中的仿宋代钱币做一初步探讨。

铸有汉字的东南亚钱币与中国在东南亚的华人和商业贸易有密切联系，是中国货币文化在东南亚传播和影响的实证。这类钱币与中国宋代小平钱、清代制钱形制相仿，仿明钱目前只见到文字记述。②仿清钱有汉字和部分汉字两种（图1），钱文内容十分繁杂，如"公司""太原""国流通宝""乾盛通宝""一本万利""震兴""顺记"等，这些文字表示一种组织名称或者商用吉语等，有的正面为汉字反面为马来文，有的背面还有满文。这类仿清钱只是形制与清制钱相似，其实与中国清代年号钱没有任何

---

① 这类钱币是主要成分为锡铅合金的金属硬币，*The Encyclopedia of the Coins of Malaysia, Singapore and Brunei*，1400—1967一书中将这类金属统称为 tin（锡），笔者据此称之为锡钱。以下锡钱皆指锡铅合金币。

② 郭成发：《东南亚华人钱币的发现与研究》，《亚洲钱币》2008年第1期。

关系，目前一般认为它是一种17—18世纪在马来西亚和印度尼西亚由不同华人组织或者中国商人所铸行的私铸币[1]，东南亚货币中属于"jokoh"[2]，就是Private Monetary Tokens，意指私铸的金属代用币。仿宋钱形制与宋小平钱相仿，钱文与宋钱也相同，但是其书法和制作工艺显得比较粗陋。此外还有一种钱文为"史丹利宝"和"史丹裕民"的钱币，王雪阳对这种钱做了比较详细的论述[3]，系当地华人铸造抑或商船私铸币，此不赘述。

a国流通宝   b乾盛通宝

c公司   d太原□记

图1   仿清钱

（a、b来源于 *The Encyclopedia of the Coins of Malaysia. Singapore and Brunei，1400—1967*, c、d为作者提供）

一、马来西亚和印度尼西亚的仿宋锡钱

关于这类仿宋钱的资料不是很多，依照目前所见的资料，拟将其分成以下三种：

A：重量1.9—3.55克，直径2—2.4厘米，整体粗拙（图2）。刊载于萨兰·辛格（Saran Singh）所著 *The Encyclopedia of the Coins of Malaysia, Sin-*

---

[1] 易仲廷、J. De Kreek：《鹿特丹民族博物馆藏西婆罗洲及邦加岛华人公司钱币》，《亚洲钱币》2007年第1期。

[2] Saran Singh, *The Encyclopedia of the Coins of Malaysia, Singapore and Brunei，1400—1967*, Malaysia Numismatic Society, 1986.

[3] 王雪阳：《对旧港出水两枚中国钱币的认识》，《亚洲钱币》2008年第1期。

gapore and Brunei，1400—1967 一书。其中提到的仿宋钱是至道元宝、咸平元宝、景德元宝、皇宋通宝、元丰通宝。这些钱币正面钱文与宋钱一致，背面平空无字。书体有行书、楷书和篆书。从字体来看，书写笨拙，制作比较粗糙。M.米切纳在《爪哇早期铸造的中国铜钱》一文中也提到了这一种钱，分别为仿北宋咸平元宝、景德元宝、祥符通宝和天圣元宝。

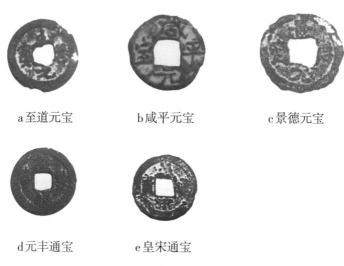

a 至道元宝　　　　b 咸平元宝　　　　c 景德元宝

d 元丰通宝　　　　e 皇宋通宝

图2　A类仿宋钱（以上皆由作者提供）

B：重量1—2克左右，直径2.1—2.3厘米，与宋钱相似度较高（图3）。所见的年号有至道元宝、咸平元宝、祥符通宝、天圣元宝、皇宋通宝、皇宋元宝、元丰通宝、绍熙元宝。这类钱币的重量比第一种略轻，有的背有纪数，与南宋背文纪年相同，如绍熙元宝背"元"，皇宋元宝背"三"。从书体和制作来看比较规整，有的甚至和宋代铜钱十分相近。M.米切纳的文中也有这一种钱的记录，分别是仿北宋祥符元宝和天圣元宝。

a 至道元宝　　　　b 咸平元宝　　　　c 祥符通宝

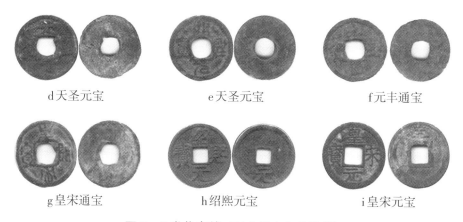

d天圣元宝　　　　　　　e天圣元宝　　　　　　f元丰通宝

g皇宋通宝　　　　　　h绍熙元宝　　　　　i皇宋元宝

图3　B类仿宋钱（以上皆由作者提供）

C：重量0.3—0.5克，直径1.5—1.8厘米，体形小而薄，钱文"咸平元宝"（图4）。外形和东汉小五铢比较类似。目前所见仅此一种，但不排除还有其他可能。M.米切纳的文中也提到了这种轻薄小钱。

图4　C类仿宋钱（作者提供）

这些仿宋钱的大小和重量很不一致，其中A的直径与宋代小平钱比较接近，而B、C则相差甚多。三种钱重量的差异是十分明显的，并且三者之间呈现递减趋势，因为材质的关系，它们都比标准宋小平钱要轻。钱币上的年号显示这些地区仿铸的主要是北宋钱，南宋钱则很少。年号最早的是咸平（998—1003），最晚的则可以到南宋绍熙（1190—1194），时间跨度近两百年。从制作工艺看，仿南宋钱要精于仿北宋钱。有的仿宋钱呈现水坑的特征，原先应埋藏于水下。这类仿宋钱被认为是铸造所成。[1]从资料看，M.米切纳所关注到的印尼仿宋钱和本文所属对象最为相近，但是他没有记录到仿南宋钱，仿北宋钱的种类也不是很多。

① Bank Negara Malaysia, *Malaysian Nusmatics Heritage*, The Money Museum & Art Centre Malaysia, p.84.

二、与锡钱有关的一些问题的讨论

1. 锡的成分和产地

仿铸宋钱的材质主要为锡铅合金，在萨兰·辛格的书中称其为"Tin"[①]，Tin 原意为锡，但在这里表示一种主要成分为锡和铅的合金金属。过去一种说法是，仿中国锡钱的合金成分是80％的铅和20％的锡。[②]近年有学者对部分爪哇锡钱做了成分研究[③]，所选择的对象来自苏拉卡尔塔（Surakarta，爪哇中部）和井里汶。这些锡钱并非是华人铸造的，但对印度尼西亚的汉字锡钱仍然具有参考意义。值得注意的是，其研究结果说明了不同地区的锡铅币的成分比例是不同的，即苏拉卡尔塔钱的铅锡比在5∶5—7∶3，而井里汶钱则是9∶1。而另一份研究资料表明，那些来自富含锡矿的邦加岛的钱币含有更多的锡[④]，这至少反映出锡钱的铸造是个别和分散的，没有统一标准。那么推延到汉字锡钱，应该是同样的情形。

锡的分布有很强的地域性。世界上最大的锡矿带在东南亚，约占世界锡总储量的三分之二，从印度尼西亚的勿里洞岛、邦加岛、经马来半岛的西部和缅甸的丹那沙林海岸，一直延伸到缅甸掸邦高原和云南。[⑤]最早明确记录以锡作货币的文献是明代马欢著的《瀛涯胜览》，马欢为回族，曾作为郑和使团的通事，于1413年（第四次）、1421年（第六次）、1431年（第七次）随行三次下西洋，去到占城、爪哇、旧港、暹罗、满剌加、亚鲁国、苏门答剌、锡兰等国，最后到麦加朝圣，因此所记录的皆为亲身经历。有云："花锡有二处山坞锡场，王令头目主之。差人淘煎，铸成斗样，

① *The Encyclopedia of the Coins of Malaysia, Singapore and Brunei*，1400—1967，p.9.
② M. 米切纳：《爪哇早期铸造的中国铜钱》，胡幼文、董长青译，《内蒙古金融》2003 年第 A1 期。
③ 易仲廷：《对一些东南亚钱币的金属成分分析》，Numismatic Circular，1993 年 2 月，第 7—9 页。
④ 《鹿特丹民族博物馆藏西婆罗洲及邦加岛华人公司钱币》。
⑤ 李旻：《十世纪爪哇海上的世界舞台——对井里汶沉船上金属物资的观察》，《故宫博物院院刊》2007 年第 6 期。

小块输官。每块重官秤一斤八两。每一斤四两者，每十块用藤缚为小把，四十块为一大把，通市交易皆以此锡行使……"①马欢所指的是当时的满刺加国，依照他的记述，在马来港口上进行贸易所使用的是打包而成的锡块，而非小的锡制硬币。以此推测，锡钱并不用于大宗交易，而是个体交易，或者说更可能是以民间交易为主。这里的锡钱不单指汉字锡钱，还包括伊斯兰文锡钱以及当地自铸的锡钱。

前面提到的合金锡中其实含有相当比例的铅，有的观点认为这些含铅的钱是由中国铸造并运输到马来西亚和印度尼西亚的②，典籍中也记载了下港"贸易用银钱，如本夷用铅钱，以一千为一贯，十贯为一包，铅钱一包当银钱一贯云"③，然而这些铅钱应该就是锡铅合金硬币。铅锡合金与铅在形态和颜色上十分接近，容易产生混淆。④其实在15世纪末之前，马六甲和暹罗之间的贸易十分活跃，暹罗还与婆罗洲、巨港直接进行贸易，而暹罗的主要出口货物就是金属，包括铅、锡、银和金，其次才是林产品和大米。⑤把铅作为主要出口品种说明暹罗铅矿储量丰富。因此，对于合金钱币而言，至少铅的来源并非中国一处，从资源的有效利用来说，暹罗与马来西亚和印度尼西亚的贸易与中国相比理应更加有效和直接。此外，典籍中关于铅锡用于钱的记载起始于明马欢的《瀛涯胜览》，在之前的文献中没有明确记述。因而，铸造这种合金钱币使用东南亚矿源的可能性要更大一些。

2. 为什么以锡合金铸币

对于这一问题，首先要了解东南亚贸易中心的地位和重要性。公元7

① 〔明〕马欢：《明钞本〈瀛涯胜览〉校注》，万明校注，海洋出版社2005年版，第39页。
② 如戴建兵、王晓岚：《中外货币文化交流研究》，中国农业出版社2003年版，第133页；沈定平：《关于中国商人在马来群岛发行货币铅钱的考察》，《中国经济史研究》1992年第3期。
③ 〔明〕张燮：《东西洋考》卷三《西洋列国考》。
④ 合金以镴的形式出现，与铅的颜色会有较大不同。镴也是一种锡铅合金。镴是一种富铅锡，含锡60%以上。（周卫荣：《六朝货币与铸钱工艺研究》，江苏省钱币学会2005年，第4页）
⑤ 〔美〕约翰·F.卡迪：《东南亚历史发展》（上），姚楠、马宁译，上海译文出版社1988年版，第204页。

世纪后期，三佛齐（Srivijara，中国古籍中称室利佛逝）创立，这是一个因国际贸易的增长而创立的国家，并因此进一步促进了东南亚贸易的发展。其贸易中心位于巨港河沿岸用木栅围起来的一个城市。市场上挤满了许多货币兑换商和数千名小贩。政府从修理船舶、供应物资和提供安全避风港等获得大量收入，当地的语言和居民都属马来族。[1]唐朝的稳定和强大使得阿拉伯和波斯商人同中国的贸易显著增加，9世纪末的阿拉伯人航海记录就已经记述了前往中国的正规航线，并延伸至中国东面的朝鲜半岛。[2]中国方面，在《新唐书·地理志》中记述了前往三佛齐航线中的停靠站点。[3]相比之下，阿拉伯和波斯商人对华贸易明显更成熟和主动一些，因而在公元10世纪以前，海上贸易和航线的开辟方面，阿拉伯人和波斯人的贡献要更大一些。公元10—13世纪的中国正积极地开展着海上贸易，这使得中国大量铜钱外流到东南亚国家，作为当时占主导地位的东南亚大国，三佛齐亦积极谋求和中国宋朝的贸易。而13世纪起，从波斯到中国的直接航线被阿拉伯和波斯商人搁弃，他们更愿意与中国商人在吉打、苏门答腊和爪哇会面。[4]随着三佛齐的海上贸易霸权逐渐衰弱，1293年，麻喏巴歇或满者伯夷（Megahit）遂兴起，当时正值元朝海上远征的时代。15世纪初开启的马六甲苏丹时代再一次发挥着东南亚海上贸易中心的重要性，不但积极开展对华贸易，比如马六甲不向华人收税[5]，也同东印度和孟加拉湾进行各种贸易。13世纪随着香料贸易的重要性日益增加，东南亚的贸易发展因此逐渐达到一个高度繁荣的阶段，这也是导致地理大发现的一个直接原因。

在这个世界贸易场所里，各国商人所使用的货币是不同的，阿拉伯、波斯和印度商人都使用黄金货币，中国使用的是铜钱和白银，而东南亚诸

---

[1]《东南亚历史发展》（上），第87页。

[2]《东南亚历史发展》（上），82页。

[3]《东南亚历史发展》（上），83页。

[4]《东南亚历史发展》（上），84页。

[5]《东南亚历史发展》（上），204页。

印度化国家也使用黄金货币，此外还有不少马来西亚、印度尼西亚的本土货币，这使得交易在一开始十分复杂，因而"市场上挤满了货币兑换商"。作为各国商人进行商贸活动的聚集地，使用一种当地盛产、能起到交易作用的较贱的普通金属铸成货币比贵金属更为合适。根据西方经济学的理论，贵金属货币则自然退出流通领域，这种通用货币也使不同国家的货币计算变得更为简单。中国铜钱曾作为最受欢迎的货币流通于东南亚市场，然而中国政府的历朝海禁使得铜钱向东南亚的输出出现中断。但是海禁并没有彻底连民间贸易一并阻止，民间海上贸易在各朝依然十分频繁。如11—12世纪宋朝的海外走私活动十分猖獗，政府曾一度全面禁止海外贸易，然而政府又依赖丰厚的海上税收，沿海船户大都经营海上贸易，涉足海外贸易的官吏、军将也在海商中占一定比例。①这也导致了中国国内铜的匮乏。所以在铜钱短缺时，利用当地盛产的锡铸造货币以满足东南亚市场上各类交易的需要是可能的，也是十分合理的。目前所知，锡钱的种类十分多，除了汉字锡钱，还有马来西亚本土锡钱，婆罗洲邦加锡钱，柔佛锡钱，伊斯兰锡钱等。明朝永乐至宣德年间（1403—1435），郑和七下西洋，《瀛涯胜览》中云"爪哇国通用中国历代铜钱，旧港国亦使用中国铜钱，锡兰国尤喜中国铜钱，每将珠宝换易"。郑和下西洋期间明朝是实行海禁的，铜钱的大量输出在10—12世纪，因而这里所记录的不一定是铜钱，或者不一定仅仅是铜钱，也有可能是早期的仿宋锡钱。

3. 锡钱铸造的大致时间

中国自汉代起已经与印度尼西亚等国发生了联系，《汉书·地理志》中记载："徐闻、合浦船可行五月，有都元国，又船可行四月，有邑卢没国，又船可行二十余日，有谌离国，步行可十余日，有夫甘都卢国。自夫甘都卢国船行可二月余，有黄支国……"其中的都元国，即今苏门答腊西北部，在苏门答腊爪哇加里曼丹的一些古墓中就发现有五铢钱，以及中国汉代的陶鼎和陶魁[①]；卢没国、谌离国、夫甘都卢国属于今缅甸地域，黄支国为印度属国。虽然汉代典籍中没有关于马来西亚的记载，但是汉朝前往印度的航线必须经过马来半岛，马来柔佛河流域曾出土中国秦汉的陶器残片[②]，可为一证。自宋代以后，中国和东南亚的交往变得密切。《诸蕃志》载："此番胡椒萃聚，商舶利倍徒之获，潜载铜钱博换，朝廷屡行禁止兴贩……"[③]与中国有贸易往来的国家和地区，仅《诸蕃志》一书的记载就有50多个。20世纪末期，被发现于爪哇北岸井里汶海域的井里汶沉船中，有中国产的近20万件各类瓷器，大量中国钱币，数目不详的银锭以及成批的铜镜、铁锭、铁锚、漆器等。出水瓷器中有一件越窑刻花莲瓣纹碗上带"戊辰"划刻纪年，加上其他考古材料的对比，可知沉船的年代是在公元968年之后不久的10世纪中后期。[④]

马来半岛、苏门答腊乃至爪哇这些地区的早期贸易都是通过以物换物的方式进行的，双方根据货物估量价值相仿的进行交易，中国商人同阿拉伯波斯商人交易也是如此。在公元8世纪中国商船带来中国铜钱前，当地还普遍使用贝作为交换媒介。铜钱因其重量标准、携带方便而在东南亚地区被广泛接受。早期输入的铜钱因为数量有限而集中在少数人手里，如统治者、贵族，或者十分富有的商人，各邦国通过向中国朝贡以获得各类礼品、珍稀货品，其中当然也包括铜钱的回赠。[⑤]已有资料表明，因为季风洋流的原因，一些商船没能按固定规律到达目的地，这令市场上的铜钱供应量紧缩，因此最早马来亚根据中国铜钱的形式使用锡铸造金属币[⑥]。而之后则以中国铜钱为原型，发展出各种适合于各类环境使用的钱币，其中

---

① 廖国一：《汉代合浦郡与东南亚等地的"海上丝绸之路"及其古钱币考证》，《广西金融研究》2005年增刊2。

②《汉代合浦郡与东南亚等地的"海上丝绸之路"及其古钱币考证》。

③〔宋〕赵汝适：《诸蕃志》，杨博文校释，中华书局2000年版，54—59页。

④ 李鑫：《唐宋时期明州港对外陶瓷贸易发展及贸易模式新观察——爪哇海域沉船资料的新启示》，《故宫博物院院刊》2014年第2期。

⑤ *Malaysian Nusmatics Heritage*，p.37。

⑥ *Malaysian Nusmatics Heritage*，p.35。

也包括了华人组织和商人私铸的锡钱。那么，早期锡钱的铸造在什么时间是合理的？笔者认为季风对货币短缺的影响远不如海禁，明代海禁从洪武七年（1374）至隆庆元年（1567）共193年，期间虽然走私活动、民间贸易不断，但终究抵不了漫长的近两百年时间。从总体来看，东南亚开始使用含锡金属货币的时间基本在公元15、16世纪[①]，而这个时代正迎合了地理大发现的到来。回到本文的论述对象，在三种仿宋锡钱中，A应是最早铸造的，因为它们的重量和大小都最符合宋钱的标准，因此时间应以1374年为上限，不早于14世纪七八十年代为宜。而B、C两种则相应较晚。有趣的是它们之间有减重的趋势，这一问题另待讨论。令人意外的是南宋锡钱，它的铸造相对精致得多，与其他仿宋钱的字体风格不符，因而很有可能是来自中国而非当地的产物。

综合上述的分析讨论，马来西亚、印度尼西亚的仿宋锡钱是一种锡铅合金货币，是东南亚铸造的早期锡钱。这类钱币的合金成分比例没有定律，提示它们并非统一铸造，也没有制造的统一标准（或者说这个标准并没有那么重要），而是分散的或是私人的。它们使用的场合并非大宗或官方贸易，而是以个体或者民间交易为主。东南亚锡钱是一个丰富的体系，从15世纪开始逐渐普及，各类锡钱在各个国家、社会组织、贸易场合普遍流通和使用。锡钱的普遍使用反映了东南亚市场上交易需求量的显著增加，这是由东南亚世界贸易中心的地位所决定的。随着地理大发现的开启，以马六甲苏门答腊、西婆罗洲和爪哇为贸易中心的东南亚市场上升到一个非常繁荣的阶段，东南亚锡钱也是这一特定地理环境下的产物。

（原载《中国钱币》2016年第6期）

---

① 笔者根据 *Malaysian Nusmatics Heritage* 和 *The Encyclopedia of the Coins of Malaysia, Singapore and Brunei, 1400—1967* 上的各类锡钱的时间归纳而成。

第三编

纸 币

北宋出现了世界上第一种纸币交子，南宋更是将纸币广泛地流通于全国，且纸币在货币流通中的作用变得与铜钱同样重要。宋代纸币牵动了繁多的财政制度和市场流通领域，本编围绕的便是宋代纸币与财政、市场的关系。

本编有三篇文章。包伟民《试论宋代纸币的性质及其历史地位》一文的核心，在于反思商品经济发展与宋代纸币性质之间的关系。作者论证，宋代产生纸币这一看起来十分高级的货币形式，与商品经济发展无法构成足够强大的因果关系。尽管四川交子的确由民间发明，但其很快被国家财政吸纳和改造。而当其成为国家财政的一部分之后，超经济强制力就成为塑造宋代纸币性质的最重要力量。

王申《论南宋前期东南会子的性质与流通状况》区分了东南会子这一南宋主要纸币在不同时间段内的性质。在发行和流通初期，东南会子更多地作为国家财政的工具，货币职能并不完整，人们并不把它视为日常流通货币。而在南宋后期，东南会子因贬值而扩大了流通的深度与广度，才逐渐成为真正的流通货币。

王申《论小面额东南会子对南宋货币流通的影响》认为东南会子的面额设置使其更利于大额用途，流通领域中因此出现了大额、小额货币难以配合的局面。民间与地方官府以木牌、纸贴等区域性代币填补小额货币不足的空缺，一些官员也建议宋廷增加小面额会子发行量、降低会子面额。宋廷最终选择贬值 1 贯面额 17 界会子，将其作为 200 文面额 18 界会子使用，快速增加了流通中的小面额会子数量。

试论宋代纸币的性质及其历史地位

包伟民

中国是世界上最早使用纸币的国家。[①]长期以来，中外学术界对中国发明纸币的历史极为重视，关于纸币产生的历史原因、意义以及历代的纸币制度，已有不少论著问世。许多学者都把10世纪末纸币的问世看作是宋代（960—1279）发生商业革命或从自然经济向商品经济过渡的最重要的标志之一，亦即把宋代纸币产生看作是从唐（618—907）到宋商业信用关系发展的一个直接结果。[②]可惜的是，到了明代（1368—1644）中期后，就在商品经济发展这一历史前提不仅仍然存在而且进一步扩大的过程中，纸币却被逐渐淘汰，以致在很长一段历史时期内完全退出了历史舞台。这段纸币重新引退的历史，一直未能引起学术界像对其产生原因同样程度的研究兴趣。尤其是从纸币的产生到最后消失这一历史全过程的角度，来看它在中国经济史上的地位，似尚未成为学术界一个关注的论题。因此，本文试图从考虑中国古代纸币发展全过程的认识出发，从宋代纸币产生的历史原因和有关货币政策入手，来分析它的性质及其在中国经济史上的地位，以期引起学术界对上述论题的注意。

[①] 根据现代金融学定义，历史上某种交、会、券、钞等能否正式被称为"纸币"，学术界亦无定说。本文一般将作为法定通货的交、会、券、钞等统称为纸币，而在行文中对其各自特性另作界定。

[②] 参见 Mark Elvin, *The Pattern of the Chinese Past*，Stanford University Press, 1973, pp.146—165 及有关中文出版物。

一、关于信用纸币制度的历史前提

纸币作为一种单纯的价值符号，是一定社会商品交换中信用关系发展到比较高程度时的产物。从人类货币发展的历史来看，商品交换手段总是从低级向高级进步的。最初，人们只知道以物易物，后来才逐渐发明了一些交换媒介，如贝、皮、金属块，等等。这类交换媒介又慢慢地从实物性的向符号性的演进，开始出现金属铸币。起初，铸币大多用的是贱金属，随着财富的积累，贱金属铸币逐渐被贵金属铸币所排挤，并慢慢地从足值货币向符号货币演进，最终被信用货币所取代。在西欧，18世纪末19世纪初信用货币的主要形态有可兑现的纸币及银行券等。后来政府开始介入其中，发行不可兑现的命令纸币（Fiat Money），并由法律规定赋予它无限法偿的能力。尽管表面看命令纸币是由国家强制发行的，但它仍必须以信用关系为基础，因为一种纸币"只有在它作为象征的存在得到商品所有者公认的时候，就是说，只有在它取得法定存在而具有强制通用的效力的时候，它才肯定为货币材料的符号"①。公认与法定存在两者缺一不可。若非如此，这种纸币制度必定会崩溃，货币史上这类例子很多。因此本文将以信用关系为基础发行的纸币，不管它们可兑现与否，统称为信用纸币。

马克思在总结人类货币发展史时，认为价值符号应该是从商品交换中随着信用关系的发展自然、自发地产生的："金的铸币存在，作为与金的实体本身脱离的价值符号，是从流通过程中本身产生，而不是从协议或国家干预产生的。俄国提供了价值符号自然发生的鲜明实例……"他还指出了足值货币向价值符号"升华"的转折点，即金币在流通中被"只执行虚幻的金的职能"时，可以由它自己的符号来代替。②因而，当

---

① ［德］马克思：《政治经济学批判》，《马克思恩格斯全集》第13卷，中共中央马克思恩格斯列宁斯大林著作编译局译，人民出版社1962年版，第106页。

② 《政治经济学批判》，第104、105、106页。

一个国家处于产生信用纸币的临界点时，它的主要货币体系应该已处于高度符号化的程度，基本脱离了足值货币的阶段。而且，这种以商品交换发达为基础产生的信用纸币，若非不可抗拒的力量造成社会发展的重大破坏，致使商品经济水平大幅度倒退，是不可能出现逆转，重新退回到足值货币体系的。

我国古代始于宋、止于明的这段纸币历史情况显然有所不同，恐怕得从另一种理论角度来解释它。

学术界自然早已注意到了自唐代至宋代社会商品经济发展的历史事实，并把它视为北宋纸币交子产生的基本历史前提。[①]但当时的商品经济发展是否达到足以自发地产生信用货币即纸币的临界点，却不容易找出现成的衡量标度来。以往的研究大多提到由于商品经济发展而造成的两个方面事实：第一，唐宋间社会对货币的需求量急剧增长；第二，信用关系有了一定程度的发展。但若仅据此来解释北宋交子产生的原因，看来还不够。一方面，以往对货币需求增长和信用关系发展的阐述有待于进一步完善，另一方面，我们不能忽视与唐宋间货币体系演变更为直接相关的其他一些重要的历史事实。

从唐到宋，中国社会对货币需求的急剧增长是人们习知的史实，它主要表现在北宋政府铸币岁额较之唐代大幅度增长以及"钱荒"现象长期存在这样的事实之中。虽说商品交换扩大是产生钱荒的主因，但如果反过去将唐宋间铸币岁额增长直接作为商品交换扩大的指数，则显有不妥。

唐宋间逐年增加的铸币，其实并未全部投入社会的商品流通。除史家经常提到的如富家窖藏、奸人销熔、市舶流泄等原因外，政府财政也开始

---

① 除彭信威经典的《中国货币史》（上海人民出版社1958年版）外，主要可参见李埏《从钱帛兼行到钱楮并用》（载邓广铭、程应镠主编：《宋史研究论文集》，上海古籍出版社1982年版，第241—271页），及 The Pattern of the Chinese Past 等。此外，有些学者还提到了诸如纸张和印刷等技术性条件，如王曾瑜：《关于北宋交子的几个问题》（文载氏著《锱铢编》，河北大学出版社2006年版，第110—123页）。

占用大量的通货，这一点不应忽视。以两税法为代表的唐宋间赋税货币化趋势，一方面强制性地将大多数农民或多或少地拉入了商品交换者的行列，另一方面政府财政的运转也需要大量通货作为媒介。官俸兵廪支付中现钱的比例日见扩大，地区间大规模财政调拨需要借助于货币，政府的财政贮备也多采用钱币的形式，如史家常提到的熙丰间免役、坊场等钱的贮积即是。自中唐以来由于雇佣兵制取代役兵制而成为常备军的主体，使得国家财政开支成倍增长，并由此引发了国家政治一系列相应的变化，这又在总体上扩大了财政对通货的需求。这些显然并不能被直接简单地视作商品交换规模扩大的一部分。这也就是说，历来被学者们认作纸币产生历史前提的唐宋间通货紧缺现象，其实还应打一定的折扣。

从理论上说，信用货币产生直接的逻辑前提并不是商品经济的发展，而是由商品经济所决定的信用关系的水平。史籍中虽有不少唐宋间信用关系扩大的记载，但它们看来并不能表明当时货币流通已达到了"只执行虚幻的金的职能"的程度。学者们多强调唐代飞钱的意义，如李埏先生就据史臣关于宋代的交子、会子"盖有取于唐之飞钱"这一推断，将交子的产生直接与唐代的飞钱联系了起来。[1]事实上迄今为止，并无证据明确表明宋代四川的交子与飞钱有何渊源关系。彭信威先生曾十分准确地分析过唐代飞钱产生的历史原因：钱币缺乏；因钱少各地渐有禁钱出境的事；税场多，税款常须移转；商业发达，渐觉铜钱携带不便。[2]可见飞钱虽说须以一定的信用关系为基础，但它的出现主要地却并非在于信用的发达，而是另有如禁铜钱出境等超经济因素的。即便部分由于商业发达所致，也只是出于贱金属货币笨重不便的原因。唐宋史籍中留下了不少关于中央政府严令州郡如数支付商人兑汇飞钱的记载，正好向我们表明当时飞钱制度非信用性的那部分因素。

而且，宋代社会所存在的其他一些现象，也表明当时信用关系的发展

---

① 《从钱帛兼行到钱楮并用》，第268页。
② 《中国货币史》，第253页。

水平，与产生作为信用货币纸币的要求尚有距离。

首先，实物形态仍主宰着社会经济关系的一些基本方面，如地租、赋税等，并在支付、交换手段中也或多或少地发挥着一定的作用。笔者几年前曾就宋代的地租形态发表过一些粗浅的意见，认为当时基本上不存在货币地租的现象。虽有学者对此表示了不同的看法，但宋代实物地租仍占绝对统治地位这一事实，恐怕已是史学界的共识。[1]赋税也是一样，直至南宋，农民向官府交纳的主体仍是实物，并由此决定了政府的财政支出也以实物形态占最大比重。当时政府向民间收买物色，如和籴，大多支付绢帛等实物。北宋由中央资助沿边籴买，所支物色主要即为银帛。可知物帛仍在一定程度上充当着支付手段。宋代各地区间经济发展极不平衡，穷乡僻壤与通都大衢不同，甚至物物交易都可能广泛存在，自可舍而不论。但在经济发达地区，实物部分地充当支付或流通手段的现象，其实也并非个别的例外。如南宋洪迈的记载："吴兴士子六人京师赴省试，共买纱一百匹，一仆负之。"[2]这里士子6人所买之纱自然是为了支付其京师应试的开支所用，就部分地充当了货币的作用。在农业社会里，地租形态是经济发展水平最主要的指示器。当一个社会的地租，包括它的转换形态的赋税，仍基本采取实物形态的时候，作为信用货币的纸币制度却已经确立起来了，这不能不令人费解。

其次，贵金属白银在宋代仅仅部分货币化，刚开始它排挤贱金属货币铜钱的过程，离贵金属在流通过程中的"符号化"显然还有很大距离。根据马力先生的研究，宋代白银在一定范围内已不同程度地具有价值尺度和流通手段两项基本职能，但在货币领域还不占主要地位，仅具有不完全的

---

① 参见包伟民：《论宋代折钱租与钱租的性质》，《历史研究》1988年第1期，第147—161页。1992年《历史研究》杂志曾于第5期发表高聪明、何玉兴与笔者商榷的文章《论宋代的货币地租》（《历史研究》1992年第5期，第95—102页），重申了漆侠先生关于宋代存在货币地租的看法。

② 〔宋〕洪迈：《夷坚志·夷坚丁志》卷十一《霍将军》，何卓点校，中华书局2006年版，第633页。

法偿力，因此当时白银主要是以银锭的形态被人们所使用。①如在作为货币最主要职能的价值尺度与流通手段上，宋代用银表示物价一般都须经与钱折算，还未直接作为价值尺度。以银支付物酬，也须经金银铺这一中介。宋代白银也参与了赋税货币化的过程，因而留下记载较多。但宋代赋税中征收的白银，多系以钱立额后"折纳"而来，或州军以钱帛置场买银，以充上供之需。②地方官报告民户纳银困难时，多有强调当地不产白银，以故输纳困难者③，可知除产地外，白银并没有在各地作为通货广泛流通。马力认为宋代白银之所以能够开始部分货币化，在于商品经济的发展，那么反过来我们似乎也可以这么说，宋代白银之所以未能完全货币化，原因之一，正在于当时商品经济发展没有达到足以使贵金属在更大范围内驱逐贱金属的程度。与此同时，宋代的黄金则基本未开始货币化进程，连部分的价值尺度和流通手段都未具备。

再次，关键的问题是，宋代作为主币的铜币，仍处于足值货币的范畴，而并未开始符号化，因为当时铜钱的币面值仍基本取决于币材值。

唐宋时期政府铸钱，虽有个别称为利甚博的例子④，但一般均无甚大利。唐天宝年间（742—756）铸钱"每千钱费七百五十"，所获已不多。至建中元年（780），江淮钱监铸钱"度工用转送之费，每贯计钱二千，是

---

① 参见马力：《论宋代白银货币化问题》，文载中国社会科学院历史研究所宋辽金元史研究室编《宋辽金史论丛》（第一辑），中华书局1985年版，第236—244页。

② 参见〔宋〕廖刚：《高峰文集》卷一《投省论和买银劄子》，影印文渊阁《四库全书》本，第1142册，第21页A—第23页A；〔宋〕韩元吉：《南涧甲乙稿》卷一〇《上周侍御劄子》，影印文渊阁《四库全书》本，第1165册，第20页A—第23页B；〔宋〕蔡戡：《定斋集》卷一《乞代纳上供银奏状》，影印文渊阁《四库全书》本，第1157册，第6页A—第8页A；〔宋〕吴泳：《鹤林集》卷二二《奏宽民五事状》，线装书局2004年《宋集珍本丛刊》第74册影印清乾隆翰林院钞本，第486—490页等。

③ 〔宋〕吕午：《左史谏草·戊戌六月二十六日奏……贴黄》："又有一事，尤为害民。（徽州）土不产银，官勒输纳……"（影印文渊阁《四库全书》本，第427册，第23页A）又如《奏宽民五事状》："广州非产银去处，本司逐时买银起纲，铢积寸累，极是艰辛。"（第488页）

④ 〔宋〕王禹偁：《小畜集》卷一七《江州广宁监记》，影印文渊阁《四库全书》本，第1086册，第10页A—第12页A。

本倍利也"①。宋代苏辙说北宋初"官铸大率无利"②，蔡京称："自来铸
钱……官得至薄，率三钱得一钱之利。"③蔡絛也说："盖昔者鼓冶，凡物
料火工之费，铸一钱凡十得息者一二，而赡官吏、运铜铁，悉在外也。苟
稍加工，则费一钱之用，始能成一钱。"④个别时期官钱料例减损，铸造赢
利过多，则必定会促发民间的盗铸之风，造成币制的混乱。如北宋前后两
次铸行大钱，都是如此，每次最终都不得不将大钱贬值了事。另一方面，
如果铸钱出现负亏，政府也必然会缩减铸额，以减少财政损失。如南宋时
期因铜价上涨，铸钱官监积弊日甚，效率减低，率费三钱而铸一钱⑤，以
此铸额较之北宋大幅度下降。与此相应，虽然南宋铸币较之北宋成色大
减，"铜少铅多，钱愈锼薄"⑥，其币材值却仍高于币面值，民间私熔利润
不少。

彭信威先生曾指出中国货币史一个极为重要的特征："主要货币的重
量，在长期看来，几乎稳定不变。这种情形，在别的国家是少有的。"⑦自
西汉发行五铢钱，直至唐初，中国的铸币是名实相符的秤量货币，历代都
坚持钱币须"重如其文"⑧，以稳定币制。从唐初改铸通宝钱后，虽说钱
文名称似已摆脱秤量货币阶段，实质却仍不变。开元通宝与1000多年后
铸造的光绪通宝，重量竟是相等的。

相比其他国家的货币史，情况却很不相同。世界历史上有名的一些货

① 〔后晋〕刘昫等：《旧唐书》卷四八《食货志上》，中华书局1975年版，第2101页。
② 〔宋〕苏辙：《龙川略志》卷三《与王介甫论青苗盐法铸钱利害》，俞宗宪点校，中华书局
　1982年版，第14页。
③ 〔元〕马端临：《文献通考》卷九《钱币考二》，中华书局2011年版，第239页。
④ 《文献通考》卷九《钱币考二》，第241页。
⑤ 〔宋〕李心传：《建炎以来系年要录》卷七〇，绍兴三年十一月癸亥条，影印文渊阁《四库全
　书》本，第326册，第5页A；〔宋〕吴曾：《能改斋漫录》卷十三《铸钱费多得少》，影印文
　渊阁《四库全书》本，第850册，第24页B—第25页B。关于南宋官钱监种种积弊，可参见
　〔宋〕黄榦：《勉斋先生黄文肃公文集》卷二九《与漕使赵监丞论钱监利害》，线装书局2004
　年《宋集珍本丛刊》第68册影印元刻本，第41—43页。
⑥ 《宋史》卷一八〇《食货志下二·钱币》，中华书局1977年版，第4396页。
⑦ 《中国货币史》，第13页。
⑧ 〔唐〕魏徵、〔唐〕令狐德棻等：《隋书》卷二四《食货志》，中华书局1973年版，第689页。

币单位，都是不断减重或贬值，从而逐渐地符号化的。彭信威先生曾举出过许多例子。此外又如1202年始铸意大利的银币grossi，也是随它的流行而逐渐减损成色，以至于被人们称为"黑钱（Black Money）"，最终到15世纪末变成了铜币。[①]正是贵金属货币这种不断符号化的过程，才为西欧国家此后信用纸币制度的确立，奠定了基础。

中国历代钱币制度的这一特点，从表面看，是由社会私铸与私熔两方面因素制约着的，这妨碍了它的币材减省并进而符号化的进程。每当铸币质量好，币材实值大于币面值时，就会发生私熔铜钱，铸造铜器以赢利的问题；当铸币过于恶劣，币材实值低于币面值时，更会促发民间私铸钱币之风。但这两方面现象自然应源于当时社会经济关系，即我国金融制度中信用关系长期的不发达。所以说，从秦汉至明清，我国作为主币的铜铸币制度从未为信用纸币的问世准备充分的历史前提。宋代的纸币并不是从主币铜钱自然演变、逐渐符号化而来的，其产生的主要原因自当从信用关系之外的因素中去寻找。

马克思在研究货币历史时举过中国的例子，他说，"在信用完全没有发生的国家，如中国，很早就有强制通用的纸币存在了"[②]。说唐宋时期"信用完全没有发展"，显然是马克思没有掌握关于当时中国商业信用关系有一定程度发展的历史资料，但他通过与近代西欧纸币制度相比较，指出中国早期纸币不是以信用，而是以政府强制为基础，却是正确的。

二、宋代纸币产生的历史原因及其性质

那么宋代的纸币究竟是怎样产生的呢？

据史籍记载，交子产生的直接原因，在于宋代铜材之不足，故划出四川一地通用铁钱。可是铁钱过于笨重，不便于流通："蜀用铁钱，其大者以二十五斤为一千，其中者以十三斤为一千，行旅赍持不便。故当时之券

[①] Peter Spufford, *Money and its Use in Medieval Europe*, Cambridge University Press, 1988, p.381.

[②]《政治经济学批判》，第107—108页。

会，生于铁钱不便。缘轻重之推移，不可以挟持。"①"赋币以铁，人病懋迁，而质剂兴焉。"②南宋初会子的产生，史文交待不如交子清楚。但据李心传关于"临安之民，复私置便钱会子"③，以及南宋后期卫泾称绍兴末"体仿民间寄附会子，印造官会"④的记载，也略可推知官会的前身是一种为"便钱""寄附"所用的兑汇性质的票据，而非信用纸币。这类票据之所以产生，恐怕也同样是出于铜钱之移用不便之故。

正如多数学者所认识到的，"券会生于铁钱不便"只不过是纸币得以产生的契机，而不是它的根本原因。关键问题在于：由于铸币笨重不便而一时产生的兑换券，为什么会在那么广的范围、那么长的历史阶段里流通，并一度（如元代）取代当时的主币铸币，成为国家唯一的法定通货？

最初由早期名目主义货币学说者斯图亚特（James Steuart）提出来的关于社会商品流通对货币量进行调节的理论，为我们提供了一个解决问题的思维角度。斯图亚特在他的《政治经济学原理之研究》一书中指出："如果一国的硬币太少，与提供销售的产业活动的价格不成比例，人们就会想出象征性的货币之类的办法为此创造一个等价物……"⑤换句话说，当社会的通货过少时，人们就会用别的象征性的东西来代替货币使用，以保证商品交换的正常进行。这种解释基本符合我国古代纸币流通的事实。

---

① 《文献通考》卷九《钱币考二》引东莱吕氏言，第255页。
② 〔宋〕唐士耻：《灵岩集》卷四《益州交子务》，影印文渊阁《四库全书》本，第1181册，第20页B。
③ 〔宋〕李心传：《建炎以来朝野杂记》甲集卷十六《东南会子》，徐规点校，中华书局2000年版，第363页。
④ 〔宋〕卫泾：《后乐集》卷一五《知福州日上庙堂论楮币利害劄子》，影印文渊阁《四库全书》本，第1169册，第8页B。
⑤ 转引自《政治经济学批判》注文，第157页。斯图亚特所提出的这一原理，后来被许多经济学家所接受并加以发展，如亚当·斯密、卡尔·马克思等，成为现代货币金融学说的基本原理之一。参见刘洁敖：《国外货币金融学说》，中国展望出版社1983年版，第45—49页。

尽管学者们对唐宋间钱荒现象的解释或有不同，[1]对当时社会通货不足这一现象却并无歧议。应该说，通货不足在很大程度上是由币材性质及其生产水平决定的。

与"天然适于执行一般等价物这种社会职能"的贵金属不同[2]，以铜铁等贱金属充币材有着许多先天性的缺陷。在现代化学合成材料发明之前，铜铁是除木、石之外人们制作生活、生产器具的最基本材料，以铜铁充币材，免不了与人们日常生活需要发生矛盾。历代对私熔官钱的刑条不谓不严，却无法根绝私熔现象，就是因为铜铁器永远有它的市场。像南宋这样屡屡靠"索民间铜器"[3]，限制人民拥有最基本的生活器皿来解决币材问题的办法，自然不会成功。当时民间不仅铜，就是铁也常常不得不靠熔钱得之。如绍兴十五年（1145）四川宣抚副使郑刚中上言所提到的，当时四川"民间铸造农器锅釜，及供应官中军器，积日累月，销镕川钱殆尽，以致剑外州县全缺见钱行使"[4]。

贱金属铸币币值较低，流通所需总量因此数倍甚至数十倍于贵金属货币。往往一遇大宗交易，钱币就免不了车装船载。尤其当由唐入宋，由于生产力发展与赋税货币化的推动，在全国范围内将绝大多数农民纳入了商品交换的行列，流通所需钱币不啻数倍于前代，从长期看，若非出现技术上的革命，矿冶业自然无法跟上通货总量扩大的这种需求。历代长期实行铜禁，职此之故。直至清代乾隆（1736—1795）时，由于云南铜矿得到大量开采，铜的供求关系开始松动，才最终解除铜禁。

前文提到唐宋间白银仅开始部分货币化的原因之一，在于当时商品经济发展没有达到足以使贵金属在更大范围内驱逐贱金属的程度。这里需要

---

[1] 参见乔幼梅：《从中唐到北宋钱荒问题的考察》，《历史研究》1990年第2期，第69—78页；袁一堂：《北宋钱荒：从币制到流通体制的考察》，《历史研究》1991年第4期，第129—140页。

[2] 《资本论》第1卷，中共中央马克思恩格斯列宁斯大林著作编译局译，人民出版社2004年版，第108页。

[3] 《宋史》卷一八〇《食货志下二·钱币》，第4395页。

[4] 《建炎以来系年要录》卷一五四，绍兴十五年七月戊申条，影印文渊阁《四库全书》本，第327册，第2页B。

一提的原因之二，就是唐宋间贵金属币材也很缺乏，制约了它们的货币化进程。我国不是金银富矿区，在近代矿冶技术引进之前，产量自然更低。唐宋时期黄金产量微不足道。北宋至道末年（997），显然以岁收金课过少之故，官史记载干脆作"若干两"了事。到了坑冶业最景气的宋神宗时期，元丰元年（1078），金课实际收入大大超过祖额，也只有 1.07 余万两。白银岁入"课利折纳互市所得皆在"之数，至道末为 14.5 余万两。元丰元年课利岁入 21.5 余万两，估计北宋时期一般不会超过此数，南宋必定更少。庆元二年（1196），据宰执言，榷货务都茶场岁入白银不满 30 万两，而每年供奉三宫用度及册宝典礼消耗却需 40 万两，不得不请按比例折支会子。[1] 自北宋末南宋初，福建、两广上供钱长期折纳白银，到南宋后期，由于铜钱缺乏，其他地区赋税也多有改交银两者，成为民户和地方政府沉重的负担，除钱银折价不合理外，主要就是因为流通中白银过少，买纳不易。史籍中有关记载很多。[2]

总之，宋初由于铜材不敷，不得不划出四川地区专用铁钱，民间苦于铁钱之不便，首先发明兑汇性纸币——交子，官府因势利导，取交子当作四川一地的替代性货币。四川交子的产生，从局部看，似不在于货币数量过少，而是因为当地货币铁钱过重；从总体看，实际也源自国家主币铜钱之不足。当时宋廷曾两次试图将四川的交子（钱引）之法推广到陕西、河东，北宋末年并一度推广到了全国大多数路分，均未成功。这是因为纸币在陕西等地主要充当轻赍汇票使用，与钞引制度发生了冲突，而且陕西等地兼行铜钱，尚不需要引入替代性货币。有的学者将北宋推广纸币行动的失败，归咎于各地商品经济发展水平的差异[3]，恐系夸大之词。到了南宋，由于铜币铸额大幅度减少，不敷流通所需，以纸币（会子）替代铸币的现

---

[1] 参见〔宋〕李焘：《续资治通鉴长编》卷九七，天禧五年岁末条，中华书局1995年版，第2263页（以下简称《长编》）；《宋会要辑稿》食货三三之七至一八，上海古籍出版社2014年版，第6721—6726页；《宋史》卷一八五《食货志下七·坑冶》，第4532页。

[2]《小畜集》卷一七《江州广宁监记》；《旧唐书》卷四八《食货志上》，第2102页等。

[3] 如李埏：《北宋楮币史述论》，《思想战线》1983年第2期，第48—58页，第27—34页。

象才从四川一隅推广到了全国。这时的纸币已完全是一种数量型替代货币了。

宋代的纸币由政府强行发行，虽在某种程度上具有现代命令纸币的性质，但由于它主要不是以"商品所有者公认"，即信用为基础产生，而是作为铸币的替代物出现的，必然会有一定的局限性，或者说它的特性。今举其大要如下：

其一，作为替代性货币的纸币补充社会通货总量不足，符合商品流通的需要，在不超出替代性角色范围的前提之下，才可与其他货币一样正常地充当商品交换的媒介。所谓替代性角色范围，具体说有两个方面，首先，替代性纸币必须是可兑换纸币，人们可随时将它兑换成其所替代的本币，从而确立它的信用，使人用之不疑。宋代臣僚议论纸币问题，几乎人人强调须留有准备金，"交子之法，以方寸之纸飞钱致远。然不积钱为本，亦不能以空文行"[1]，正在于此。其次，纸币的发行量须控制在其用以补足社会所需通货量的数额之内，才不致造成通货膨胀，或者以劣币驱逐良币的情况。北宋四川交子除个别时期外，基本未出"泛料"，即未超额发行，坚持每界1256340缗的定额，故能长期稳定行用。[2]南宋会子发行前期，当权者比较谨慎，流通量控制颇严，发现贬值，即行收兑，情况也不错。如乾道四年（1168）立界行新会后，会价回升，"愚民至指乘舆以造券不多为苦"[3]。后世如元代（1260—1368）初期纸币能够行用通畅，主

① 《长编》卷二五九，熙宁八年正月丁巳条，第6323页。

② "旧日蜀人利交子之轻便，一贯有卖一贯一百者。"〔宋〕苏辙：《苏辙集》卷三六《论蜀茶五害状》，陈宏天、高秀芳点校，中华书局1990年版，第630页。

③ 〔宋〕叶绍翁：《四朝闻见录》乙集《楮券》，冯惠民、沈锡麟点校，中华书局1989年版，第60页。〔宋〕洪迈：《容斋随笔·容斋三笔》卷一四《官会折阅》（中华书局2005年版，第599页）载淳熙十二年（1185）宋孝宗言："朕以会子之故，几乎十年睡不着。"又据《中兴两朝圣政》卷五四，淳熙二年四月壬子条，当时淮东、淮西两总领所各乞以金银兑换会子支遣，据称"缘朝廷以金银收换会子桩管不用，金银价低，军人支请折阅，所以思用会子"。（江苏古籍出版社1988年影印宛委别藏本，第5册，第1628—1629页）

要也在于坚持限数印造与严格钞本银制度。①

其二，替代性纸币具有一定的原始性，货币职能不完全，因此其在货币领域中的地位是不完全的，这主要表现在它的信用、流通、法偿力及管理制度等方面。

宋代的纸币作为铸币替代物引入流通领域，所以其流通基础更多地出于货币发行部门的主观意志，而不是金属铸币自然符号化的信用关系，因此免不了最终从社会的交换手段蜕变成为政府财政的工具。从宋到明，纸币发行量总是决定于政府的财政状况，计司财匮之时，纸币发行也就随着赤字而水涨船高，"增造则益轻，住造则乏用"②，无法抑制。到南宋后期，无非靠每日印造会子应付国计。近代世界各国纸币制度确立后，个别也有因通货膨胀过度而崩溃的情况，却少有像中国古代这样长时期地、持续地利用发行纸币来支撑财政开支的。

纸币既为铸币的替代物，在货币职能上自然无法等同于本币。当纸币发行量接近天文数字时，"市井视之，粪土不如"③，它的价值尺度与支付手段等职能也接近于消失，已是不言而喻。若就流通手段而言，也不能与本币相比。所以南宋纸币大多只能在中心地区流通，如孝宗时辛弃疾称："今所谓行使会子之地，不过大军之所屯驻与畿甸之内数郡尔，至于村镇乡落，稍远城郭之处，已不行使，其他僻远州郡又可知也。"④又据彭龟年说："其襄、汉戍兵，月得料钱，全靠客旅贸易。其会子止到鄂州便着兑使，而官司无以权之，遂使坐贾之人乘其急遽，低价以售，用是一贯会

---

① 参见陈得芝：《元代的钞法》，《南京大学学报（哲学·人文科学·社会科学版）》1992年第4期，第26—33页。

② 〔宋〕李曾伯：《可斋续稿后》卷三《救蜀楮密奏》，线装书局2004年《宋集珍本丛刊》第84册影印清初钞本，第562页。

③ 《可斋续稿后》卷三《救蜀楮密奏》，线装书局2004年《宋集珍本丛刊》第84册影印清初钞本，第563页。

④ 〔明〕黄淮、〔明〕杨士奇编：《历代名臣奏议》卷二七二，上海古籍出版社1989年影印明永乐内府刊本，第4册，第3554页。又如李曾伯《可斋续稿后》中曰："广西民间自来止用见钱，不用会子。"（《可斋续稿后》卷九《回奏庚宣谕》，线装书局2004年《宋集珍本丛刊》第84册影印清初钞本，第668页）

子止可得五百左右见钱。"①可见当地会子须到中心城市鄂州才能兑换行使。此外从史籍中常见之"执会便可得钱""持空楮于市，无有肯售者"等记载，②也可体会出当时纸币在流通中受到排斥的事实。由此，我们也才能完全理解为什么宋人一再强调流通中纸币须与铸币子母相权的道理，除零星交易须用铸币的原因外，更在于"会子所以流通者，与钱相与为兑换也"③。离开本币，替代性纸币即无法流通。

完全的法偿力是现代信用纸币的主要特征之一。宋代的纸币如会子，却并不具完全法偿力。自绍兴末年规定民户缴纳赋税以钱会中半的原则后，直至南宋末年基本未变，所以当时地方志记载财赋收支数时，甚至将"钱会中半"缩略成"钱会"两字。④其他纸币虽一般正式规定具完全法偿力，流通中由于折阅，不仅商旅交易常不肯行用，官府收税也有拒绝收受者。

宋代纸币长期坚持分界行使，应该也是它原始性的一个表现。除技术因素外，分界还具有隐蔽贬值和抑制伪币的目的。南宋会子发行量千万倍膨胀，币面值贬减却似乎相对较慢，原因正在于兑界的隐蔽作用。所谓"嘉定以一易二，是负民一半之货也；端平以五易一，是负民四倍之货也"⑤。而当时伪币屡禁不止，更使宋廷难以废除兑界制度。正如袁甫所说：

> 会子立界，分定年限，其法始于蜀中，当换界时，差内外两场官吏辨验真伪，互相考核，方与交收。外场辨验到一贯伪会，追赏至七

---

① 〔宋〕彭龟年：《论湖北京西楮币疏》，载《历代名臣奏议》卷二七二，第四册，第3553页。

② 《后乐集》卷一五《知福州日上庙堂论楮币利害劄子》，影印文渊阁《四库全书》本，第1169册，第10页B；〔宋〕戴埴：《鼠璞》卷上《楮币源流》，影印文渊阁《四库全书》本，第854册，第37页A。

③ 〔宋〕杨万里撰：《杨万里集笺校》卷七〇《乞罢江南州军铁会子奏议》，辛更儒笺校，中华书局2007年版，第2972页。

④ 如〔宋〕梅应发《开庆四明续志》曰："一、诸县窠名，鄞县：户长役钱夏秋两料每料九千四百四十三贯六百八十二文，钱会；……"（《宋元方志丛刊》，第6册影印咸丰四年《宋元四明六志》本，中华书局1990年版，第5965页）

⑤ 《历代名臣奏议》卷二七三，第四册，第3571页。奏文以"许衡代人拟奏劄曰"领起，按许衡从未在南宋游历仕宦，《奏议》署名疑误。本奏究竟系何人所上，待考。

十贯，内场辨验到一贯伪会，所追赏钱视外场又倍之……民间知将来换会时，伪会必不逃两场辨验，自然伪会不至通行。

所以他提出关于会子问题的"四戒"，其中之一即是"戒新会不立界限"①。后代如元代钱钞虽不立界，但钞制屡败屡改，实与换界无异。

三、国外白银大量输入与纸币的引退

不言而喻，等到投入流通的本币数量足够商品交换所需时，替代性货币的历史使命也就完成了。这个变化发生在明代中叶以后，不过最终淘汰纸币的本币已不是铜钱，而是白银了。

由于从宋至明商品交换关系的发展，银（白金）已完全完成了它的货币化过程，并逐渐表现出它取代铜钱成为社会交换主币的地位。明人王世贞认为："凡贸易金太贵而不便小用，且日耗而产日少；米与钱贱而不便大用，钱近实而易伪杂，米不能久，钞太虚亦复有浥烂；是以白金之为币长也。"②这样的认识自然只能产生于商品交易"益专用银"的明代中叶以后，在几个世纪以前的宋代恐怕是不会出现的。

元、明两代，为了推行纸币制度，都曾一度禁止民间私用金银交易，但在商品交换的发展对贵金属货币客观需求面前，这种禁令均无法付诸实施。据记载，在洪武三十年（1397），杭州诸郡商贾已是"不论货物贵贱，一以金银定价"③。到英宗（1436—1449）时，明廷不得不弛用银之禁，于是出现了"朝野率皆用银，其小者乃用钱……钞壅不行"的局面。④与此同时，赋税也开始折纳交银，白银的法偿地位被正式确立。正统元年

---

① 〔宋〕袁甫：《蒙斋集》卷七《论会子劄子》，影印文渊阁《四库全书》本，第1175册，第22页A—第22页B。

② 〔明〕王世贞：《弇州四部稿·后集》卷三七《钞法》，北京出版社1997年《四库禁毁书丛刊》史部第50册影印明万历四十二年（1614）刻本，第6页A。

③ 〔明〕夏原吉等：《明太祖实录》卷二五一，洪武三十年三月十二日条，台湾"中研院"历史语言研究所1962年校印本，第3632页。

④ 《明史》卷八一《食货志五·钱钞》，第1964页。

（1436），长江以南广大地区田赋米麦四百多万石折纳金花银；嘉靖四十一年（1562），各地班匠征银；万历九年（1581），推行一条鞭法，天下丁役、地税等项赋税都"计亩征银"。由此，白银的主币地位终于确立，铜钱成为零星交易之辅币，纸币（大明宝钞）则从此引退，完全退出了流通领域。清初曾于顺治八年（1651）发行钞贯，十年后废止不用。此后虽有臣僚建言改银用钞，但从未实施。

前文说过，唐宋时期白银产量不高，限制了它的货币化进程。明代国内白银的产量也未见有多大提高。万历年间（1573—1619），明政府苦于白银短缺，曾发起广泛的开矿运动，徒然造成社会骚乱，白银产量却并未增加。估计整个明代白银产量都保持在年均10万两左右的水平。[1]直至清代前期由于云南银矿的开发，白银产量增加，也不过在每年20万两上下。仅凭国内出产的白银，显然无法满足日益扩大的社会商品交换的需求，淘汰替代性的纸币。

中国货币史上的这一重大变化，主要是借助当时国际间白银的流动使巨额白银输入我国完成的。

从两宋时期起，我国的白银一直是与铜钱一起输出邻近国家的，例如日本等国。[2]自16世纪初至18世纪后半期，国际间的白银大量东流，绝大部分都流入了中国，其中包括不少日本白银。直到后来鸦片贸易开始，白银才复从中国源源流出。16世纪到18世纪白银东流的原因有二，一是中外间银金比价不同，如16世纪末，金银比价在中国为1：5.5至1：7之间，在英国、日本则为1：11.8至1：11，因此这一时期白银输入中国十分有利可图。直至18世纪末，中外间金银比价基本拉平，均在1：15上下，白银

---

[1] 参见钱江：《十六——十八世纪国际间白银流动及其输入中国之考察》有关部分，《南洋问题研究》，1988年第2期。下文有关数据，除注明出处者外均据此文。

[2] Kozo Yamamura and Tetsuo Kamiki, Silver Mines and Sung Coins—A Monetary History of Medieval and Modern Japan in International Perspective, in John F. Richards, *Precious Metals in the Later Medieval and Early Modern Worlds*, Carolina Academic Press, 1983, pp.329—362.

的东流也就随之结束。①

二是中国的对外贸易长期出超。当时中国的生丝、茶叶和瓷器在世界市场上很受欢迎，大量出口，而进口商品却极有限，中外贸易可以说基本上是中国商品单方面输出，外商必须用货币弥补对华贸易中的逆差，16至18世纪世界白银源源不断流入中国的局面就是这样形成的。

这一时期流入中国的白银主要来自日本和美洲新大陆。日本西部的白银生产自16世纪中期起达到高峰，至17世纪初，仅佐渡银矿一处，白银年产量即达200多万两。故有大量白银可供出口。据当时西方商人的估计，16世纪末期，每年通过葡萄牙商船输入中国的日本白银，约为2.25万千克（折合库平银约60.75余两）；至1620年，时人估计当时每年输入中国的日本白银已增加到了每年4.5万—5.625万千克（117万—146.25万两）。1560—1600年，大致有总数1亿3500万千克至1亿9500万千克（36亿4500万至52亿6500万两）日本白银流入到了中国。②另据日本幕府官方调查，从1601年到1764年的160余年间，从日本共输出白银4212295千克，即每年约输出100万两，其中大部分通过海上贸易流入了中国。

16世纪中叶后，世界主要的白银产地在美洲新大陆，西方殖民主义者攫取了美洲丰富的白银后，很大一部分就通过东西贸易，经菲律宾、印度、澳门等地的中转，流到了中国，其总量超过来自日本的白银。据估计，1570—1799年，每年仅通过阿卡普尔科—马尼拉—中国这一海上贸易渠道，输入中国的美洲白银就达97.5万两。在16世纪末到17世纪初，每年的输入量更增至170余万两。

由于资料不全，明清之际通过海上贸易流入中国的白银的总数不易估计，彭信威先生认为达数亿两，也很难精确到具体的数字。不过从上述的个案数据，已可证明国外白银流入数量之巨，是国内微不足道的白银产量

---

① 据《十六——十八世纪国际间白银流动及其输入中国之考察》。*Silver Mines and Sung Coins* 一文所列数据略有差异，可参见。

② *Silver Mines and Sung Coins-A Monetary History of Medieval and Modern Japan in International Perspective*, p.351.

所不可比拟的。我国货币史上淘汰纸币、通行白银这一巨大的变化，根本原因当在于明代中叶以后社会经济的进步，国外巨额白银流入则为此变化提供了货币供应这一不可或缺的物质前提。

　　概括而言，从唐至宋商品经济的进步虽确曾对纸币的发明产生过积极的影响，但这是通过由此造成贱金属铸币流通量不足、而非促成它的符号化来起作用的，因此其影响是间接的和次要的。我国古代一度广泛通用的纸币，从根本看，只是由于当时金属币材不足而出现的一种替代性通货，与真正意义上的由于信用关系发达产生的纸币尚有差距。唯其如此，才能解释纸币从产生复归于消失这一曲折的历史过程，以及历代币制之种种缺陷。基于此，我们似还可以推衍出另外两点相关的结论：其一，中国古代货币史发展阶段的划分，应该把自秦汉至明中叶这近两千年时间都归入以贱金属铸币为主币的时期，虽然其间纸币曾一度在流通总量上超过铸币；其二，中国从秦汉以来的货币史与西欧虽略有不同，如贵金属货币化较迟，等等，但以铸币作为主币却是一致的。从这个角度看，我们对中西方前近代经济史的比较研究，应该既要注意它们的相异，也要注意它们的相同之处。[①]

（原载《中国经济史研究》1995年第3期）

---

① 参见前引 *Money and its Use in Medieval Europe* 及 Albert Feuerwerker, Chinese Economic History in Comparative Perspectives, in Paul S. Ropp, *The Heritage of China: Contemporary Perspectives on Chinese Civilization,* University of California Press, 1990, pp. 224-241。

论南宋前期东南会子的性质与流通状况

王　申

一、问题的提出

纸币在南宋的财政与经济发展中占据重要地位，一般认为南宋是中国古代行用纸币的代表性时代之一。宋廷曾发行钱引、关子、会子等多种具有一定货币功能的纸质票据，尤以会子为主。在会子之中，东南会子的流通区域最广、使用功能最多，逐渐成为南宋最重要的纸币。自绍兴三十一年（1161）官方初创[1]，直至南宋灭亡，东南会子的发行与使用几乎未曾中断。紧随其后的宋孝宗在位期间（1163—1189）则是东南会子发行、流通等相关制度的奠基时期，本文的考察主要涉及1161—1189年，并将该时段称为"南宋前期"。学界对此时的会子制度及演进情况有所梳理，研究最为细致者当属草野靖，他广搜史料，按时间顺序基本理清了早期东南会子的发展过程[2]，这些论述也成为本文的基础。

---

① 〔宋〕李心传：《建炎以来系年要录》卷一八八，绍兴三十一年二月丙辰条，中华书局1956年版，第3150页。

② 参见草野靖：《南宋东南会子の発展（上）》，《東洋学报》1966年6月第49卷第1期；《南宋东南会子の発展（下）》，《東洋学报》1966年9月第49卷第2期。此外，加藤繁于1941年发表的《南宋初期的见钱关子、交子和会子》（《中国经济史考证》第二卷，吴杰译，商务印书馆1963年版，第60—87页）是这一领域的早期代表性研究。

其他学者力图明晰东南会子的制度全貌，相关问题随之大体澄清。[①]
有学者将南宋东南会子的发行、流通状况分期如下：宋孝宗淳熙末段之
前，会价较为稳定，是为"安定期"；此后会子逐渐增发、会价下跌，开
禧北伐、端平入洛、十八界会子发行、见钱关子发行等是会价走低的几个
主要节点。[②]其中，南宋后期会子的巨幅贬值成为最受关注的议题。[③]

然而，此类分期的主要依据是东南会子的发行量与价值，这就使以往
的学术史遮蔽了东南会子自身的演进，使这种纸币在不同时段的差异看起
来仅在于数量多少和会价高低。实际上，发行量与会价的差异只是某种表
面现象，其背后的深层原因当是东南会子性质的变化。关于这一点，目前
学界尚未揭示，而是将不同阶段的东南会子在性质上视为一体。我们今日
大多根据南宋中后期的情况，直接将东南会子作为一种日常的流通货币，
但能由此推及南宋前期的性质与流通状况吗？[④]

如果我们进一步考察东南会子的面额，更能确信上述问题无法含糊带
过。东南会子的面额经过改动，隆兴元年（1163）的规定一直使用至南宋

[①] 参见曾我部静雄：《宋代财政史》，大安株式会社1966年版，第269—301页；《纸币发达史》，
印刷厅1951年版，第37—55页；彭信威：《中国货币史》，上海人民出版社1958年版，第
323—343页；草野靖：《南宋财政における會子の品搭收支》，《東洋史研究》1982年第41卷
第2期；刘森：《宋金纸币史》，中国金融出版社1993年版；高聪明：《宋代货币与货币流通研
究》，河北大学出版社2000年版，第179—225页；汪圣铎：《两宋货币史》，社会科学文献出
版社2003年版，第654—730页等，其中曾我部氏与汪氏在史料搜集方面尤为突出。关于北宋
以来纸币制度的流变，代表性研究当属李埏：《北宋楮币史述论》，《思想战线》1983年第2
期；李埏：《北宋楮币史述论（续）》，《思想战线》1983年第3期。

[②] 分期较为细致者如本田精一：《南宋官会子の論理と実態》，《九州大学東洋史論集》1997年第
25期。

[③] 全汉昇曾对该议题做出典范性研究，前文梳理的大部分研究也涉及此议题。参见全汉昇：《宋
末的通货膨胀及其对于物价的影响》，《中国经济史论丛（合订本）》，香港中文大学新亚书院
新亚研究所1972年版，第325—354页。刘光临与包伟民的对话则涉及整个南宋时代通货膨胀
与财政的关系。参见刘光临：《市场、战争和财政国家——对南宋赋税问题的再思考》，《台大
历史学报》2008年第42期；包伟民：《再论南宋国家财政的几个问题——答刘光临君》，《台
大历史学报》2010年第46期。

[④] 如高桥弘臣认为东南会子在南宋后期的广泛使用，使元代纸币政策能够在南宋故土内顺利推
行。参见［日］高桥弘臣：《宋金元货币史研究——元朝货币政策之形成过程》，林松涛译，
上海古籍出版社2010年版。

灭亡，面额为一贯文、五百文、三百文、二百文；[①]在此之前，会子曾被定为一贯、二贯、三贯，面额更大。[②]据程民生研究，南宋普通劳动力每日的现钱报酬大约在几十文至四五百文之间，以一二百文居多。[③]这说明即便是最小面额的会子也大约相当于时人一日的工资，市场中当有许多商品的价格远低于此。[④]问题是，二百文会子之下便是一文铜钱，中间没有其他辅币，二者差距过大。大额且不能分割的货币在以小额交易为主的民间日常交易中很难获得较好的流动性，若有人持东南会子小额消费，卖家便面临着为了找零而流失大量铜钱的窘境，这对于开展交易颇为不利。如果从国家财政层面思考此类问题，宋廷为何将东南会子作为大面额货币？

下文的讨论便基于上述疑问，试图从东南会子的发行数量、财政用途、民间交易和税赋中的钱会比例等角度展开论述，解明南宋前期东南会子的性质与流通状况，以期抛砖引玉，求得方家指正。

二、东南会子在货币流通结构中占比低

发行量和流通量是制约货币流通状况的主要因素，在很大程度上决定了有多少人能获得该种货币。如发行和流通数量较少，东南会子这样的大额货币恐怕难以深入基层交易。

绍兴三十一年（1161），随着金主完颜亮南征，宋金双方发生大规模战争。发行东南会子的初始原因正在于缓解宋廷的财政危机。当时中央财政现钱匮乏，户部奏请百官和军队的俸钱以银会品搭支付：百官以六分折

---

① 〔宋〕李心传：《建炎以来朝野杂记》甲集卷一六《东南会子》，中华书局2000年版，第363页。

② 《建炎以来系年要录》卷一八八，绍兴三十一年二月丙辰条，第3150页。

③ 参见程民生：《宋代物价研究》，人民出版社2008年版，第347—368页。

④ 实际上，宋廷印发的东南会子绝大多数为一贯面额，五百文及以下的小面额会子较少。例如乾道元年（1165），户部曾申请将用会子100万道，兑换诸路常平钱100万贯（《宋会要辑稿》食货六二之三九，中华书局1957年版，第5968页）。"道"为纸张的数量单位，这说明100万道会子的面值皆为一贯。凡此事例颇多，不再备举。小面额会子的缺失，加大了东南会子与铜钱的面额差距。

银，四分会子；军队稍优，以五分折银，三分见缗，二分会子。①

随后即位的宋孝宗并未进一步依赖这种临时措施。就整个南宋而言，孝宗时期的东南会子发行数量是比较稳健的。据学者总结：绍兴三十一年（1161）至乾道二年（1166）共印造会子2800万道。会子分界始于乾道四年，每界发行1000万贯。乾道五年第二界会子发行，此后两界并行，共约2000万贯。东南会子于淳熙末增发，如淳熙十三年（1186）发行的第七界增为2300余万贯。此后，东南会子的发行逐渐脱缰，南宋晚期的东南会子更是大幅贬值。②

南宋前期的稳健发行规模同宋孝宗本人的偏好不可分割。③他的发行策略总体上是严控数量、保证会价。宋孝宗本人更云："朕以会子之故，几乎十年睡不着"。④这种叙事逻辑被宋人所发挥，将宋孝宗的谨慎策略看作"圣政"，屡次予以赞美。⑤其后凡是涉及类似议题者多延续这种说法，今人亦大致赞成。

以上数据和描述直观地给予读者南宋前期东南会子发行状况的印象。这种印象大体无误，但由于缺乏同其他货币数量的比较，故东南会子在货币中所占的比重仍未可知，讨论发行和流通数量的多少却必须考虑这一点。受资料所限，此处仅尝试做一粗浅的计算。

据学者估算，整个北宋的铜钱铸造额大约为2.6亿至3亿贯⑥，如去除损耗灭失或回炉重铸者，实际数量应减少一些。不过，宋神宗与宋徽宗时

① 《建炎以来系年要录》卷一八九，绍兴三十一年三月甲午条，第3159页。
② 《宋代货币与货币流通研究》，第186—201页；《两宋货币史》，第663—678页。
③ 宋代纸质货币的发行具有显著的外生性，其流通的基础更多地出于货币发行部门的主观意志。见包伟民：《试论宋代纸币的性质及其历史地位》，《中国经济史研究》1995年第3期。
④ 〔宋〕洪迈：《容斋随笔》卷十四《官会折阅》，孔凡礼点校，中华书局2005年版，第599页。活跃于嘉定年间的吴泳也集中整理了类似记载，参见吴泳：《鹤林集》卷十五《乾淳讲论会子五事》，见四川大学古籍研究所编：《宋集珍本丛刊》第74册，线装书局2004年版，第419—420页。
⑤ 佚名：《增入名儒讲义皇宋中兴两朝圣政》卷五四，江苏古籍出版社1988年版，第1630页。
⑥ 高聪明：《北宋铜钱制造额》，《中国史研究》1990年第1期；宫泽知之：《北宋的财政与货币经济》，《宋代中国的国家与经济——财政·市场·货币》，创文社1998年版，第61页。

期铸钱规模很大，显示出当时币材充足，重铸者所占比例不至过多。北宋灭亡后，宋廷控制区域缩小、财政积蓄损失，假设铜钱保有量减半，则尚有1亿余贯存世。这部分铜钱中，藏于民间的数量不少。绍兴二十九年（1159），宋廷曾约束铜钱贮藏行为，试图通过专卖渠道吸纳民间铜钱，"命官之家存留见钱二万贯，民庶半之，余限二年听变转金银，算请茶、盐、香、矾钞引之类。越数隐寄，许人告"①。

与此相对，东南会子由朝廷新创，须流经数重官府机构后方有部分投放至民间，其流通与发行之间的时滞明显。不仅如此，相当数量的东南会子深藏于官库内，并未参与流通。据度支郎中唐琢在乾道三年（1167）的说法，绍兴三十一年至乾道二年发行的2800万道东南会子中，已用者只有55％，流存民间者仅为35％。②即便认为东南会子分界后使用更为频繁，若以二界并行的2000万贯全数与铜钱1亿贯计算，其在货币总量中也仅占16％。

因此，如从数量角度分析，东南会子在流通货币中所占比例甚低，这就从总体上使其难以广泛地参与交换。宋廷不具备在南宋前期将东南会子作为一般流通货币的基本条件。

三、东南会子的财政用途与流通路径

在流通占比较低的前提之下，南宋官方究竟在何种渠道、以何种方式使用东南会子？作为官方主导而新创的货币，东南会子须经财政支出方能流通至市场。本节将自上而下地追踪东南会子的流通路径，由此便能较为清晰地呈现东南会子的性质与流通状况。

（一）和籴与榷货贸易

和籴对满足南宋官府和军队用度的重要性日渐加强。宋廷通常一次耗费数十万贯的巨额资金用于和籴，这是东南会子主要的投放渠道之一。如

① 《宋史》卷一八〇《食货志下二》，中华书局1977年版，第4395页。
② 〔元〕马端临：《文献通考》卷九《钱币考二》，中华书局1986年版，第98页。

乾道二年（1166），户部投入100万贯本钱，"以钱银、会子品搭支给，选委清疆官一员，就和籴场照应市价措置，招诱客人广行中籴，当官支给价钱，不得减克作弊"①。乾道四年五月之后，宋廷宣布不再使用度牒、关子等票据，转以东南会子、钱、银作为和籴本钱，此举正式确立了东南会子在和籴中的地位。②此后单独使用东南会子和籴的事例增多，如乾道七年朝廷命令"镇江府于桩管朝廷会子内，支拨四十万贯付蔡洸收籴二十万硕，与见桩米一处桩管"③；淳熙十四年（1187），封桩库拨会子50万贯、淮东总领所拨桩管会子19万贯、湖广总领所拨桩管会子30万贯大规模和籴。④相近记载颇多，无需尽举。

这类和籴多以置场形式展开，交易对象主要为粮商。有时地方官府为了节约经费，向普通民众低价科敷，此为宋廷所禁止。⑤在完成和籴交易后，粮商将手中的东南会子投向何处？部分会子可能用于个人消费，但更多的资金仍应用于商业以实现财富积累。

粮商手中的大部分东南会子集中流向了以茶盐为代表的榷货贸易。

绍兴三十一年（1161），宋高宗诏会子务隶属于都茶场管理，"正以客旅算请茶、盐、香、矾等"⑥，这使东南会子从一开始便同榷货贸易捆绑起来。宋廷也将和籴与榷货贸易视为一体，如乾道二年七月，宋孝宗诏令："户部给降茶盐钞引五十万贯，付湖广总领所，量州军事力均拨，招诱客人请买，置场籴米。"⑦

最为重要的是，粮商与榷货贸易者之间关系甚密，不少商人可能同时

---

① 《宋会要辑稿》食货四〇之四三，第5530页。
② 《宋会要辑稿》食货四一之五，第5539页。
③ 《宋会要辑稿》食货四〇之五三，第5535页。
④ 《宋会要辑稿》食货四一之一八，第5545页。
⑤ 《宋会要辑稿》食货四一之五，第5539页。
⑥ 《文献通考》卷九《钱币考二》，第98页。
⑦ 《宋会要辑稿》食货四〇之四四，第5530页。

参与粮食和茶盐贸易。①从某种意义上说，相当多的大型粮商和茶盐商是同一批人。兹引二条史料稍加说明：

> （隆兴二年八月）权发遣泰州刘祖礼言……淮盐本上江客人所贩。②

> （乾道七年十二月）臣僚言，建康府榷货务近缘客人兴贩米斛前往上江，致入纳盐钞迟细，淮东积压盐袋数多。据淮西总领周閟措置，欲差官般载往鄂州出卖，称提盐货，候客人入纳通货日依旧……先于建康府桩积会子内借拨三十万贯收买盐钞，候一纲了毕，申请支降。③

鄂州是南宋最重要的和籴场所之一，由第二条史料可知，来自两淮的"上江客商"是鄂州和籴交易中的重要力量。④客商长时间集中在鄂州从事粮食贸易，使得淮西盐钞销售惨淡、淮盐滞销。为此，淮西总领以会子请出盐钞，将淮盐贸易转移至鄂州，以迎合客商的区位。由此可见，在鄂州的粮食商人极有可能同时在两淮从事淮盐贸易。他们在粮食贸易中的盈利便作为购买盐钞的本钱，长江沿线的米盐贸易由此通过客商的活动连接起来。

据前文论述，官府在和籴贸易中大量以东南会子作为支付手段；而宋廷允许在榷货贸易中使用东南会子，则是这种纸币沟通和籴与榷货贸易的关键。乾道二年，宋廷规定了各种货币和票据在榷货贸易中的使用比例：

> 一、行在榷货务都茶场算请，依自来指挥，茶、盐、矾见系六分经（轻）赍，谓金银、关子；四分见钱，目今多用会子。乳香八分轻

---

① 参见包伟民：《宋代的粮食贸易》，《中国社会科学》1990年第2期；梁庚尧：《南宋盐榷——食盐产销与政府控制》，台大出版中心2010年版，第117—137页；长井千秋：《南宋の補給体制試論》，《愛大史学》2008年第17卷。

② 《宋会辑稿》食货二七之一〇，第5260页。

③ 《宋会辑稿》食货二七之三七，第5274页。

④ 〔宋〕王炎：《双溪文集》卷一六《又画一劄子》，《宋集珍本丛刊》第63册，第251页。

贵，谓金银、关子；二分见钱，目今多用会子。至左藏缺少见银品搭支遣。今欲将前项合纳四分、二分见钱分数，各以搭分为率，许用五分见钱、五分会子算请。

一、建康榷货务都茶场，自来除每袋五贯文通货钱并纳见钱外，余以金银、公据、关子入纳。所有合纳通货见钱五贯文，其间多用会子，今欲令纳一半见钱、一半会子算请。

一、镇江务场应入纳茶、盐、香、矾，并听客户以金银、见钱、公据、关子从便算请，欲只依旧法。[①]

鉴于商人已在现钱部分中"多用会子"，宋廷顺势将东南会子作为现钱，并固定使用比例。而在之前的隆兴二年（1164），宋廷尚将东南会子视作金银等轻赍的一部分[②]；商人与宋廷把东南会子当作现钱使用，反映出会子在榷货贸易中的地位日渐上升。而朝廷于乾道九年（1173）命令入纳行在榷货务的轻赍中"许用关子三贯外，并用四分本色银两，余听用余银、会子从便入纳"，并令镇江、建康场务照此执行，[③]排除了东南会子以外的财政票据，使东南会子进一步嵌入榷货贸易中。实际上，宋孝宗朝在多数时段内鼓励商人使用东南会子，朝廷不仅规定商人携带会子经过场务时无须交税、不受骚扰[④]；场务为了招徕客商，有时还给出"入纳会子每贯优润钱三十文"的优惠，这是使用铜钱所享受不到的。[⑤]

由此，东南会子在和籴与榷货贸易之间的循环流动已经明了：其一，官府在和籴交易中投放东南会子；其二，商人向官府出售粮食，获得东南会子；其三，商人使用东南会子参与榷货贸易；其四，官府向商人出卖茶

---

① 《宋会要辑稿》食货二七之二二，第5266页。
② 《宋会要辑稿》食货二七之九，第5260页。
③ 《宋会要辑稿》食货二七之四二，第5276页。
④ 〔宋〕谢深甫编：《庆元条法事类》卷三六《库务门一》，载杨一凡、田涛主编：《中国珍稀法律典籍续编》第1册，黑龙江人民出版社2002年版，第554页。
⑤ 〔宋〕蔡戡：《定斋集》卷三《乞依行在场务优润状》，影印文渊阁《四库全书》本，第1175册，台湾商务印书馆1986年版，第592页。

盐钞引，东南会子回流至官府。当然，这其中应存在若干低层级的转卖交易，官府之间也有针对东南会子的调拨或其他形式的转移支付。但若将"官府"与"商人"视为整体，上述流动已经构成了一个较为完整的循环，大量东南会子被吸纳其中。和籴与榷货贸易在当时属于财政物流的重要组成部分，需要巨额货币支撑，可以说东南会子的职能之一在于沟通财政物流的不同部分。从这个意义上看，南宋前期的东南会子具有非常浓厚的财政票据属性。

洪迈曾将东南会子的财政用途概括为"商贾入纳、外郡纲运"①。外郡纲运涉及税赋，后文将详述；而商贾入纳正与本节的论述直接相关，其沟通了和籴与榷货贸易这两大重要的财政物流活动，因而尤为关键。

问题在于，榷货贸易已使用茶盐钞引等"有价证券"，宋廷为何还要引入东南会子？

北宋的经验表明，以茶盐钞引替代货币有碍于茶盐价值的实现，给宋廷造成损失。崇宁年间（1102—1106），蔡京屡次变更钞盐法，致使盐钞价格走低。崇宁四年，侍御史毛注上言称：

> 自崇宁以来钞法屡更，人不敢信，京师无见钱之积，而给钞数倍于昔年。钞至京师，无钱可给，遂至钞直十不得一，边郡无人入中，籴买不敷，乃以银绢、见钱品搭文钞，为籴买之直。民间中籴，不复会算钞直，惟计银绢、见钱，须至高抬粮草之价，以就虚数。②

如以盐钞直接和籴，很容易影响财政物流的正常运作。一旦盐钞发行过多，官府不得不付出更多的盐钞去收购粮食，最终造成粮食价格上涨、食盐价格下跌。此消彼长，财政经费妄支。南渡之初，财计紧张，宋廷没有本钱供榷货收入流失。宋高宗因而在绍兴元年（1131）下诏："今后官

①《容斋随笔》卷一四《官会折阅》，第599页。
②《宋史》卷一八二《食货志下四·盐中》，第4446—4447页。

司申陈缺乏，更不降给茶盐钞引，令榷货务常切遵守成法施行。"①此后以茶盐钞引充作货币使用，多为特殊之举。晚宋人吕中编写的科举参考书《大事记讲义》中也曾提及北宋失败的茶盐钞引政策②，可见茶盐钞引不宜直接用于和籴，似为南宋士人之常识。

而引入东南会子则十分"聪明"。增发东南会子无碍于榷货商品本身的价值，货币贬值所带来的损失也主要由商人承担。③当东南会子发行过多而超出财政物流的容纳限度时，多余部分便泄出至民间市场。这样，即便在全民为货币贬值承担损失时，宋廷的榷货收入依然不会受损。以至于南宋中后期，宋廷还经常以榷货贸易回收东南会子，试图提升币值。尽管确有部分纸币回笼，然若官府支出不减少，此种"称提"行为注定失败。可财政支出如何能够轻易削减？事实证明，宋廷的财政开支日益扩大，东南会子亦大幅增印。

总之，宋廷以东南会子沟通和籴与榷货贸易的实质在于控制成本以维护财政收入，而东南会子在南宋中后期成为日常使用的流通货币，无疑只是民众为从财政循环中溢出的超额会子"买单"所附带的结果。

（二）军俸

东南会子另一个主要的投放渠道是军俸开支。从绍兴末期开始，军俸中的货币部分大多以品搭形式发放，不同级别军人的品搭比例也有所区分，如乾道八年（1172），宋廷规定"诸军七人例以上，以二分钱、三分银、五分会子；五人例，三分钱、四分银、三分会子"④。在一些军官的俸钱中，白银、会子等大额货币的比例占到一半以上。史料记载和前人研究提供的信息大约至此为止，本文提出的问题是：军人拿到大额货币后能

---

① 《宋会要辑稿》食货三二之二五，第5370页。
② 〔宋〕吕中：《类编皇朝大事记讲义》卷一七《神宗皇帝·罢官卖盐法》，上海人民出版社2014年版，第317页。
③ 宋廷常提升榷货产品售价来规避会子贬值的影响。参见《宋会要辑稿》食货二八之五一，第5304页。
④ 《宋史》卷一九四《兵志八·拣选之制　廪给之制》，第4847—4848页。关于军俸收入可参见王曾瑜：《宋代军制初探（增订本）》，中华书局2011年版，第278—310页。

否直接在市场上消费？这是关乎东南会子等大额货币性质的关键问题。

　　基层军人参与的日常交易往往十分琐碎。绍兴七年（1137），有人向宋高宗描绘基层军兵的生活：

> 　　至如近下军兵，有请一百钱，食二升半米，而赡三四口者。日逐上教，或至晚方罢。及回本营，欲得杯熟水以沃肺腑，亦不能得。夫何？自申牌前后，打灭火烛，不许复爨，其情可知。及其所请食钱，非独欲赡数口，一月之内，仍欲买皮条，买磁末，买弓弦，至于修理弓箭。种种费耗，不过此一事食钱而已。①

　　此段记载时间稍早，但充分说明了基层士兵的生活、消费状况。军人的货币收入多被消费于细碎而零散的交易中，大额货币显然在一开始便被找零，无法长期存在于这类交易活动中。更不用说某些低级军人每日的收入甚低，未必达到东南会子的最小面额。

　　朝廷在一定程度上了解这些难处。隆兴元年（1163）十月，宋孝宗下诏称："见今军人出戍，其效用军兵食料钱及五人衔官以上，并与支给见钱，免致变转减折。"②用大额货币作为军费十分轻便，但不利于军人消费。皇帝为了表明对出戍部队的优待，舍轻求重，全以铜钱开支军俸。

　　不过，大部分军人仍需靠所属军队甚至自己来处理货币兑换问题。乾道六年（1170），宋廷规定："每月请到银，并依变卖实数俵散，不得令合干人减克侵盗并将见钱兑换会子。"③可见，军俸中以银支付的部分须"变卖"成现钱后再行发放。故负责兑换的军官与干人与普通士兵之间就银的市场价格可能存在信息不对称问题，便有了贪污作弊的空间。宋廷还禁止作弊者将现钱再折为会子发放，一来将白银兑换为另一种大额货币发放意义较小，二来有关人员又能利用东南会子的面额与市场价之间的差价作

---

①〔宋〕徐梦莘：《三朝北盟会编》卷一八〇，上海古籍出版社1987年版，第1303—1304页。
②《宋会要辑稿》职官五七之八二，第3692页。
③《宋会要辑稿》职官三二之四三，第3027页。

弊。这说明虽然军俸下发时包含相当数量的东南会子，但很少有人乐于将其作为兑换时的优先选择。南宋中后期的情况也十分类似，如嘉熙四年（1240）袁甫在一篇劄子中提及"军人执券于市，便以易钱，何不乐之有"①，说明将东南会子兑换为现钱仍然更有利于生活交易。

当士兵本人兑换货币时，更是将自己暴露在市场风险中。限于史料，此处仅以彭龟年在宋光宗绍熙二年（1191）左右的一段上疏加以说明：

> 臣窃惟国家兴创会子，所以济钱币之乏。若官司有以权之，使之流通不壅，然后缓急可恃。臣闻湖广总领所会子当来立法，止是许于湖北、京西界内行使，其襄、汉戍兵月得料钱，全靠客旅贸易。其会子止到鄂州，便着兑使，而官司无以权之，遂使坐贾之人乘其急遽，低价以售，用是一贯会子，止可得五百左右见钱。会子既轻，商旅不行，故戍兵所得会子愈难变转，而会子益轻矣。②

绍熙二年的货币政策亦较为稳健；湖北会子在湖北、京西境内的使用方式同东南会子类似，故大体能以此段材料考察南宋前期士兵的货币兑换情况。湖会的兑换点仅有鄂州一处，彭龟年认为部分坐贾利用了这一点，以低价兑换出境商旅的湖会。此举产生连锁反应，最终导致境内的湖会也出现贬值情况，军人的收入减少。作者清晰地指出，士兵需要"变转"手中的会子为现钱后方能使用，他们面对市场风云不得不委曲求全。降低兑换额度的行为又使纸币进一步贬值，流通陷入恶性循环。

总之，军俸开支中的东南会子等大额货币更多作为财政支付手段，不易落实为一般的流通货币。军人需要将这些货币变转为见钱，方能在市场上从事零散的消费活动。

本节的考察表明，南宋前期东南会子主要活跃于国家财政活动中，具

---

① 〔宋〕袁甫：《蒙斋集》卷七《论会子劄子》，影印文渊阁《四库全书》本，第1175册，第416页。

② 〔宋〕彭龟年：《止堂集》卷六《论湖北京西楮币疏》，影印文渊阁《四库全书》本，第1155册，第834页。

有浓厚的财政票据性质。大部分东南会子被和籴—榷货这一循环囊括，官府由此实现对东南会子的投放—回笼。宋廷以东南会子为桥梁，将客商的贸易活动与货币支付纳入财政体系中来，由此实现和籴与榷货贸易这两个重要财政环节的有机结合。而另一主要投放渠道军俸的运作实态也表明，这一时期东南会子更多地作为财政开支手段，并不适用于日常的零散交易。军俸中虽包括相当数量的纸币，但军人的日常消费仍主要依赖铜钱。

四、民众的日常交易与东南会子的流通层级

上文已表明东南会子在财政领域的用途，本节试图从几个侧面考察南宋前期普通民众的用钱状况。令人遗憾的是，宋人多不关注类似议题，宋代文献亦少有记载民间用钱状况的史料。本节在尽力挖掘民间交易史料的基础上，将部分民间与官府互动的记载作为佐证。当然，与上文涉及的重大财政问题相比，这些记载显得更为社会化，更能反映东南会子与民间日常交易的关系。

纳税是普通民众的一项重要经济行为。尽管纳税本身更多地体现财政属性，但民众纳税时需预先将农产品变卖为货币，这其中包含了相当多的民间交易活动。对此，活跃于淳熙至绍熙年间的袁采便告诫子孙："凡有家产，必有税赋，须是先截留输纳之资，却将赢余分给日用。岁入或薄，只得省用，不可侵支输纳之资。"①自东南会子印行，民众赋税的现钱部分逐渐开始以钱会品搭形式缴纳，东南会子也应是"先截留"的一部分。问题是，南宋前期的民众需不需要、能不能够筹措大量的东南会子以纳税？这个角度对我们进一步判明东南会子在民间的流通状况，并揭示其是否成为日常的流通货币颇有意义。

辛弃疾对南宋前期东南会子在民间的流通状况有一概括："今所谓行使会子之地，不过大军之所屯驻与畿甸之内数郡尔。至于村镇乡落稍远城

① 〔宋〕袁采：《袁氏世范》卷下《赋税宜预办》，天津古籍出版社1995年版，第166页。

郭之处，已不行使，其他僻远州郡又可知也。"①东南会子的活跃区域正是京畿周围、大军屯驻之处等财政活动频繁的地带，乡村与偏远地区的会子数量不足可由此确定。因此，当宋廷规定税款中必须包含一定数量的东南会子，民众因筹措税赋钱款而求购东南会子时，会价便会上升。辛弃疾也进一步说明："近来以民间输纳用会子见钱中半，比之向来，则会子自贵。"②税赋比例的变化使得民众对东南会子的需求增加，会价因而提高。与此相反，南宋后期的民众在面对类似情况时却陷入另一种境地，"又会价之落多在输官之时。方官物起催，限急星火，钱会中半，顷刻唯违。人忧责罚之严，只得低价兑纳。会价一落，增长愈难"③。"钱会中半"原则在南宋前期与后期造成了截然相反的结果，东南会子的流通数量显然是决定因素：在南宋前期，"钱会中半"使民众需要临时购买东南会子以供纳税，会价自然上涨；而随着东南会子在南宋后期的泛滥，相同的品搭比例反而令民众需要以手中的会子换取铜钱，会价应声下跌。

为什么普通民众在南宋前期不选择大量持有东南会子？一个合理的解释是日常交易不太需要大额货币，东南会子并未成为一般的流通货币。全汉昇、梁庚尧指出，以墟市为代表的南宋低级别市场的交易量、交易额十分有限。④大部分买卖集中于价格低廉，无须一次性大量采购的盐、油、醋、酒等生活必需品，而且多数墟市为定期集市，并未发展成为每日市。此外，一般民众平时所积蓄的货币总额亦不至过多，如陆九渊说农民"当收获时，多不能复藏，亟须粜易以给他用，以解逋责"⑤。农民收入本就微薄，除纳税外，还要用于应付债务、购买生活必需品等诸多方面，即便

---

① 〔明〕黄淮、〔明〕杨士奇编：《历代名臣奏议》卷二七二《理财》，上海古籍出版社1989年版，第3554页。

② 《历代名臣奏议》卷二七二《理财》，第3554页。

③ 〔宋〕吕午：《左史谏草·戊戌年四月二十四日奏》，影印文渊阁《四库全书》本，第427册，第397页。

④ 参见全汉昇：《宋代南方的墟市》，《中国经济史论丛（合订本）》，第201—210页；梁庚尧：《南宋的农村经济》，联经出版事业公司1984年版，第201—256页。

⑤ 〔宋〕陆九渊：《陆九渊集》卷八《与陈教授》，中华书局1980年版，第109页。

一开始得到的是东南会子，也早已由找零等途径转为铜钱。毕竟在小额交易中，铜钱较东南会子更为实用。

《夷坚志》中的一则记载直观地展示了南宋前中期普通民众对于东南会子的态度：

> 丽水商人王七六，每以布帛贩货于衢、婺间。绍熙四年至衢州，诣市驵赵十三家，所贳直三百千，赵尽侵用之。王久留索偿不可得，时时诟骂，赵但巽词迁延。一夕醉以酒，与妻扼其喉杀之，纳尸于大箅内。王常日奉事僧伽大圣甚谨，虽出行亦以画像自随，旦暮香火瞻敬。赵恐遗物招累，卷像轴并净瓶香炉并置箅内。俟半夜人定，欲投诸深渊。将出户，有僧数人继踵来。惧其见也，为之少止。良久再出，则遇僧如初。凡五六返，天且明。不暇顾，径舁至江滨。邻居屠者姜六一，讶其荒扰，执赵手欲就视。不隐，乃告以实，赂以五楮券。姜不听，曰："我当诉尔于官。"赵夫妇哀祈，复增十券。姜喜，乃舍去。是日不买猪，即归而持券易钱。其妻疑之曰："汝无事早归，不做经纪，何缘得有钱？定是做贼！"[①]

因用楮皮纸制造，东南会子也被称为楮券。在这一则事例中，屠夫姜六一获得了赵氏夫妇给予的"封口费"15贯东南会子。同样是15贯钱，东南会子仅用15张楮皮纸，而铜钱却需要上万枚，重达数十千克，搬运极为不易。赵氏夫妇绝不可能在处理王七六的尸体和遗物时携带大量铜钱，因而他们使用东南会子是合情合理的。对姜六一而言，以东南会子保藏15贯不义之财显然更为隐蔽，但他仍然选择在第一时间将东南会子兑换为铜钱，以至于被其妻发觉。这表明，东南会子对于屠夫姜六一而言并不实用，他仅将东南会子视作兑换铜钱的票据，而铜钱才是其日常生活真正所需的货币。

赵氏夫妇与姜六一对于东南会子的不同态度提示我们，宋人注意到了

---

① 〔宋〕洪迈：《夷坚志·夷坚支丁》卷八《王七六僧伽》，中华书局2006年版，第1032页。

东南会子与铜钱在基层社会中的功能区别。陆九渊在同友人的书信中建议抚州金溪县可以自行和籴，"以备来岁近郭之用"。他说："仓台所乏者非钱也，倘得径就使台支官会或见钱为便。钱虽难以擎挈，尚可为便兑之计。若得官会，则尤为顺便，盖乡间亦商旅之路，可发泄也。"①铜钱不便携带，但方便兑换、找零。东南会子的优点在于轻便，但必须有"商旅之路"供其进出。这说明东南会子的主要使用者是商旅等需大量携带货币行动之人，流通地也要有相对便利的交通条件。又如另一则《夷坚志》记载的故事，嘉兴人闻人尧民于淳熙六年（1179）赴楚州做官，"经三月，积俸钱百千，买楮券，遣仆持归遗母"②。闻人氏单纯以铜钱保存其官俸，平时并未积蓄东南会子；在需要携带大量钱物长途活动时，才临时将铜钱兑换为纸币。

在上述个人事例之外，范氏义庄的规定能让我们从一个侧面考察大型家族使用东南会子的方式。义庄中几乎所有的缴纳、支出、赏罚均以米完成，唯独应举子弟的路费以东南会子开支。嘉定三年（1210），范之柔在《续定规矩》中写道：

> 旧规，诸房弟子得贡大比者，义庄支裹足钱十千。今物价翔贵，难拘此数。如有子弟得解赴省，义庄支官会一百千，其钱于诸房月米内依时直均克。其免举人及补入太学者，支官会五十千。③

此时为南宋中后期，东南会子的流通数量较前期大幅增加。范氏义庄却仍不储蓄会子，如有需要，则临时出卖各房的月米以获得纸币。由此可见，东南会子并非用于义庄人员的日常开销，其作用主要在于方便应举者长途携带。而《续定规矩》所记载的"旧规"甚至暗示，在东南会子流通尚少的南宋前期，应举者的路费仍以铜钱开支。

---

① 《陆九渊集》卷八《与陈教授二》，第110页。
② 《夷坚志·夷坚支癸》卷三《闻人氏事斗》，第1244页。
③ 〔宋〕范之柔：《清宪公续定规矩》，载《范仲淹全集》下册附录6，四川大学出版社2002年版，第1168页。

石刻资料还保存了部分南宋前期的民间用钱实例。必须指出，由于记载的零散性，本文并非试图用"举例子"的手法使这些资料成为确证。但通过细读文句和对比南宋后期的状况，至少我们可以发现铜钱在南宋前期的使用更为普遍，东南会子向民间扩散存在漫长的过程，试举几例：乾道三年（1167）底，苏州灵岩山显亲崇报福院的僧人将米百余石变为现钱300余贯，会同其他资金共600贯购买土地①，但南宋晚期的诸多土地交易却以东南会子为交易媒介②，这也许体现了民间大额交易中货币的变化。又如乾道五年，处州括苍县的一些人户集资维护通济堰。各家根据规定出钱40—100文足，堰匠每日领取食钱120文足③，上述报酬低于东南会子的最小面额。

南宋中后期的相关记载也能反衬东南会子在南宋前期的使用状况。如嘉定元年（1208）十二月，临安府获得封桩库划拨的会子2000贯、丰储仓划拨的稻米200石赈济流民。但发放时却变成了"每大人日支钱一十文、米一升"，改用现钱。④这一方面说明大约极少的铜钱便能维持生命，另一方面证明相较零用，东南会子更适用于官府机构间的大额调拨。即便在南宋后期因会子贬值，铜钱逐渐被挤出流通领域时，人们仍对小额货币有大量需求。如嘉熙年间（1237—1240），民间曾流行面额为50文、100文的竹木制货币替代物。⑤可想而知，朝廷将东南会子的面额限定于较大面额，或许并不指望其渗透至最基层的民间贸易之中。

通过本节对民间用钱状况的考察，我们可以知道时人更多地以铜钱作为货币，在日常交易中大量使用或储蓄东南会子的情况并不多见。东南会

---

① 佚名：《广照和尚忌辰追荐公据》，《江苏省通志稿·艺文志三》，载国家图书馆善本金石组编：《宋代石刻文献全编》第2册，北京图书馆出版社2003年版，第272页。

② 参见张传玺主编：《中国历代契约汇编考释》，北京大学出版社1995年版，宋代部分。

③〔宋〕范成大：《括苍金石志》卷五《范石湖书通济堰碑》，载《宋代石刻文献全编》第3册，第821页。

④《宋会要辑稿》食货六八之一〇四，第6305页。

⑤《左史谏草·戊戌二年四月二十日奏》，第397页。这也从一个侧面表明宋廷并未发行较多数量的小面额东南会子。

子的用途相当有限，大约仅在需要纳税和长途携带时，民众才将铜钱兑换为东南会子。而据辛弃疾和陆九渊的说法，东南会子大多流通于财政活动集中、大额交易多、交通状况好的地方，需长途携带大量货币的商人成为东南会子最主要的使用者。总体而言，铜钱是南宋前期最主要的日常流通货币；而东南会子多用于较高层级的贸易中，并没有渗透至零散的日常贸易中，无法作为一般的流通货币在民间市场中广泛流通。

五、税赋中的钱会比例与东南会子的流通状况

税赋是勾连官民之间财政、经济活动的一个重要节点。在分别考察东南会子在财政物流、军俸开支与民间交易中的使用状况后，本节将聚焦税赋中的东南会子，以期贯通研究官、民在同一渠道中的用钱状况。

钱会中半是南宋最为常见的财政用钱原则，在税赋征收中也颇为常用。[1]但如果稍加计算，便能发现钱会品搭政策在南宋前期可能面临的困难。

据郭正忠研究，乾道年间除内藏、封桩外的东南货币岁入有5000万—5500万贯。其中，建康、镇江榷货务的收入计算在内，共计1600万贯；行在榷货务的800万贯收入不属于这一部分。[2]也就是说，3400万—3900万贯的收入由诸路提供而来。假设全以钱会中半，则应有1700万贯至1950万贯为东南会子。问题是在此之外，榷货贸易，税收中上缴至内藏库、封桩库的部分，以及地方公使钱中也多少包含东南会子，更不用说还可能存在没有投入流通的会子，但东南会子的常规印发数量却只有2000万贯。从总量上看，税收中的钱会中半制似乎并不能得到很好地执行。

---

[1] 近年对钱会中半制研究较有突破者为高桥弘臣（《宋金元货币史研究——元朝货币政策之形成过程》，第165—206页）。他的研究重视南宋货币政策对元代的影响，因而更为关注钱会中半制在南宋后期的崩溃。关于钱会比例的变化，可参阅草野靖（《南宋财政における會子の品搭收支》）与汪圣铎（《两宋货币史》，第681—693页）的梳理。如以钱会中半为基准，宋孝宗时期的变化大多为增加见钱比例。

[2] 郭正忠：《两宋城乡商品货币经济考略》，经济管理出版社1997年版，第366—368页。

宋廷对税收品搭规则的数次调整也说明这一点。

绍兴三十一年（1161），朝廷规定："诏新造会子，许于淮、浙、湖北、京西路州军行使。除亭户盐本钱并支见钱外，其不通水路州军，上供等钱，许尽用会子解发。沿流诸州军，钱会各半，其诸军起发等钱，并以会子品搭支给。"①此举的目的当然是在于照顾交通不便的州军，使其省却运输铜钱的高昂运费。可当时东南会子发行未久，其流通主要依靠前文论及的财政开支与商人贸易，交通便利、发达富饶之处的流通状况必然好过交通闭塞、落后贫困之地。此时朝廷却先允许不通水路州军上供更高比例的东南会子，这种政策真的能顺利落实吗？

乾道二年（1166）六月，朝廷更改了诸州军起发的钱会比例，称"诸路州军起解钱纲，见以会子、见钱中半发纳。访闻诸州军却将人户纳到见钱避免起纲脚剩，兑换会子起解。可遍下州军，自今后将应合起发钱纲，并以十分为率，权许用二分会子、八分见钱解发"②。地方官府将人户缴纳的现钱购买会子，由此可省下脚剩钱归己所有。按理，民户缴纳的现钱数与朝廷要求起发的现钱数之间差距越大，地方官能克扣的脚剩钱也就越多。面对相似情况，宋廷在乾道六年要求地方官严格执行钱会中半制，此举合情合理。③可此时，宋廷却反而将钱会中半制改为会子二分、现钱八分，逻辑何在？

一个合理的解释是：民众纳税本以铜钱居多，该政策不过是适应了民众纳税的常态，而调整钱会比例更多地体现在官府解发层面，改变了不同官府部门之间的赋税发纳形式。以下证据能够更好地帮助我们理解这一点：

> （乾道）八年二月一日，户部尚书曾怀、侍郎沈复言："……一、路诸（诸路）州军合发折帛钱并宽剩折帛及折帛头子钱，欲自今年受

---

① 《建炎以来系年要录》卷一九一，绍兴三十一年七月乙未条，第3203—3204页。
② 《宋会要辑稿》食货四四之九，第5587页。
③ 《宋会要辑稿》食货四五之九，第5598页。

纳日，以九分见钱、一分会子解发……一、临安府合发折帛钱，欲以三分为率，用一分见钱、二分会子解发，仍自受纳日为始。"……从之。①

乾道八年三月十三日三省、枢密院劄子：户部奏乞不系屯军去处，起发折帛钱，九分见钱一分会子。其屯驻军马去处，以钱会中半交收，亦以中半发纳省部，庶得会子流转，不致军入折阅。奉圣旨"依"。②

同样起发折帛钱，诸路州军以九分现钱、一分会子的比例，而临安的钱会比例却为1∶2，会子分数远高于地方。一个月后，诸路州军的钱会比例也有分化：普通州军仍维持9∶1的钱会比例起发，而驻军处改为1∶1。除了第二条史料明确指出驻军处"以钱会中半交收"，其余文字只针对地方官府解发比例，不涉及民众交税时的状况。也就是说，上述文字主要展现宋廷如何对承担不同财政任务的地域规定钱会比例。相较其他州军，临安和驻军处均是财政物流活动密集的区域，东南会子顺着财政渠道广为流通，这在赋税领域反映为会子比例相对较高，若东南会子在这些区域流转不畅，无疑对财政活动的开展形成负面影响。宋廷根据不同地域的财政状况区分钱会解发比例，恰能证明东南会子具有强烈的财政票据性质。

而自乾道七年（1171）六月起，宋廷开始逐渐细化规定，命令人户也需按照地方上供的比例缴纳钱会③，辛弃疾曾描述偏远地区税赋征收的状况：

僻远州郡，会子尚少。高其会子之价，纽作见钱，令人户准折输纳。及其解发，却以见钱于近里州郡收买，取其赢余，以资妄费。徒使民间有增赋之名，而会子无流通之理。④

---

① 《宋会要辑稿》食货五一之四七、四八，第5698页。
② 《庆元条法事类》卷三〇《财用门一》，第469—470页。
③ 《庆元条法事类》卷三〇《财用门一》，第469页。
④ 《历代名臣奏议》卷二七二《理财》，第3554页。

偏远地区会子尚少，民众无法以会子交税，故官府以高价出卖东南会子。而在解发时，官府却用这部分现钱向外地低价收购会子，赚取第二次利润。当时许多地域的情况正是"民间输纳，抑令全纳见钱；而州郡于属县解发官钱亦不肯依分数行用"①，不仅朝廷规定的钱会比例得不到落实，官、民之间的用钱比例也是两个层面的问题。从这个角度看，无论制度规定还是地方作弊，都使得东南会子并没有太多进入普通民众纳税的环节中，南宋前期的民众仍主要以铜钱缴纳赋税中钱的部分。不过，辛弃疾的言论提示我们，增加东南会子的流通数量或许能够改善其在民间的流通状况。宋廷也确实感受到了会子数量不足对征税造成的压力。淳熙二年四月，钱良臣建议增发东南会子，理由在于"民间入纳缺少会子，并两淮收换铜钱已支绝会子"②，民间既缺少会子，针对民众纳税的钱会比例又何以执行？七月，叶衡又奏称"今诸处会子甚难得，谓宜量行支降行使"③。淳熙十三年八月，宋孝宗欣喜地称"闻此间军民不要见钱却要会子，朕闻之甚喜"，并增加会子在税收中的比例，重回钱会中半。④值得注意的是，第七界东南会子正是于淳熙十三年发行，且多于之前各界会子的发行量。新会的发行不但没有明显降低会价，反而推进了钱会中半制的实施。也就是说，东南会子若要真正落实到赋税的末端——普通民众之处，必须要保证相当的流通量，否则只能在官府之间发挥财政作用。

统言之，南宋前期的东南会子在赋税这一官民经济、财政活动节点中的意义十分有限。它更多地作为不同官府部门交收的财政票据，朝廷关于赋税中钱会比例的规定也在相当长的时间内仅针对地方州军解发，不涉及民众纳税时的状况。在行都周围、大军屯驻之处等财政活动频繁的地方，东南会子明显发挥着更为重要的作用，宋廷也根据财政需求分别规定不同地域的钱会解发比例。尽管随着会子流通，钱会比例规定逐渐下行至民众

① 《庆元条法事类》卷三〇《财用门一》，第469页。
② 《增入名儒讲义皇宋中兴两朝圣政》卷五四，第1629页。
③ 《宋史全文》卷二六上，淳熙二年七月乙未条，中华书局2016年版，第2165页。
④ 《增入名儒讲义皇宋中兴两朝圣政》卷六三，第1979页。

纳税这一层级，但地方官府却往往让民众全以铜钱交税。这既与地方官府作弊有关，又受限于东南会子的流通数量与流通范围。在宋孝宗统治后期，朝廷增加东南会子的发行量，试图让其更好地为赋税体系服务。总之，南宋前期的东南会子没有很好地落实于赋税体系，官—官、官—民之间的用钱状况基本断开，东南会子更多地作为财政票据而非一般流通货币活跃于官—官的财政运作中。这也就回答了前文提出的问题：南宋前期的民众无需，也很可能无法筹措大量的东南会子以供纳税。

六、结语

前文从发行数量、财政用途、民间交易和税赋中的钱会比例等角度论证南宋前期东南会子的性质与流通状况。文章表明，当时东南会子仍是财政票据，在财政物流、军俸开支和赋税中官府解发等财政层面发挥重要作用，并未作为一般的流通货币普及于民间交易和纳税行为中。而较大的面额与较小的发行数量也限制了东南会子的流通程度与适用性，这从外围证明了本文的观察。

以往的研究侧重于强调东南会子流通"量"的一面，汪圣铎先生曾广搜史料证明，尽管有所起伏，南宋前期东南会子的发行量比较少，与铜钱的比价高而稳定，南宋中后期的会价因会子发行量大增而暴跌[1]，由此才在几个会子增发的节点上形成了对东南会子发行状况的分段。本文则试图在发行量平稳、通货膨胀等描述外，讨论东南会子的性质及其在不同领域的流通状况。本文认为，发行量少、会价较高实际上是宋廷仅将东南会子定位为财政票据的表现。东南会子既然是沟通财政物流的不同环节的工具，在满足财政需求的情况下，其发行量自然不必过多，面额无须缩小。普通民众手中因而不必过多持有东南会子，也不会将其用于日常的生活交易。随着东南会子在南宋后期增发，其日益挤出铜钱而成为一般的流通货币，会价下跌正是表现之一。作为对照，元朝时试图以纸币取代铜钱，故

---

[1] 《两宋货币史》，第693—699页。

必须从一开始便让纸币成为一般的流通货币，其结果便是中统钞面额分为9等，最低面额为10文；至元十二年（1275）厘钞的面额为2文、3文、5文；至元钞11等，最低面额仅有5文。①由此可见，看似连贯发行的东南会子，其前期与后期的性质很可能并不一致，且表现在流通状况上，不应将其笼统概括。我们对于纸币性质及其流通状况的研究仍有深入的空间，而探索的基础则在于细化分析史料，洞察朝廷发行纸币的动机与逻辑。

（原载《清华大学学报（哲学社会科学版）》2019年第3期）

① 〔明〕宋濂：《元史》卷九三《食货志一·钞法》，中华书局1976年版，第2369—2370页。

论小面额东南会子对南宋货币流通的影响

王 申

南宋纸币东南会子始创于绍兴三十一年（1161），其面额为1贯、2贯、3贯。①隆兴元年（1163），东南会子的面额被重新设置为1贯、500文、300文、200文，并沿用至南宋灭亡。②因面额较小，后三种面额的东南会子也被宋人称为"小会子"或"零会子"。

学界对于东南会子的研究十分丰富，却多将其作为一个整体而极少具体论及各个面额。③若只从宏观层面考察数万贯乃至数百万贯东南会子的支用情况，实质上不自觉地将研究对象简化为1贯面额东南会子。而不对小会子加以研究，东南会子的面额搭配状况、在不同交易层级和不同财政活动之中的使用情况就无法得到充分说明，这不利于我们全面认识南宋纸币与国家财政以及社会经济活动的关系。因此，小会子仍是一个亟待深入讨论的对象。本文试图从小会子的发行、流通状况入手，探析其对于南宋

---

① 〔宋〕李心传：《建炎以来系年要录》卷一八八，绍兴三十一年二月丙辰条，中华书局1956年版，第3150页。

② 〔宋〕李心传：《建炎以来朝野杂记》甲集卷一六《东南会子》，中华书局2000年版，第363页；《宋史》卷一八一《食货志下三》，中华书局1977年版，第4407页。

③ 对东南会子等南宋纸币的重要研究的观点将在下文引用中说明。研究综述可参阅戴建兵、王翠改：《两宋纸币研究综述》，载安徽省钱币协会编：《东至关子钞暨两宋纸币》，黄山书社2005年版，第329—349页；葛金芳：《近十年来宋代货币研究综述》，《中国史研究动态》2007年第2期；〔日〕宫泽知之：《日本宋代货币史研究的开展》，载《日本中国史研究年刊》刊行会编：《日本中国史研究年刊》（2007年度），赵雨乐译，上海古籍出版社2009年版，第105—127页；王申：《制度、流通与国家财政：南宋纸币史研究述评》，载包伟民、刘后滨主编：《唐宋历史评论》（第5辑），社会科学文献出版社2018年版，第203—221页。

货币流通格局的影响，以期更细致地呈现东南会子在国家财政和经济运行中的面貌。

一、东南会子面额与南宋货币格局

在明代中后期白银大量流入之前，传统中国长期以铜钱作为主要货币。铜钱面额极小，故既可以参与小额交易，也能积累起来大量使用。不过大额用途需要集中极多的铜钱，运力和运费成为限制铜钱流动的重要因素。彭信威在讨论唐代"飞钱"产生的背景时曾指出这一点。[①]

财政收支是大额用钱的主要方式，官府在调拨实物和铸币时往往需要付出高额成本。此外，铜钱铸造量严重下滑也是困扰南宋财政的一大难题，宋廷陷入难以运钱甚至无钱可运的窘境。[②]为了缓解财政困局，南宋朝廷选择发行东南会子等纸币来弥补铸币量下滑所造成的财政短缺。[③]出于支出军费和限制铜钱外流等考虑，宋廷还在京湖和淮南分别发行湖北会子与淮南交子[④]，若再算上流通于四川的钱引，大约有四种纸币同时流通于南宋境内，这些纸币对于南宋财政的作用颇大。东南会子因被中央财政收支所使用，可流通的范围最广，在上述四种纸币中占据最重要的位置。

如以东南会子与铜钱为代表，南宋主要货币的面额为 1 贯、500 文、300 文、200 文、1 文。这种面额结构无疑更有利于大额财政收支，也符合宋廷以纸币弥补财政不足的初衷，却可能使大小额交易产生脱节。事实上，在东南会子发行不久的宋孝宗时期，这种纸币主要用于专卖贸易、军费等大额财政活动，并不为民众纳税、民间小额交易所常用。主要原因是东南会子发行量尚少而面额过大。[⑤]即便是最小的 200 文，与一枚铜钱之

---

① 彭信威：《中国货币史》，上海人民出版社 1958 年版，第 253 页。

② 汪圣铎：《两宋货币史》，社会科学文献出版社 2003 年版，第 392—415 页。

③ 包伟民：《试论宋代纸币的性质及其历史地位》，《中国经济史研究》1995 年第 3 期。

④ 王曾瑜：《南宋的新铁钱区及淮会与湖会》，《锱铢编》，河北大学出版社 2006 年版，第 129—153 页。

⑤ 王申：《论南宋前期东南会子的性质与流通状况》，《清华大学学报（哲学社会科学版）》2019 年第 3 期。

间也有相当大的面额差，对于小额零用而言并不方便。①在东南会子发行前，便有朝臣以"人得交子，不可零细而用，或变转则又无人为售"等理由反对发行纸币。②

此种面额结构不均匀的货币格局，使铜钱仍在200文以下的交易中占主体地位，而面额大、重量轻的东南会子则逐渐在大额交易和财政调拨中取代铜钱。在开禧年间（1205—1207）的军事行动之后，朝廷更频繁地以发行纸币来满足开销，东南会子从财政渠道溢出并大量充斥在流通领域，引发严重的通货膨胀。③从纸币流通角度看，东南会子反而因数量增长而逐渐将铜钱挤出流通领域，甚至使元人的纸币政策更易于在南宋故境推行。④

但东南会子不可能完整替代铜钱的功能，面额是主要的限制因素之一。举例而言，持铜钱者可轻易参与1—770文的交易，而因1张1贯面额东南会子等于770文铜钱⑤，持会子者需找零才能完成任何小于770文的交易。若商品价格较低，持会子交易对买卖双方都颇为不便。因此即便数额相等，以东南会子代替铜钱也可能造成货币流通格局和民众用钱方式的变异，这与二者面额差距过大密不可分。在开禧以前，民众或常在得到纸币之后兑换铜钱，或仅在需要时才将积蓄的铜钱换为纸币。⑥在大量铜钱被纸币挤出流通领域后，出现了因小额货币不足导致大额货币难以使用的

① 根据程民生的统计，南宋平民工作一日的货币收入以一二百文居多。按收入推论，市场上应有大量售价低于二百文的商品。见程民生：《宋代物价研究》，人民出版社2008年版，第347—368页。
② 《建炎以来系年要录》卷一〇一，绍兴六年五月乙酉条，第1657、1658页。
③ 宋廷为准备"开禧北伐"而大量发行东南会子，后于嘉定（1208—1224）初展开大规模的回收与称提（宋代史料中也有写作"秤提"者）活动。"开禧北伐"可视为东南会子巨额发行的起点。参见高聪明：《宋代货币与货币流通研究》，河北大学出版社2000年版，第197—199页。每界东南会子的发行量与发行时间，可参阅《两宋货币史》，第671—672、676—679页。
④ 〔日〕高桥弘臣：《宋金元货币史研究》，林松涛译，上海古籍出版社2010年版。
⑤ 东南会子采用"省陌"方式计钱。宋代省陌，以770文铜钱作1贯使用。
⑥ 〔宋〕洪迈：《夷坚志·夷坚支丁》卷八《王七六僧伽》，中华书局2006年版，第1032页；《夷坚志·夷坚支癸》卷三《闻人氏事斗》，第1244页。

现象，后文将详细论述。

　　尽管仍与铜钱面额差距较大，但小会子至少在理论上使找零与中小面额的交易有了铜钱之外的选择。那么，小会子究竟在流通领域中发挥了什么作用？作为发行方的宋廷又在财政中如何定位小会子？在铜钱不断退出流通领域后，小会子是否能作为联通大小额货币的纽带呢？

二、小会子的数量与财政用途

　　在统计工具与信息获取能力远不及今日的南宋，朝廷很难根据流通领域的实际需求来计算各种面额的发行数量比，纸币发行状况更多反映的是朝廷和皇帝本人的主观设想。南宋史料几乎没有留下有关东南会子各面额发行比例的记载，所幸《文献通考》保留了一段乾道三年（1167）度支郎唐璙对于早期东南会子发行状况的统计：

　　　　自绍兴三十一年（1161）至乾道二年（1166）七月，共印过会子二千八百余万道，止乾道二年十一月十四日以前，共支取过一千五百六十余万道，除在官司桩管循环外，其在民间者，有九百八十万道。自十一月十四日以后，措置收换，截至三年正月六日，共缴进过一百一十八万九千余贯，尚有八百余万贯未收，大约每月收换不过六七十万。[1]

　　“道”是纸张的数量单位，“贯”为货币单位，上述文字在描述收兑民间东南会子时混用“道”“贯”，可知当时发行的东南会子基本为1贯面额，小会子数量不多。此外，这一时期的纸币问题主要集中于民众、军人怀疑新纸币的可信度[2]，小会子没有获得多少关注。

　　推行东南会子是渐进的过程。就史料记载来看，宋孝宗淳熙年间（1174—1189）应当是东南会子推行的“黄金时期”。皇帝甚至在发行新一

---

① 〔元〕马端临：《文献通考》卷九《钱币考二》，中华书局2011年版，第246—247页。
② 《建炎以来朝野杂记》甲集卷一六《东南会子》，第361页。

界会子之前说"闻此间军民不要见钱却要会子,朕闻之甚喜"①,当时东南会子的流通状况应比较好。但若以后见之明分析上述话语,则可知大量铜钱在推行东南会子的过程中退出流通,南宋后期的诸种货币乱象亦以此为始。物极必反,此后东南会子数量渐超流通之需而逐渐贬值,并在"开禧北伐"之后迫使宋廷展开大规模的称提活动。

在邻近开禧的嘉泰年间(1201—1204),东南会子与铜钱的配合已出现裂痕。袁说友曾向宋宁宗梳理当时两浙各州的币价,称:"官会日轻,铜钱日少,欲重官会,而民间兑易不能及所兑之数,官会何由而可重?欲易铜钱,而民间见钱收拾日难,不能为称提之用,铜钱何由而可易?"②这段文字包含两个层面的含义:第一,东南会子数量过多而贬值,将铜钱挤出流通领域;第二,铜钱数量过少,反而促使大面额纸币减值使用,两种货币难以互相兑换。袁氏所称的"官会"应指1贯面额,他专门指出"零会则折阅又甚矣"③,小会子的贬值幅度甚至更大。这表明小会子尚未取得与铜钱、1贯面额会子接近的地位,并不被时人急需。

由于存世史料极为零散,关于同时期史事的记载难以直接回应袁说友的论述。不过随着南宋晚期铜钱短缺情况加剧,以小会子填补铜钱"真空"的意义更大,我们或可在考察南宋晚期小会子流通状况的基础上,反推袁氏说法的背景。景定五年(1264)南宋最后一种纸币金银见钱关子发行后,赵顺孙向皇帝阐明了小会子难以推广的理由:"关子既出,又制芝楮零百以便瓜贴。累年以来已科支二千余万。今京城之日拨分兑,制、总之品搭科降,诸郡之解至换易,又不与焉,其零百非不出也。"④"芝楮"为第18界东南会子,因印有灵芝图案得名。赵氏指出此时小会子的印数

① 佚名:《增入名儒讲义皇宋中兴两朝圣政》卷六三,江苏古籍出版社1988年版,第1979页。
② 〔明〕黄淮、〔明〕杨士奇编:《历代名臣奏议》卷二七二《理财》,上海古籍出版社1989年版,第3556页。
③ 《历代名臣奏议》卷二七二《理财》,第3556页。
④ 〔宋〕赵顺孙:《格庵奏稿·奏公田关子事》,载曾枣庄、刘琳主编:《全宋文》第351册,上海辞书出版社、安徽教育出版社2006年版,第205页。

虽不少，却被各级官府弃而不用，无从推广。财政用途决定了小会子的流通状况。

而稍晚于袁说友上言，四川总领所于开禧三年（1207）发行流通于本地的四川小会子。此事由四川总领陈咸主导，制置使吴猎力推，"下令官民悉许流转，然州县务场赋输悉不肯受，由是不能行"[①]，四川小会子也因财政用途受限而遭停用。

这样看来，造成小会子弱势局面的主要原因是财政用途上的限制。在大约同时期的四川和铜钱短缺更为严重的晚宋，小额纸币的财政用途甚弱，致使其流通困难。作为宋廷主导发行的纸币却无法在财政中顺利使用，小会子在民间遭受流通挫折乃至更大幅度的贬值也就并不意外了。

当大额财政开支更为依赖东南会子时，小会子在财政用途中的弱势地位愈发明确。如端平二年（1235）魏了翁就任督视京湖军马，后又兼督视江淮军马，他向皇帝请求拨款以满足督府开支，说："照得京湖元拨官会五百万贯，今既兼督江淮，更合用五百万贯，共计壹千万贯。然不敢尽如元数支请，若得七百万贯，臣亦且前去。今库中附以零会，仅可得五百万贯……"[②]在上述文字中，魏了翁以其不得不"附以零会"勉强凑够500万贯来描述筹款之窘迫。当原定款项难以足额，小会子才被搜刮以凑数。

三、宋人对小会子财政用途的探索

小会子因财政用途受限而难以推广，另一方面，开禧以后铜钱愈发大量地随东南会子数量增长而退出流通。流通领域逐渐呈现大额货币增加、小额货币不足、会子贬值、铜钱升值等现象，这对货币流通无疑是不利的。一些有识之士逐渐意识到小会子的纽带作用，遂向朝廷建言献策。

[①]《建炎以来朝野杂记》乙集卷一六《四川总领所小会子》，第793页。

[②]〔宋〕魏了翁：《鹤山先生大全文集》卷二七《奏乞增支督府钱物》，载四川大学古籍整理研究所编：《宋集珍本丛刊》第77册，线装书局2004年版，第39页。魏了翁曾多次上言求款，他在《奏乞宣谕大臣趣办行期》中也谈到小会子，说："契勘到左帑已交百十六万外，见在楮券，尽以零会凑之，或可得五百万。"

嘉定年间，陈淳提出应该采取强硬措施推行东南会子以提高币值。他建议无论官户、吏户及其余民户，均以五家为一甲彼此纠察，称：

> 凡会子之所以不行，非与者之不肯用，由受者之不肯用也。五家相纠察，则凡有用财与者不容于不与，而受者亦不容于不受矣。又奏请小会以济之，使零碎皆有得用之便。[1]

官府既要大力推行东南会子，则需要多发行小会子以便零用，毕竟在大量的民间小额日常交易中，1贯面额会子难以行用。总之，陈淳指出应当充分利用小会子来丰富货币面额搭配，增加纸币的可用性。他还特别说明需确保纸币切实流通到民众手中，不可让官员独占并限制纸币的财政用途。[2]

汪元春则提供了将小会子与盐法结合起来的思路。咸淳二年（1266）宗学博士汪元春改知兴化军。临行前，他与黄震作别浙江亭上，并告知黄震使用小会子的重要举措：

> 公之出守兴化，送别浙江亭上，语震："以得朝廷科借零会，即行，将藉以兑便，流通一郡钱、楮。且将减官盐价以收零会，使常不出郡境。某所预计者仅此耳，余事临期未前知也。"[3]

汪氏认为通过发行小会子增加货币兑换的便利性，兴化军境内的铜钱和大面额东南会子均能够更好地流通。他主动引入盐这一官府掌握的专卖品，凭借盐的价值来增加小会子的信用，又以降低盐价为手段来促进小会子的使用与回笼。由此，大面额东南会子将流通顺畅，币值也自然得到保障。

---

① 〔宋〕陈淳：《北溪先生大全文集》卷四四《上赵寺丞论秤提会劄》，《宋集珍本丛刊》第70册，第255页。

② 《北溪先生大全文集》卷四四《上赵寺丞论秤提会劄》，《宋集珍本丛刊》第70册，第255页。

③ 〔宋〕黄震：《慈溪黄氏日抄分类》卷九六《知兴化军官讲宗博汪公行状》，《中华再造善本》影印元后至元三年刻本，北京图书馆出版社2005年版，第21页A。

在货币流通不畅的压力下，陈淳与汪元春都提示小会子或能发挥纽带作用而取得奇效。也即，以小会子填补铜钱退出所造成的空缺，先增加其流动性而取得民众信赖，进而稳定1贯面额会子的币值。这些意见可视为对朝廷不重视小会子、限制其财政用途的反思，毕竟单凭1贯面额东南会子和铜钱的确无法构成稳定的货币格局。

四、流通领域中的小会子

那么，增发小会子真的能够起到陈淳和汪元春所设想的效果吗？小会子能否满足流通领域的需求呢？

葛洪描述了嘉定年间东南会子的流通窘境：

> 京都之钱不许出关，州郡之钱不许下县，而收解官钱，必欲钱会对半。向犹许会子贴解，今则例不受矣。发下换易，无所从出，未免敷于铺户卓铺。铺户卓铺不堪其扰，则闭肆矣。追断示众，其术易穷，无钱变兑，其势难强，于是行者持券入市，自朝抵暮，欲得一饱计而不可得。居者自二百以下交易，必须见钱。小民日仰些小日给贩买，持物空归，无所转易，市井荒凉，田里愁叹……①

葛洪生动地勾勒出财政至民间货币流通的"死循环"：各级官府以钱会中半的比例收入铜钱，却并不支出。这使铺户完全承担了兑换钱会的压力，终因不堪其扰而闭门谢客。官府与铺户均不向市场投放铜钱，纸币便愈发难以兑换为铜钱，最终造成持东南会子者无法完成"一饱计"等小额交易，小民也无法售出低价商品，基层商业流通陷入停滞。

所谓"二百以下交易，必须见钱"，当是葛洪针对东南会子的面额所言。在民间基层交易极度匮乏铜钱的情况下，小会子的面额依然不足以用于小额交易，"一饱计"和"小日给"的买卖需铜钱方能完成。这样看来，

---

① 〔宋〕葛洪：《蟠室老人文集》卷一四《论秤提楮券白劄子》，转引自张淘、金程宇：《〈全宋文〉补遗（上）——以〈蟠室老人文集〉为中心》，《古典文献研究》第11辑，2008年。

陈淳和汪元春的设想只能解决小会子面额上下的货币问题，而无法触及200文之下的"铜钱世界"。

既然宋廷未在小额交易中发挥作用，民间与地方官府便开始自发地制作区域性小额货币。嘉熙二年（1238）四月二十四日，吕午向皇帝报告称："会子本以便民之用，而今反不便者，以铜镪日寖稀少，而无以为之贴凑也。近来州县权时施宜，或为纸帖子，或为竹木牌，或作五十文，或作一百文。虽不可以通行，而各处行之为便。"①因缺乏铜钱而"无以为之贴凑"，外地州县出现了木牌或纸贴等区域性代币，以便于50文、100文左右的小额交易。行在界内也同时出现了似由临安府发行的100文、50文会子。据方大琮介绍，这种会子仅"三指大"，在临安府广泛流通，他痛心地说："自都城之楮既多而钱渐少，然有零钱也；今又作零楮之俑，则钱愈不可见，遂使辇毂之下而为纸钱世界，此识者所痛。"②虽然方氏对流通中的纸币更多持负面态度，但临安府小会子至少暂时填补了小额货币的空缺，满足了流通领域的需求。

有鉴于此，吕午提出朝廷不仅要多发行小会子，还要进一步降低小会子的面额，使官方纸币进入小额交易中。他建议尽收200文、300文破旧会子，而多造200文与100文新会子，"则自百文以上，皆无所事于镪，而贴凑之数，特百文以下而已。由是人之仰于镪者少，而镪可以渐轻矣"③。这个办法既让小会子渗透进200文以下的"铜钱世界"，又实质上缩小了铜钱的行用范围，集中有限的铜钱于100文之内的交易中。

吕午在五月二十五日进一步申述对发行100文面额会子的看法。④他自称"熟观市井之交易，素习道路之往来，而知民俗贴凑之艰，莫如小会

① 〔宋〕吕午：《左史谏草·戊戌年四月二十四日奏》，影印文渊阁《四库全书》本，第427册，台湾商务印书馆1986年版，第397页。

② 〔宋〕方大琮：《宋宝章阁直学士忠惠铁庵方公文集》卷一五《与刘郎中书》，国家图书馆藏明正德八年刻本，第35页A—35页B。

③ 《左史谏草·戊戌年四月二十四日奏》，影印文渊阁《四库全书》本，第427册，第397页。

④ 《左史谏草·戊戌年五月二十五日奏》，影印文渊阁《四库全书》本，第427册，第399—400页。

日用之便"，极力宣传小会子对于解决零用问题的重要性。吕氏认为新造100文会子的优势有五："人便贴凑，不甚仰钱；人既便用，必是爱惜；为钱无多，必无伪造；破旧小会，以此收换；无妨秤提，反可为助。"最终落脚于皇帝最关心的称提纸币币值问题。与陈淳、汪元春一样，吕午也认为小会子若活跃于小额交易中，成为大小额货币之间的纽带，可以提高1贯面额会子的币值。他还指出300文面额无法完成这一任务，应取消。

问题是，根据吕午和方大琮的观察，民间代币的面额已低至50文、100文，将小会子面额改为100文、200文并不能完全满足流通领域的需求。那么吕午和宋廷为什么没有进一步缩减小会子面额呢？

第一，如上文所述，小会子本就因财政用途上的弱势而难以推广，才会出现陈淳、吕午等反思小会子作用的官员。而正如前文所引赵顺孙一例，该问题直到景定五年（1264）也未解决。第二，成本问题。吕午在五月二十五日的上言中自问自答："或者必以券直百文，徒费工本，臣以为不然。不有小费，莫救大患。"他也承认变更纸币面额破费工本，但为解决大问题可以有"小费"。第三，难以掌控小面额纸币的发行量。终南宋一朝，宋廷也未曾计划以纸币取代铜钱，这就限制了东南会子的最低面额。官员们只是在大小额货币难以配合的背景下，才提出增发小会子的建议。作为对照，元人试图以纸币基本代替铜钱，发行了低至10文的中统钞、2文的厘钞和5文的至元钞。[1]但小额纸币的发行量仍难以被元廷准确掌握，事实上发行至元钞的重要理由之一正是"民间缺少零钞，难为贴兑"[2]。一旦控制不好小额纸币的数量，"零钞销磨尽绝，至于百文者，亦绝无而仅有，所以元直十文五文之微，增价数倍，交易之间不能割绝，以致即当寄留，欺谩涩滞"的状况便会产生。[3]受造纸技术局限，若发行量

---

① 《元史》卷九三《食货志一》，中华书局1976年版，第2369—2370页。

② 《元典章》卷二〇《钞法·整治钞法》，陈高华等点校，中华书局、天津古籍出版社2011年版，第716页。

③ 〔元〕胡祗遹：《紫山大全集》卷二二《宝钞法》，1924年河南官书局《三怡堂丛书》刊本，第9页A。

不能跟进，流转次数更多的零钞容易"销磨尽绝"，致使基层小额交易难以完成。不过合适的发行量究竟为何，在当时可能是无解之题。

五、宋廷对小会子的调整

宋廷既未缩小纸币面额，也没有听从吕午等人的建议直接增发小会子。在吕午上言两年后的嘉熙四年（1240），宋理宗因时制宜，利用现有货币极快速、极大量地增加了流通中的小会子。此后，反映货币面额配合问题的意见大幅减少。

这个方法便是发行第18界会子，并将17、18界会子的比价定为5:1。① 也即17界会子1贯相当于18界会子200文，而200文正是东南会子的最小面额。当年闰十二月，宋理宗宣布赋税中的东南会子部分，一半以18界会子"直纳"，一半则按照上述比价以17界会子"纽纳"，②由此推行新比价。

根据汪圣铎的统计，嘉熙四年前后17界会子的发行量约为3.7亿贯。③新比价使流通领域瞬间增加了数亿贯200文小会子，小额货币不足的困境至少在形式上得以缓解。

5:1的比价并非巧合。时人认为该比价表明，宋廷确已将1贯面额17界会子视作小会子。如徐鹿卿曾上言称：

> 两月以来，江西旧楮收拾几尽，价增至百九十矣，新亦与之俱增。此浮盐之功，而大丞相救内弊第一事也。楮于是可扶持矣，存旧所以扶新，减旧所以扶旧。旧于何而减？曰：当取十七界腐烂甚者，揉而为纸，而存其坚完者以当小会。迟之数月，二百之价可以次增，旧之增即新之增也。④

---

① 佚名：《宋史全文》卷三三，嘉熙四年九月壬戌条，中华书局2016年版，第2741页。
② 《宋史全文》卷三三，嘉熙四年闰十二月乙丑条，第2742页。
③ 《两宋货币史》，第677页。
④ 〔宋〕徐鹿卿：《清正存稿》卷五《上庙堂论楮币书》，影印文渊阁《四库全书》本，第1178册，第911页。

上文指出，当时江西的 1 贯 17 界会子大约相当于铜钱 200 文。徐鹿卿认为以 17 界会子作为"小会"并稳定价值，能够"存旧扶新"以保证 18 界会价。而随着 5∶1 比例的推行，官员除了以"旧会""新会"等时间性代词来称呼 17、18 界会子之外，也开始如徐鹿卿一般在财政领域中使用"小交""大交"等区分面额大小的词汇。①甚至有如陈庆勉者，认为以 17 界作为"小交"名实不符，建议朝廷回收 17 界会子而印造 18 界小会子。② 宋廷有意识地将 1 贯面额 17 界会子作为小会子，是确凿无疑的了。

对小会子进行调整后，200 文左右的交易中小额货币不足的现象得以大幅缓解。严州学教授反映"物价顿增，如鸡豚菜茹樵薪之鬻五倍于旧"，正是物价改以 18 界会子为基准，而仍以 17 界会子当作手交货币的结果。只是宋廷实施 5∶1 比例过于雷厉风行，物价骤然变化，以至于"养士之费太窘支吾，公厨萧然，每食不饱"③。当时大量存在 17 界、18 界会子在地方财政中混杂行用的状况，宋代地方志对此多有记载。具体使用方式容待另文讨论。

虽然徐鹿卿认为新旧会子之间可以"存旧扶新"，但因宋廷继续大量发行纸币，二者均大幅贬值，18 界币值反被 17 界牵制。事实上，袁甫在 18 界会子发行之前便预测："旧会一价也，新会又一价也。价既二三，则新会之价为旧会所牵，恐不可以守七百七十陌之数。"他与陈庆勉一样建议只流通 1 界会子，但宋廷并未听取袁甫的意见。④不过，贬值却使得各界、各面额东南会子能够渗透至更小面额的交易中。方回描述 17 界会子 1 贯贬值至铜钱 58 文，18 界 1 贯值 250 文，1 贯面额 18 界会子已基本能作为

---

① 〔宋〕李曾伯：《可斋续稿后》卷三《照已拨科降付四川制总司奏》，《宋集珍本丛刊》第 84 册，第 552—553 页。

② 〔宋〕陈庆勉：《蒲圻回叶殿院论钱会书》，载程敏政编：《新安文献志》卷一〇，《影印文渊阁四库全书》第 1375 册，第 165—167 页。

③ 〔宋〕陈公亮：《严州图经》卷一《学校》，《宋元方志丛刊》，中华书局 1990 年版，第 4309 页。

④ 〔宋〕袁甫：《蒙斋集》卷七《论会子割子》，影印文渊阁《四库全书》本，第 1175 册，第 418 页。

小会子使用，而17界会子更是能被用于百文以下的交易。[①]贬值扩大了东南会子的使用范围，缓和了小额货币不足的问题，因而方回虽陈述了会子贬值现象，却也感叹"庚子（嘉熙四年）至甲子（景定五年），岁越二十五，民颇安之"[②]。

不同于吕午的建议，宋理宗没有专门增发小会子，而是充分利用17界、18界会子的比值，将数亿贯流通中的1贯面额17界会子作为小会子，使200文左右的交易能够顺利使用纸币开展。而会子贬值这一看似影响货币流通秩序的现象，反过来加深了各界、各面额东南会子渗透小额交易的程度。南宋后期几乎不存在小面额货币不足的现象了。

六、结语

以上便是小面额东南会子影响南宋货币流通的过程。东南会子具有强烈的财政性质，朝廷着力推动其流通。在推行过程中，铜钱逐渐被纸币挤出流通领域。而因东南会子的面额设置、小会子的财政用途等问题未能得到妥善解决，加之纸币发行量激增，流通中出现了严重的大小额货币配合问题。这说明南宋纸币体系仍不完整、不成熟，其承担财政功能的意义远大于民间日常使用。实质上增加小会子数量的17界、18界会子并行政策，也并非由市场自律形成，而是宋理宗政令所致。从财政史研究的主要线索看，宋理宗时期纸币滥发，对当时的财政、民间交易都造成了非常有害的影响，1贯面额17界会子在此时可以作为小额货币使用，无疑是贬值带来的副产品。

此外，与小会子有关的史实无疑提示我们，在大额用途中发挥功能之

---

① 又如景定元年（1260），黄震在嘉兴府华亭盐场任职时的说法：蒲草每斤75文旧会，相当于铜钱4文，则17界会子1贯折合铜钱53文，18界会子一贯折合铜钱265文。见〔宋〕黄震：《慈溪黄氏日抄分类》卷七一《乞申添人户卖盐袋蒲草价钱状》，《中华再造善本》影印元后至元三年刻本，第15页B。

② 〔宋〕方回：《监簿吕公家传》，载〔宋〕吕午：《左史谏草》，影印文渊阁《四库全书》本，第427册，第412页。

外，南宋纸币还有其他细碎、丰富且颇为重要的作用，也是真正影响了民众日常生活。而看似与财政调拨无关的侧面，其实也掣肘了宋廷开展财政活动。宋代民间货币流通的实际情况，应该远比现有研究呈现的面貌更为复杂。

从上文论述可知，南宋纸币与今日纸币在功能上大有区别。今日的人民币具有较为完善的发行机制和面额结构，加之造纸技术进步，小面额纸币能较好地用于频繁的日常交易中。而受到观念和技术限制，宋人很难真正让纸币顺利地参与日常小额交易。当时的流通领域呈现多元货币并存的局面，深刻影响了财政与民间交易的展开方式。厘清相关问题，对长期处于单一货币环境下的研究者而言，无疑是艰巨却颇有价值的挑战。

（原载《浙江学刊》2020年第5期）

第四编

物价及其他货币形式

　　货币与价格相辅相成。除了铜钱和纸币，宋代的白银、绢帛等物品都在不同程度地承担过某些货币功能，表示物价的宋代物品因而也十分多元。不同货币职能分散于多元货币，而多元货币发挥相同职能的形式也不同。复杂、多元、互补、竞争，是宋代货币流通的重要特征。

　　本编有三篇文章。汪圣铎《南宋晚期物价考论》一文要解决的主要问题是，南宋晚期物价大涨究竟是不是一种货币制造的假象。具体来说，如果因为生产减少，或者拿到市场上出售的商品减少，物品供不应求，用铜钱和纸币表示的物价都上涨，则说明南宋晚期物价上涨是一种真实的经济现象。如果用铜钱表示的物价仍大致稳定或略有上涨，而用纸币表示的物价大幅上涨，说明造成南宋晚期物价大涨的罪魁祸首是纸币多发。我想，此文给出了令人信服的答案。

　　汪圣铎《试论宋代绢帛的货币功能》主要讨论的问题是，宋人是否把绢帛作为货币。绢帛是唐朝的"法定"货币，朝廷在很长一段时期内规定铜钱和绢帛可以平等流通。唐后期至五代，绢帛的货币功能逐渐减弱，铜钱的货币地位进一步提升。在此明确的大背景、大趋势之下，宋人究竟如何看待和使用绢帛呢？作者用十分细腻的笔触帮助我们回答了这一问题。

　　王文成《从银绢并用到银绢分离——北宋时期的银绢关系试探》主要讨论的是北宋时期白银和绢帛的相互关系。二者从被人相提并论逐渐走向此消彼长，其中必然反映了宋代经济和财政活动的某种趋势、某种倾向。此文将白银地位逐渐抬升、绢帛地位日渐下降的过程梳理得十分清楚。

南宋晚期物价考论

汪圣铎

南宋晚期（此特指理宗、度宗两朝），受到蒙元的军事威胁，领土缩小，财政收入减少，而支出增加，这对货币发行造成恶劣影响，从而影响到物价变化。关于此时期物价，尚未见有人作专门研究，以往人们讲到此时期的物价，往往以"通货膨胀"一语简单概括，缺乏具体分析，与实际情况也有一定差距。本文拟就此时期物价作些较深入的考察，以求推进相关研究。

一、南宋后期以纸币标示的粮价

南宋后期以纸币标示的粮价与以铜钱标示的粮价，有较大差距。以纸币标示的粮价，通常都是较高的，有时甚至高得令人惊讶。下引一则关于粮价的记载，就明显具有这个特征：南宋后期人吴泳记，绍定六年（1233）八月"襄州米石，贵直百千"①。虽然原文未言系讲纸币，但石米百千铜钱的可能性是极小的。联系到时人吴潜所言，次年即端平元年（1234）"京鄂之间，米石为湖会六七十券，百姓狼藉，枕籍道途"②。可以推断，吴泳所言，当也是以湖会标示的粮价。当时，宋、蒙正联合攻灭金朝，京襄又处于前线，战争之中，粮价飙升是正常的。再加上湖会贬值的程度比京会要厉害，所以，石米六七十贯甚至一百贯，也是可以理

---

① 〔宋〕吴泳：《鹤林集》卷一九《论中原机会不易乞先内修政事劄子》。
② 〔宋〕吴潜：《许国公奏议》卷一《应诏上封事条陈国家大体治道要务凡九事》。

解的。

大约以湖会标示的粮价要高于以京会标示的粮价，嘉熙四年（1240）前后，浙西遇到几十年未见的大旱，以京会标示的粮价达到石米四五十贯（详见下文），但距上述以湖会标示的石米六七十贯甚至百贯，尚有相当差距。文献中又可查见浙东明州淳祐初年的3个粮价数据。魏岘《四明它山水利备览》卷上《余参政委淘沙》记淳祐元年（1241）十月，"每工支官会五百文、米二升半省……或官会一贯五百文，不支米"。以此推算，一贯会折米二升半，四贯折一斗，石米折官会即京会四十贯。又方志载，淳祐三年，明州"得百万贯十七界，欲籴米谷各二万斛（文思院斛）"。淳祐四年"制帅殿撰赵公纶拨钱五十二万三百贯，籴米一万九千五百石有零"①。据此，石米的价格分别是30贯、26贯17界会子。时人方岳所言浙西粮价较之要高，方岳讲："且以刘汉弼、徐元杰赐田计之，凡为田千亩也，截长补短而入之，岁可得谷千斛，又截长补短而出之，斛可收楮五十缗，是千斛之谷可收五万楮也。"②刘汉弼、徐元杰赐田事在淳祐五年七月，较上引各例时间迟一二年，所言粮价石谷50贯会子。秦九韶《数书九章》卷一二《推知籴价》是成书于淳祐年的，此书在设题中有"和籴三百万贯""石价二十五贯文"会子的话，所言应与市价相差不远。又方志载，淳祐十一年，建康立义庄，规定"簪缨之后及见在学行供职事生员，或有吉凶，请具状经学保明申上，给米八石、麦七石，米每石折钱（按指会子）三十六贯，麦每石折钱二十五贯"③。同书又载："今就建康府复置转运司平籴仓，拨籴到米一十万石，般运水脚仓敖等费约计五百余万贯十七界官会。"④石米价连同运费、仓敖费在内共50贯17界会子，则去除附加费用，大约石米价也为三四十贯17界会子。又李曾伯于湖广总领任上上奏讲："所谓见科到实钱，止是封桩库一项，支拨十七界京交五百九十

---

① 〔宋〕方万里等：《（宝庆）四明志》卷六《叙赋》。

② 〔宋〕方岳：《秋崖集》卷一八《轮对第二劄贴黄》。

③ 〔宋〕周应合编：《（景定）建康志》卷二八《立义庄》。

④ 《（景定）建康志》卷二三《仓》引淳祐十二年省劄。

万。新米籴价，司存犹未知高下，姑以去年米价准约，则仅能籴及一十一万余石。"①此文约撰于淳祐末、宝祐初，时李曾伯兼湖广总领职。据此，时米价约为每石53贯。据上引，东南地区，淳祐年间以17界会子标示的粮价，大约经常在每石20至50贯之间浮动。这同会子尚未贬值或只有轻微贬值的宋孝宗在位前期相比，大约上涨了10至20余倍。这样的倍数是令人惊叹的。

关于开庆以后至景定末年发行关子以前一段粮价，笔者仅找到二则记载。王荛《新建平籴仓记》："乙卯（宝祐三年，1255）冬杪，今黄堂计使郑先生羽紫马西来……得缣以十数者二三万，以之易粟，得斛计者可数千……宝祐丁巳（五年，1257）……记。"②据此，宝祐三年地处长江北岸的淮西无为军粟价约为每石数十贯会子。又地志载，约开庆元年（1259）前后，福建汀州米"每石时价十七界会四十贯文"③。仅就这二则记载看，此时期以17界会子标示的粮价，未见有大幅度骤升的迹象。

黄震于咸淳三年（1267）十二月撰写的书信中言及，江西抚州"顷者大府住免应兑米局，市井间欢声如雷，元价每斗二贯八百，两日间即减至二贯，人莫不以为此住免米局之效。近两日俄又增至二贯六百，某闻之颇惊……米局虽住而局吏仍点船取样"④。据此，此时此地米价为每石会子20至28贯，因此时关子发行不久，尚未普遍行使，17界似已被废止，此米价疑是以18界会子计。另史载，咸淳八年六月"癸丑，以钱五百万缗，命四川制司诣湖北籴运上峡入夔米五十万石"⑤。此米虽用于四川，但籴米却在湖北，所言籴本虽言"钱"，但每石十缗之价却不应是铜钱之价，笔者疑或为钱会（关）中半之价，或为纸币关子标示之价。

关于南宋晚期四川地区以钱引标示的粮价，仅可查到二则记载。《宋

① 〔宋〕李曾伯：《可斋杂稿》卷一九《奏总所科降和籴利害》。
② 《永乐大典》卷七五一四引《濡须志》。
③ 《永乐大典》七八九二引《临汀志》。
④ 〔宋〕黄震：《黄氏日抄》卷七三《申京尹洪尚书覆帖》。
⑤ 《宋史》卷四六《度宗纪》。

代蜀文辑存》卷八五吴昌裔《论安癸仲疏》谓："今观其节次申状，乃言青涧仓失粮七千八百余石，黄沙仓失粮三千二百七石，汉沔诸仓失粮一万七千石，约计（钱引）三百四十万有奇。"据此，石粮价为121贯钱引。此所言大约系嘉熙年前后的情况，然难考定其确切时间。又李曾伯《可斋续稿》后集卷三《乞贴科四川制总司秋籴本钱奏》谓：

> 余玠任内，民间米直大约每石四五百贯，而官司秋籴每米一石支第一料川引五十贯文，以京券揆之，才比十八界五百文，仅是铜钱一百文足耳。蒲泽之权司以来，民间米直大约七八百贯，官司秋籴每米一石增支作第一料川引八十贯文，以京券揆之，亦只比十八界八百文，仅是铜钱一百六十文足耳。使此钱尽到民户，此得偿时价之十一。

所言余玠任内，系指淳祐年间；蒲泽之权司以来，当指宝祐年间，可知由于钱引贬值严重，四川地区在嘉熙至宝祐20余年间，以钱引标示的米价已达一百至七八百贯。

二、南宋晚期以铜钱标示的粮价

与用纸币标示的粮价有很大差异的是，以铜钱标示的粮价，虽然也有所增长，但增长幅度很小。如方志记宝庆年间庆元府（明州）造酒所用糯米，"每石钱三贯九百九十文。曲麦……每石钱三贯六百文"[1]。又方志载"嘉熙四年庚子省劄"规定：桂阳富户，官方"随其家力之高下，预借籴本之价钱"。"俟至次年艰籴之际，仍作（每升）拾伍文足籴与在城之民"[2]。每石1贯500文足，虽是艰籴之际赈籴价，应与常日市价相距不甚远。又载，淳祐十一年（1251）"今捇节县用，积到现钱贰阡叁佰贯足充

---

① 《（宝庆）四明志》卷五《叙赋》。按：同书卷一三《鄞县》、卷一五《奉化县》、卷一七《慈溪县》、卷二一《象山县》有相同记载。
② 《永乐大典》卷七五一三引《桂阳志》。

米壹阡硕籴本，别置一局，名曰平济仓"①。则湘潭此时每石米价也仅为2贯300文足。又高斯得《耻堂存稿》卷四《永州续惠仓记》载："湘中粒米狼戾之区，民生其间，本易得食，乃近有司和籴之令甚严，舳舻相衔，竭九郡之产而北，湘人始困……顷受公赐（得米二千斛）市之得钱四千三百余缗……吾将以其四千籴二千斛，余以创抵当库。"则此时永州斛（宋代斛、石互用）米价也是二贯有余（应是足陌）。同人又有《湘乡县平济仓记》，内言："湘乡为潭剧邑……得钱二百三十万，计可籴千石，别为仓，名曰平济。"②同人所撰《浏阳县平籴仓记》内言："夫千石之米，半直予民，岁可得钱百万。"③二处所记米价与前引相同无贰。可知南宋后期湖南地区米价与南宋中期相比，相差不大。

方志中有二则关于福建地区税米、和籴米折价的记载：黄岩孙《（宝祐）仙溪志》记："（福建莆田）除催纳正色米外，余并折变价钱，行下县库交纳解发。所有五斗以下米，淳祐间知县蔡次传入台申请，依潮州例，每石价钱二贯四百五十文，民甚便之。"畸零税米折变，价格一般高于市价，但因纳税者多为下户，故通常折价不会高于市价太多。故此折算价应与市价相差不远。《永乐大典》卷七五一四引《临汀志》载：

> （开庆以后，汀州和籴）仓耗、扛量等费甚于正苗受纳……官司和籴一石，例支本钱一贯六百文足……民输和籴一石，除官本钱外，民户至白贴三贯文足有奇……本州常年自冬徂春，月支军粮，回籴于外，每石多不满一贯文足，官司和籴，一石例支本钱一贯六百文足，用以回籴，随时价增损，可得一石以上。果能力行此说，不为吏奸所沮挠，则若官若军民皆便之。

这里言及三个粮价：一是坐仓回籴军粮，每石不满1贯足；二是官支

① 《永乐大典》卷七五一四引《湘潭志》。
② 〔宋〕高斯得：《耻堂存稿》卷四。
③ 《永乐大典》卷七五一四引《浏阳县志》。

和籴价，每石1贯600文足；三是民纳和籴米实际费钱，每石4贯六七百文足。民纳和籴米通常有许多附加费用（如缴糜费钱、官吏盘剥等），其费钱数肯定高于市价。而坐仓回籴与官支和籴价又通常低于市价，则当地此时期米价，应在2贯至3贯足之间。

如上所述，就现已查见的记载来看，南宋晚期以铜钱标示的粮价比南宋中期虽然略有升高，但幅度不大，其升高，或许同发行端平当五、淳祐当百等成本低、面额大的大钱有一定联系。

与上述情况有所不同的是，广西在南宋晚期是个具有特殊情况的地区，这一地区在此期间由战略后方变成了宋、元对峙的前方，从而对物价变化产生了严重影响。李曾伯在开庆元年（1259）上奏讲："臣十年前帅此（静江府。按：李曾伯于淳祐九年任知静江府、广西经抚使，开庆元年任节制广南，治静江），时米价每升多不过十钱。今静江米升三十八足矣，邕州米升五十足矣，民食既窘，军饷愈艰。"①他讲的二府州物价变化，似就是由于上述原因造成的。如果我们以李曾伯的话来说明此时段东南地区的一般状况，显然是不妥当的。

三、南宋晚期的金银价与绢价

关于南宋晚期的黄金价格，《鹤山先生大全集》卷二八《奏乞增支督府钱物》载，端平二年（1235），魏了翁奉命开督府，朝廷拨给督府钱财中有"金二千两，约计官会十六万（贯）"。每两折官会80贯。查端平元年，吴潜上奏言及："自浙以西，率以旧楮一贯三百易新楮之一贯，旧楮之陌为钱三十有三，以此展算，则新楮之陌已暗落为四百二十九矣。"②以此会价计，端平二年的金价假定是以新会计的，则折铜钱32贯320文足（这种可能性较小）；假定是以旧会计的，则折铜钱26贯400文足。按《宋史》卷一八一《食货志》载，前此宋宁宗嘉定二年（1209），官方动用封

---

① 〔宋〕李曾伯：《可斋续稿》后集卷五《条具广南备御事宜奏》。
② 《许国公奏议》卷一《应诏上封事条陈国家大体治道要务凡九事》。

桩库黄金 15 万两收换 11 至 13 界会子，规定："两为钱四十贯。"同时规定
"以旧会之二，易新会之一"，则会价应为每贯兑铜钱 500 文省以下，而嘉
定二年金价应在 20 贯省、15 贯 400 文足以下。这说明二十五六年间，金价
有明显上涨。

淳祐四年，徐元杰上奏讲："（今）不贵桑麻谷粟而贵金银之器用，
匹夫之家亦越分而求之，畿甸尤甚，比年金银踊直。"[1]可惜未言及具体价
格，我们无从了解究竟金价上涨幅度有多大。

淳祐年间成书的秦九韶《数书九章》中有一道关于炼金的题，原文
如下：

> 问：库有三色金，共五千两，内八分金一千二百五十两，两价四
> 百贯文；七分五厘金一千六百两，两价三百七十五贯文；八分五厘金
> 二千一百五十两，两价四百二十五贯文；并欲炼为足色。每两工食药
> 炭钱三贯文，耗金九百七十二两五钱。欲知色分及两价各几何？答
> 曰：色一十分，两价五百三贯七百二十四文五百三十七分文之二百一
> 十二。[2]

据此，十足金价为每两 503 贯 724 文（应为 17 界会），八分五厘金每
两 415 贯，八分金每两 400 贯，七分五厘金每两 375 贯。如按每贯会子折
铜钱 50 文足计，则十足金每两折铜钱 25 贯 186 文足，八分五厘金折 21 贯
250 文足，八分金折 20 贯足，七分五厘金折 18 贯 750 文足。同书还有两次
涉及金价：《均货推本》中"金每两四百八十贯文"，《推求物价》中"八
分金两价四百贯"，前者略低于炼金题中十足金价，后者则与题内八分金
价相同。此数处设题之金价，如以会子计，比上述端平二年（1235）上涨
了约 4 倍，如以铜钱计，却与上述端平年间的金价颇为接近。

关于南宋晚期的银价，《宋史》卷一七九《食货志·会计》载："绍定

① 〔宋〕徐元杰：《梅野集》卷三《淳祐甲辰上殿第二札》。
② 〔宋〕秦九韶：《数书九章》第十八卷《凡五问·炼金计值》。

元年（1228），江浙诸州军折输上供物帛钱数……路不通水，愿以银折输者听，两不过三贯三百文。"这是官价，与南宋中期的官价基本相同。绍定六年，时任知泉州的真德秀上奏中讲："（泉州）合解上供银八千三百八十两，计价钱二万九千余贯。"[①]据他所言，购买上供银的价钱是3贯448文，泉州当时上供银似是从市场上购买的，因而此价大约也是当时的市价。宋理宗时，包恢上奏状讲：沿海百姓"每伺番舶之来，如泉、广等处，则所带者多银，乃竟责现钱买银，凡一两止一贯文，得之可出息两贯文"[②]。则当时银价每两为3贯文。包恢上奏的确切时间似难考详，估计应在绍定年以后，而所言银价与上述二则记载很接近。

端平二年（1235），魏了翁开督府，朝廷拨给"银十五万两，约计官会一百五万贯"[③]，以此推算，当时银价为每两会子7贯。前文已述，此时会价约为旧会每贯折铜钱330文足，新界会每贯折429文足，如所言官会为旧会，则每两银价折铜钱2贯310文足；如所言为新会，则每两约折铜钱3贯足。嘉熙二年（1238），时人吕午上奏论徽州赋税输银之弊，谓："（徽州）土不产银，官勒输纳，旧止三贯一两，州人办纳已艰。中间朝廷知之，且以银品低次，免纳本色，以会代输……比乃行下复勒纳银，银价骤高，五倍于昔，追纳既急，其价愈增……当二税已多二倍之日，而又重以银子五倍之输……"[④]则时徽州附近银价为每两15贯，原文未明言系以会子计价，实则系会子无疑，且应是以旧会计价，因为如此才能显出银价上涨之厉害以引起注意。此时比端平二年仅迟3年，而以会子计的银价竟上涨一倍有余，幅度之大令人吃惊。或许在这3年中旧会会价贬值剧烈，或许徽州附近情况较为特殊，或则仅为一时暴涨的价格，或则几种因素都有，终难窥其详。秦九韶《数书九章》中也有一道涉及银价的题，内

---

① 〔宋〕真德秀：《西山先生真文忠公文集》卷一五《申尚书省乞拨降度牒添助宗子请给》。
② 〔明〕吴中蕃：《敝帚集》卷一《禁铜钱申省状》。
③ 〔宋〕魏了翁：《鹤山先生大全集》卷二八《奏乞增支督府钱物》。
④ 〔宋〕吕午：《戊戌六月二十六日奏为乞委金陵应接合肥尤以财用为急及徽州免纳银子欲望圣慈密诏大臣亟行及下省部照免奏闻事伏候敕旨》，《左史谏草》。

言："甲、乙、丙、丁四郡买银上供，四郡银价分别为：甲郡二贯二百文足，乙郡二贯三百文足，丙郡新会九贯三百文省，丁郡旧会五十一贯省。旧会每贯折铜钱五十四文足，新会价为旧会五倍。"①所言应反映淳祐年间的情况。其中以会子计的银价与前述端平、嘉熙年的接近，而以铜钱计的银价却比上述端平、嘉熙年的银价低。吴泳宝祐年间任广东运使，曾上奏说："照买银省价租例每两支钱三贯五十陌，数十年前银价每两只是两贯六七百左右，比之省价，每两尚争二三百钱，故前手漕计见谓从容。比年以来，银价日穷，今已增至三贯五百陌而未止……今来市价三贯五百文陌而未止。"②据他所讲，广东买银省价租例每两3贯50文足，数十年前本地市价每两2贯六七百文足，当时市价已涨至每两3贯500文足。当时比数十年前增长的幅度约为三分之一。宝祐四年（1256），时人李曾伯也有奏状言及银价，谓四川"银一两虽曰七千五百引，实计银交七十五贯，亦如东南银一两十七界七十五贯无大相远也"③。据他所言，时东南地区银价每两75贯17界会，折铜钱3贯750文足。数年后他又上奏称："前项军犒……其银每两八十贯文，共计十七界官会六十万贯……见存十七界会一十七万五千一百五十贯文，准银二千一百八十九两……近申拘到漏禁水银折计十七界会四十六万贯文，约买银五千七百五十两。"④则以17界会子计的银价又增为每两80贯，假定17界会子的会价未变，则每两银折计的铜钱增为4贯足。

南宋中期的银价大约可以每两3贯300文省的省价作基准，如上所述，南宋晚期的银价涨至每两3贯足至4贯足之间，这一上涨幅度显然比粮价的上涨幅度略大。

关于四川地区的银价，仅可查见上引李曾伯所讲的那段话，即讲宝祐四年，"四川银一两（市价）虽曰七千五百引，实计银交（按即银会）七

---

① 《数书九章》卷一一《钱谷类·折解轻赍》。
② 《鹤林集》卷二二《奏宽民五事状》。
③ 《可斋续稿》后集卷三《救蜀楮密奏》。
④ 《可斋续稿》卷七《奏已桩管银两》。

十五贯"。以纸币钱引、银交计的银价如此之高，恰是四川纸币贬值严重程度的极好写照。

关于南宋晚期绢价，笔者检得二则记载。吴泳《鹤林集》卷三九《宁国府劝农文》中讲："一斗之米，向者百钱，今九倍其直矣。一疋之绢，向者三千，今五倍其价矣。"吴泳任知宁国府约在嘉熙年（1237—1240）前后，时绢价约为每匹15贯，从下引记载可推知，此系以会子计价，又《越中金石记》卷七《嵊县尹余公道爱碑》载："亡宋景定四年（1263）癸亥，内批：'以越罕蚕，夏绢壹匹，折纳十八界会拾贰贯，永远为例。'故碑具存。时十八界会壹贯准铜钱贰佰五拾文，拾贰贯计铜钱叁贯。"此绢价较前绢价略低，当是前绢价以17界会计，此绢价以18界会计。若以铜钱计，则二者应是相差不大的。

秦九韶《数书九章》卷一一《钱谷类・折解轻赍》一题涉及绢价："甲郡……绢每疋二贯文足……乙郡……绢二贯四百二十文足……丙郡……绢每疋新会十贯三百文……丁郡……绢疋五十八贯旧会。"所设绢价与上引景定四年的绢价接近而稍低，因此书成书于淳祐六年（1246），比景定四年早17年，稍低也是合情理的。

仅就现有史料看，南宋晚期绢价同粮价的情况较为近似，即以会子计的绢价成倍上涨，而以铜钱计的绢价则上涨幅度很有限。

四、关于南宋晚期物价的几点认识

首先，如上所述，南宋晚期物价与以往不同，在南宋晚期，由于纸币出现了前所未有的严重贬值情况，所以，以纸币标示的物价呈现不断上涨的趋向，这种上涨有时达到十倍、百倍的程度，这是前所罕见的（北宋末年也出现过纸币严重贬值的情况，但持续时间较短，以纸币标示的物价也几乎未见诸记载）。后人关于南宋晚期"通货膨胀""物价飞涨"等议论，也主要是由此而产生的。但从另一角度看，即考察以铜钱标示的物价，则情况有很大不同。以铜钱标示的物价，或未见明显上涨，或有上涨，但上涨幅度也未超过一倍。考察南宋与物价相关的情况，时局动荡、政治腐败造成的生产衰坏、成本低而面额大的铜钱的铸行等，是促使物价上涨的重要原因。但我们也应看到还存在遏止以铜钱标示的物价上涨的因素，例如，铜钱铸行量的大幅度下跌（南宋铜钱年铸行量从未超过15万贯，有时则少到只有数万贯），铜钱大量流向海外及被储藏、销毁等，都是对以铜钱标示的物价的上涨起阻碍作用的。所以，简单地以"通货膨胀""物价飞涨"等描述南宋晚期物价状况并不是很准确、很适当的。

其次，南宋晚期物价，存在一物多价的情况。这是由于当时存在着不同的度量衡制，也由于当时多种货币同时并行。秦九韶《数书九章》卷一一《钱谷类·课籴贵贱》有一道计算题较典型地反映了南宋后期因度量衡制导致的物有多价的情况，原题为：

> 差人五路和籴。据申，浙西平江府石价三十五贯文，一百三十五合，至镇江水脚钱每石九百文；安吉州石价二十九贯五百文，一百一十合，至镇江水脚钱每石一贯二百文。江西隆兴府石价二十八贯一百文，一百一十五合，至建康水脚钱每石一贯七百文；吉州石价二十五贯八百五十文，一百二十合，至建康水脚钱每石二贯九百文。湖广潭州石价二十七贯三百文，一百一十八合，至鄂州水脚钱每石二贯一百文。其钱并十七界官会。其米并用文思院斛交量纽数。欲皆以官斛计石钱，相比贵贱几何（原注：文思院斛每石八十三合）？
>
> 答曰：安吉州二十三贯一百六十四文……（文以下尾数删。下同）。平江府二十二贯七十一文……隆兴府二十一贯五百七文……潭州二十贯六百七十九文……吉州一十九贯八百八十五文……

题中镇江、建康、鄂州分别为总领所、大军转般仓所在地。题中数据虽为假设，但应与成书的淳祐七年（1247）实际情况相差不远。我们从题中可以看到，由于地区不同、度量衡制不同，造成了粮价的差异。但本题中的粮价尚统一以17界会子计。实际生活中，既有以17界会子计价的情况，也有以18界会子计价或以铜钱计价的情况。这在前引同书反映银价和绢价的题中即得到反映。反映银价的题甲、乙、丙、丁四郡买银上供，甲郡、乙郡各以足陌铜钱计价，丙郡以新会计价，丁郡以旧会计价。前引反映绢价的题中，甲、乙两郡以铜钱足陌计价，丙郡以新会计价，丁郡以旧会计价。题设只是反映了社会实际，事实上，前文征引的大量实例已经表明，人们有时以新会计价，有时以旧会计价，有时则以铜钱计价，以铜钱计的物价同以纸币计的物价差距越来越悬殊。由于当时社会生活中越来越多地使用纸币，纸币购买力的降低直接影响到人们的生活水平和社会的安定，所以，以纸币标示的物价与当时人的生活状况有着最重要的关系。在这一意义上，说南宋晚期"物价飞涨""民不聊生"无疑是正确的。但同时我们也应注意到此时期物价的复杂情况，注意到铜钱与纸币的差异，注意到物有多价的现象，在概括此时期物价状况时，能有更科学、更准确的描述。

五、南宋晚期物价研究的一个常见失误

有些学者在述及南宋社会生活时，往往用"物价飞涨""民不聊生"等语来形容，类似下面的史料是经常被引用的：

> 嘉熙庚子（按嘉熙四年）大旱，京尹赵存耕敷巨室籴米，始官给三十六千一石。未几，粒价增四五倍，豪民巨姓破家荡产，气绝缢死者相踵。[1]

> 物价腾踊，昔固有之，而升米一千，其增未已，日用所需，十倍于前，昔所无也。[2]

> 今岁之旱，京辅为甚……斗米十千，又复日长，京城细民，无所得食，弃抛幼孩，啼号载路……[3]

> 夫古今未有石米之直为缗丝（钱？）三四十千，而国不穷、民不

---

① 〔宋〕俞文豹：《吹剑录外集》。
② 〔宋〕杜范：《杜清献公集》卷一〇《嘉熙四年八月已见劄子》。
③ 《杜清献公集》卷一一《上已见三事》。

困、天下不危乱者也。①

　　姑以近年已验者言之……京畿近地，米石百千，殍殣相望，中外凛凛……②

　　……

　　粗看起来，上引记载中所言及的情况确是讲"物价飞涨""民不聊生"的。米价也涨至三四十贯一石，到处都是饥饿的百姓，许多官员都在众口一词地大声疾呼，确实是满眼亡国景象。但仔细考察不难发现，上引各记载，其实只反映一个时段的情况，即嘉熙末年的情况。再参考其他史籍，可知嘉熙三年（1239）和四年时，南宋遇到了罕见的大饥荒。上引文献，实际都是反映这次大饥荒时的惨状。用短时期内的特殊情况来概括一般，显然是不尽妥当的。事实上，此时距南宋灭亡尚有三四十年，这三四十年中，情况并不总是这样坏的。特别是粮价，如前所述，石米百千的情况是并不多见的。

附记：

　　南宋晚期学者杨辉在其数学著作中几次涉及银价，如："题：钱二千七百四十六贯买银，每两一十四贯二百八十五文，问共买得几何？答曰：一百九十二两二钱二分，总余一十二文七分三厘。"③"题：银二十四两七钱，每两价钱七贯三百六十文，问钱若干？答曰：一百八十一贯七百九十二文。"④"题：买银二百三十七两，每两五贯七百，问钱几何？答曰：一千三百五十贯九百文。"⑤但所言银价上下变动不一而相差悬殊，不宜征引。他的著作中涉及粮价、绢价等也存在类似情况。

　　时人杜范上奏论应增加军俸时言及："（军俸以银为额，实则折支）旧例（每

---

① 《许国公奏议》卷三《经筵奏论救楮之策所关系者莫重于公私之籴》。
② 《可斋杂稿》卷一七《除淮阃内引奏札》。
③ 〔宋〕杨辉：《算法通变本末》卷上。
④ 《算法通变本末》卷上。
⑤ 〔宋〕杨辉：《乘除通变算宝》卷中。

两）作三贯三百，今来银价高贵，特作六贯折支，如此则每两则有三两贯之赢余，亦足以优润军士"①；"银子每两价钱增作五贯"等②。因军俸折价与市价差异较大，故不予征引。录于此备考。

又《永乐大典》引地志载：潮州"常平窠名纲运：坊场河渡钱二千一百一十八贯六百二十八文省，买银五百九十九两一钱二分三厘；官户不减半役钱一千五百单九贯八百三十八文省，买银四百一十五两二钱一分；新旧减下吏人食钱一百四十七贯七百文省，买银四十两六钱一分八厘……吏禄钱三千五百七十六贯二十一文省，买银九百八十三两四钱一分……锡本钱一千八百贯文省，买银四百九十五两"③。连州："古来连州银坑盛发，每两不过六七百文……今（银价）每两至三贯（足）陌。坑场之产既竭，总所之额自若，官吏与民，俱受其害。"④因取值时间不清楚，故未引用，录以备考。

（原载《文史》2004年第1期）

---

① 《杜清献公集》卷一四《三月初四日未时奏》。

② 《杜清献公集》卷一四《四月十六日申时奏》。

③ 《永乐大典》卷五三四三引《三阳志》。按据此每两银折约三贯五百三十六文至三贯六百三十八文省不等。

④ 《永乐大典》卷一一九〇七《湟川志》。

试论宋代绢帛的货币功能

汪圣铎

宋人对钱与非钱的区分是很清楚的，他们明确认为金、银、绢、帛等都不是"币"，但从今天的观点看，宋代的白银在不少场合，是作为货币或准货币在发挥作用的，这一点也近乎得到学术界的普遍赞同。但对于绢帛在宋代残余的货币职能却较少有人留意，且未见专论，今拟尝试之，以推动相关研究。

一、绢帛是否用为交换媒介

（一）绢帛用于官方籴买

早在20世纪30年代，日本的加藤繁先生就在论述宋代金银货币职能问题时，顺带就宋代绢的货币职能问题作了如下议论：

> 绢在宋代仍继续充作货币的用途。例如《宋史·真宗本纪二》：咸平六年九月丙申条云：出内府缯帛市谷实边……不过，在宋代文献中所看到的关于这类的记事比之唐代文献要少得多。盖在宋代银使用发达的结果，绢帛使用的范围被银所侵占，银货币的地位，凌驾于绢帛之上。[1]

加藤繁先生所言"绢在宋代仍继续充作货币的用途"，无疑是正确的，当然，似加上一限制词，即"有时"或"一定场合下"或更准确。而加藤

---

[1]〔日〕加藤凡：《唐宋金银之研究》，第三章第三节《宋代金银使用的发达》，中国联合准备银行，1934年，第207页。

繁先生讲宋代记载比唐代少，就未必妥当。因为加藤先生举的例子是关于籴粮实边的，而宋代以绢代钱籴粮实边的事实频见记载，试仅就李焘《续资治通鉴长编》所载引录十例：

[景祐二年六月] 丁卯，出内藏库绢一百万下三司市籴军储。①

[景祐三年冬十月] 丁未，诏三司以二十万下河北路、绢五十万下京西路市籴军储。②

[皇祐二年] 闰十一月丙辰，出内藏库缗钱四十万、绢六十万，下河北便籴粮草。③

[至和二年] 十一月丙辰，出内藏库绢三十万，下并州市籴军储。④

[嘉祐六年七月] 甲午，出内藏库绢二十万匹，下河北助籴军储。⑤

[熙宁四年五月] 己亥，诏给榷货务封桩……绢万七千匹赴陕西转运司籴军储。⑥

[熙宁五年九月] 丙辰，诏江淮等路发运司……支……绢一十五万匹与陕西转运司计置镇洮、通远军粮草。⑦

[熙宁七年八月] 丁卯，赐河东转运司绢十万市粮草。⑧

[元丰元年八月] 戊辰，诏赐银绸绢共为钱二千万缗付鄜延路经略司……市粮草封桩。⑨

[元祐三年五月辛酉] 又赐陕西路银、绢共四十万，乘时收籴，

① 〔宋〕李焘：《续资治通鉴长编》卷一一六，景祐二年六月丁卯条。以下简称《长编》。
② 《长编》卷一一九，景祐三年十月丁未条。
③ 《长编》卷一六九，皇祐二年十一月丙辰条。
④ 《长编》卷一八一，至和二年十一月丙辰条。
⑤ 《长编》卷一九四，嘉祐六年七月甲午条。
⑥ 《长编》卷二二三，熙宁四年五月己亥条。
⑦ 《长编》卷二三八，熙宁五年九月丙辰条。
⑧ 《长编》卷二五五，熙宁七年八月丁卯条。
⑨ 《长编》卷二九一，元丰元年八月戊辰条。

以广蓄积。①

还应言及，调到边疆的绢帛有时除籴粮外，还用于购买别的东西。如熙宁六年（1073）冬十月庚辰，"诏三司出䌷绢二十万付王韶买熙河路蕃部余田"②。元丰五年（1082）五月甲辰，"诏泾原路经略司给封桩军赏绢二十万匹与转运司准备筑城修堡"③。前一例绢用于买田，后一例绢用于购置建筑材料等。

（二）官民禁榷品交易中的绢帛

在榷货（茶、盐、香、矾等）算请中，绢与金银类似，常常可以代钱行用。如："建隆二年，命左谏议大夫刘熙古诣晋州制置矾，许商人输金银、布帛、丝绵、茶及缗钱，官偿以矾……端拱初，银、绢帛二万余贯……"④"乾德二年，诸州民有茶，附折税外，官悉市之，许民于京师输金银钱帛，官给券，就榷货务以茶偿之"⑤。"（太平兴国）八年三月，金部员外郎奚屿言：奉诏相度泉福建剑汀州、兴化邵武军盐货，请许通商，官为置场，听商旅以金银钱帛博买……从之"⑥。至道二年（996）十一月，发运使兼茶盐制置使杨允恭"又请令商人先入金帛京师及扬州折博务［请盐］者，悉偿以茶"⑦。咸平四年（1001）秘书丞、直史馆孙冕上书："若令江南荆湖通商卖盐，缘边折中粮草，在京纳金银钱帛，则公私皆便"⑧。景德二年（1005），朝廷命林特等议定新茶法："于京师入金、银、绢帛直钱五十千者，给百千实茶。河北缘边入金帛刍粟如京师之制，而茶增十千；河东缘边、次边亦然"⑨。景德二年"十二月监榷货务、供

---

① 《长编》卷四一一，元祐三年五月辛酉条。
② 《长编》卷二四七，熙宁六年十月庚辰条。
③ 《长编》卷三二六，元丰五年五月甲辰条。
④ 《宋史》卷一八五《食货志·矾》。
⑤ 《群书考索》后集卷五六《财赋·茶盐》。
⑥ 《宋会要辑稿》食货二三之二。
⑦ 《长编》卷四○，至道二年十月甲子条。
⑧ 《宋会要辑稿》食货二三之二四。事又见《长编》卷五○，咸平四年己卯条。
⑨ 《长编》卷六○，景德二年五月戊辰朔条。

备库使安守忠等言：解盐元许客人从本务入中金、银、丝帛博买交引，就两池请盐……"①大中祥符二年（1009）诏书中言及："榷货务便纳金银钱帛粮草合支香药、象牙者"云云②。天禧元年（1017）四月"八日，定夺所言：'欲晓示客旅如要海州新茶，依近定到入中则例，每百千数内入见钱四十千，余六十千许以金银匹帛丝绵等依时价算买，更无加饶，或入一色见钱亦听。'从之"③。天圣元年（1023）关于商人算请茶叶的如下规定：算请淮南十三山场茶，"于在京榷货务纳净利实钱，每百千为则，内五十千见钱，五十千金银紬绢小绫，如无本色，即纳见钱"；算请蕲口、真州、无为军、汉阳军四务茶，"即于榷（榷为在之误）京榷货务入实钱百千，内四十千见钱，六十千金银绸绢小绫"；算请"荆南、海州两务茶，即入实钱百千，内四十五千见钱，五十五千金银紬绢小绫"。如果不到京师，"只就逐处榷货务入纳钱物，如愿请蕲口等四榷务茶，即入中实钱百千，四十千见钱，六十千金银紬绢小绫等……愿请荆南等两榷务茶，即入中实钱百千，内四十五千见钱，五十五千金银紬绢小绫等……"④上引事例都说明算请榷货可依规定比例以绢代钱，即绢在一定程度上和一定范围内起了交换媒介的作用。同时我们也应看到，在准许以绢代钱的同时，有时也许以绫、茶、丝绵等代钱，后面这几种物品显然不能视为货币，所以，我们不能仅仅因为绢帛在上述情况中可以代钱使用，就断定绢帛具有完全的货币功能。不过，从所引史料可以看出，绢帛的应用要比绫、茶、丝绵更多。从有关记载看，相比而言，以绢代钱的情况要少于以银代钱的情况，官方规定银可以算请而不接受绢帛的情况也时有存在。特别是南宋时期，这种情况就更加多见。这说明在宋代，绢帛在禁榷品交易方面作为交换媒介发挥作用不如银广泛。

---

① 《宋会要辑稿》食货三六之五。
② 《宋会要辑稿》食货五五之二三。
③ 《宋会要辑稿》食货三六之一四，参《宋史》卷一八二《食货志·盐》。
④ 《宋会要辑稿》食货三〇之五、六、七。

（三）日常生活中以绢帛代钱作交换媒介的情况

日常交易中，也偶有以绢代钱的情况。如郭若虚《图书见闻志》卷6《慈氏像》记，景祐年中于市中购得慈氏菩萨像一幅，持献入内阁都知，阁都知认出此画为宫中旧有，"乃以束缣偿之"。阁都知即用缣购画。又王诜曾致书苏轼称："吾日夕购子书不厌，近又以三缣博两纸。子有近书，当稍以遗我，毋多费我绢也"[1]。另外，民间马匹交易也有以绢为交换媒介的（详见下"以绢计马价"项）。

二、绢帛用作支付手段

（一）税收中的绢帛

宋朝赋税中绢帛所占比重相当大，但绢帛数量大，并不等于绢帛在这里是作为货币起作用，税粮所占比重也很大，就明显不是货币。但四川地区情况稍有不同，这一地区是行用铁钱的，而铁钱是不能上缴朝廷的。所以，本地税收（含榷利）中有一部分是以银、帛代钱的。景德三年（1006）诏书中言及，"东西两川掌关征榷酤鹾醢之利者半输银、帛"[2]。这项规定在较长时间内得到沿行。[3]虽是以绢代钱，但由官方规定绢匹折计钱的价格。[4]

（二）官方其他财政调拨中的绢帛

在宋代财政收入中，绢帛的数量仅次于钱币（含铜钱、铁钱、楮币）、粮食而居第三位，其数量往往达到数百万或上千万匹。这是白银的数量根本无法相比的（银岁入未见有超过百万两者）。如至道末年，"大凡邦国内外举一岁之费"，"银六十二万余两"，而"绢三百三十三万三千余匹，绸九十万三千余匹"。天禧末年，"天下总获""银八十八万三千九百余两"，

---

① 〔宋〕苏轼：《苏轼文集》卷六八《书黄泥坂词后》。
② 《宋会要辑稿》食货三四之一四。《宋史》卷一八五《食货志·坑冶》作"东西川盐酒商税课半输银、帛"。
③ 参《宋史》卷一八三《食货志·盐》载四川盐课情况。
④ 参《宋会要辑稿》食货三七之一至一一、《长编》卷一八五，嘉祐二年癸未条。

而"绢一百五十五万二千余匹，紬九百四十一万五千余匹"。"总费""银五十八万余两"，而费"紬七十六万四千余匹，绢四千一百七十三万七千余匹"[①]。绢紬二者匹数之和都远远超过银两数。相应地，在各种财政调拨中，绢帛就常常代替现钱被调用，数量一般也就远比白银多。

记载中，绢帛用于边费的事例颇多，且数额往往较大。前述用于边籴的调拨自属边费的一部分，或者说是其主要部分，但边费调拨显然不仅仅用于边籴，其中有相当比例是用于军人衣赐和军赏的。用于边费的调拨中紬绢帛的数量往往较大，如：（庆历二年六月）甲戌，出内藏库银一百万两、绢各一百万匹下三司，以给边费[②]。（熙宁五年四月）壬子，诏三司出紬绢百万付陕西四路经略司变易以备边用[③]。

除边费外，其他财政调拨中也有大量绢帛，如：（庆历三年八月）己亥，出内藏库紬绢三百万，下三司以助经费[④]。（嘉祐八年四月癸酉）三司奏乞内藏库钱百五十万贯、绢二百五十万定、银五万两，助山陵及赏赉。从之[⑤]。

在上述财政调拨中的绢帛，也是作为钱的替代物，起特殊的支付手段作用。

（三）官员军兵俸禄中的绢帛

宋代官员军兵的俸禄衣赐支给的构成很复杂，其中最基本的为四项，即料钱、衣赐、禄粟、各种名目的职务津贴（含添支钱米、贴职钱米、特支钱米、食钱厨料、职田租等）。从数量上看，以钱贯立额者最多（实际有时折支实物）；以粮石立额者次之（实际支给时有的折支现钱）；绢帛在禄格中虽地位显著，但数量却比钱贯、粮石少得多（衣赐一年支给两次，按月平均每月支给的数量就很少）。所以，我们无法确定获得俸禄绢帛者在多大程度上是利用其使用价值，多大程度上是利用其交换价值。换言

---

① 《长编》卷九七，天禧五年十二月壬戌条。
② 《长编》卷一三七，庆历二年六月申戌条。
③ 《长编》卷二三二，熙宁五年四月壬子条。
④ 《长编》卷一四二，庆历三年八月己亥条。
⑤ 《长编》卷一九八，嘉祐八年四月癸酉条。

之，官员军兵俸禄中的绢帛不能明确显示其是否具有货币职能（另，北宋时期禄格中完全没有支银的规定。南宋时期官员军兵俸禄虽有支银现象，但也并不普遍，且找不到制度性规定）。

（四）例赐中的绢帛

宋代官员军兵有一种介于俸禄、赏赐中间的收入，即例赐。例赐不同于一般赏赐，它是有固定数额的，有的甚至是定时的，依"例"而行的。它也不同于俸禄，因为不是按年、按月支给的。例赐中与绢帛联系最密的且较常见于记载的是郊赍和赙赠。

郊赍是指每三年一次南郊祭典后所行的赏赐。各种人赏赐的数额有详细规定，大抵为银、绢、钱和器物等。高级官员（含军将）以银、绢为主，辅以器物；兵士以钱为主。文官自宰相枢密使银1500两、绢1500匹以下递减，至幕职州县官银5两、绢5匹，分若干等。武臣自在京使相、殿前都指挥使（数同宰相）以下递减，至奉职、借职银3两、绢3匹，分若干等。从规定看，郊赍支用的银、绢数额应基本是对等的，但从官方的统计数看，绢却比银多许多。如：《宋史》卷179《食货志·会计》载："天圣以后……三岁一赍军士，〔内藏〕出钱百万缗，紬绢百万匹，银三十万两……以佐三司。"又蔡襄治平年间任三司使，上奏讲郊赍费用的准备情况称，根据需要备有：现钱120万贯，银40万两，绢140万匹，紬有50万匹①。又李心传记："渡江后郊赍，建炎二年，用钱二十万缗，金三百七十两，银十九万两，帛六十万匹……"②可知历次郊赍用的绢帛都比银多数倍。

赙赠是宋代官员士兵死后官方支给的抚恤钱物。官兵赙赠是有固定数额的，但对特殊情况往往有数额不等的加赐。一般性赙赠数额规定，熙宁七年（1074）曾作较大变动，大抵此前有钱、绢、其他实物三部分：熙宁七年颁行新式，不再支钱，改为只支绢和其他实物。如宰相死，旧赙钱500贯、绢500匹，另有酒、烛、香、米、面等，熙宁七年改为绢800匹、

---

① 〔宋〕蔡襄：《蔡襄集》卷二六《乞封桩钱帛准备南郊支赐》。
② 〔宋〕李心传：《建炎以来朝野杂记》甲集卷一七《渡江后郊赏数》。

布300匹，另加香、烛、茶、酒、米、面等（宰相的母、妻、兄弟、子、侄等死亦有赙，数额另有规定）。又如，翰林学士旧赙钱百贯、绢百匹、酒15瓶、羊10口，熙宁七年（1074）改为绢100匹、酒15瓶、米面各5石、羊5口。①这样，熙宁七年以后赙赠中绢的比重大大增加。由于赙赠规定数额中有大量实物，所以很难讲绢帛在此一定是完全代钱使用的。但无论是熙宁七年以前还是以后，绢帛始终是赙赠的主要构成部分，而赙赠说到底仍是一种财赋的支付，所以，我们从中仍能体会到绢帛在某种程度上发挥的货币职能。

额外赙赠以绢和银对等地赐给是较常见的形式，如：

> （皇祐四年八月，广东都监张忠与侬智高作战战死）丙戌，赠张忠为感德节度使……别赐银四百两、绢四百、布二百、钱三百千。②

> （治平三年六月壬辰）赠故霸州文安县主簿、太常礼院编纂礼书苏洵光禄寺丞……赐其家银、绢各百匹两。③

> 绍兴八年四月十三日殁于书堂正寝……诏赠四官，赙银、绢二百匹两……继又降诏旨……特赐银、绢三百匹两。④

> （嘉泰）四年十月庚寅朔薨……赠太师，赙银、绢各千。⑤

额外赙赠也有只赐绢帛或钱绢并赐的，如：

> （咸平三年秋七月）荆湖江浙都巡检使、西京左藏库使、康州刺史杨允恭……卒于升州……赙钱二十万、绢二百匹，又以钱五万、帛五十匹给其家。⑥

---

① 《宋会要辑稿》礼四四一至四四三。
② 《长编》卷一七三，皇祐四年八月丙戌条。
③ 《长编》卷二〇八，治平三年六月壬辰条。
④ 〔宋〕胡寅：《斐然集》卷二五《先公（胡安国）行状》。
⑤ 〔宋〕楼钥：《攻媿集》卷九四《少傅观文殿大学士致仕益国公赠太师谥文忠周公（必大）神道碑》。
⑥ 《长编》卷四七，咸平三年七月丁酉条。

（熙宁十年春正月己酉）右正言、宝文阁待制、权判西京留御史台常秩卒……赙绢三百匹。①

（元丰元年二月庚午）诏："应诸军阵亡赙绢：阵胜，将校三十匹，兵二十匹；不胜，各减半。民兵准此。"②

（元符元年八月戊寅）龙神卫四厢都指挥使、威州刺史、权管马军司事张整卒，赙赠外特赐绢三百匹。③

额外加赐一般没有茶酒米面等杂物，上述事例中的绢，其货币属性似更强。应当指出，赙赠用绢（主要是银、绢并用）的作法一直到南宋晚期仍然十分流行，似并没有过多受到官方绢帛收入减少的影响。

（五）赏赐中的绢帛

宋代绢发挥货币职能最多的场合是赏赐，其事例多得简直难以统计。赏赐可分两大类，一类是奖赏官员，多数是个别人；一类是赏军，通常一次许多人同时受赏。颇耐人寻味的是，仅从记载看，北宋初期，赏赐以赐钱、赐银为多，赐绢的情况相对较少。但到了宋仁宗即位以后，官方赏赐中用"银帛"（有时称"金帛"，"金"或泛指金银，或指"白金"，即银）的情况逐渐增加，成为最为流行的一种形式。所谓赏赐银帛，其中银和帛的数量通常是对等的。如：

（嘉祐五年五月戊申）赐国子博士、新通判明州赵至忠银百两、绢百匹，至忠数以契丹机密事来献故也。④

（熙宁五年春正月丁酉），因开洪泽河竣工，赐权发遣江淮等路发运副使皮公弼银、绢二百，仍赐敕奖谕。⑤

（元丰二年八月）戊戌，赐故祠部郎中、同提点在京仓草场刘昭

---

① 《长编》卷二八○，熙宁十年正月己酉条。
② 《长编》卷二八八，元丰元年二月庚午条。
③ 《长编》卷五○一，元符元年八月戊寅条。
④ 《长编》卷一九一，嘉祐五年五月戊申条。
⑤ 《长编》卷二二九，熙宁五年正月丁酉条。

远家银、绢各百。以提点沈希颜言其家贫故也。①

（徽宗立，召范纯仁入觐）遣中使赐银、绢各五百，以继道路之费。②

（建炎四年十一月戊申）上（宋高宗）以〔秦〕桧初归用乏，赐之银、绢各二百。③

自绍兴以来，朝廷每遣使往北境贺生辰、正旦，使、副……（赐）银、帛各二百两匹，上节银、帛共三十，中节二十五，下节一十五。④

上引事例中刘昭远例、秦桧例均同受赐者贫困有关，尤使人感到绢帛于中起作用的不是它的使用价值，而是它的一般价值。

对立有军功的军队官兵的奖赏用绢比对一般官员的奖赏用绢更加常见，特别是对普通士兵的赏赐用绢多。笔者曾对《宋会要辑稿·兵·军赏》中赏赐物作过粗略的考察，北宋时期赏赐绢的次数要远远多于赏赐现钱的次数，也略多于赏赐银的次数。但到了南宋，赏绢的情况急剧减少。北宋军赏银、绢并用的情况较多，但在一次赏赐中，往往级别高者银绢并赏，而级别低者只有绢而无银。只赏绢不赏银的情况也不乏见。请看下引诸例：

（熙宁十年春正月己巳）诏以内藏库绢十五万匹、银五万两赐熙河路经略司，以备军赏。⑤

（元丰二年六月戊申）閤门祗候、知雄州归信容城县李泽迁一官，仍赐绢五十疋。时北界巡马犯边，泽与格斗重伤故也。⑥

（元丰四年十一月）二十五日，（东上阁门使、文州刺史、鄜延路

---

① 《长编》卷二九九，元丰二年八月戊戌条。
② 〔宋〕邵伯温：《邵氏闻见录》卷一四。
③ 〔宋〕熊克：《中兴小纪》卷九。
④ 《建炎以来朝野杂记》甲集卷三《奉使出疆赏赉》。
⑤ 《长编》卷二八〇，熙宁十年春正月己巳条。
⑥ 《长编》卷二九八，元丰二年六月戊申条。

经略副使、权副总管）种谔言米脂川败西贼有功人。令学士院降诏，赐谔银、绢各二千匹两。……传宣抚问汉蕃将士及等第支赐：禁军都指挥使钱七千、绢七匹，都虞候以下有差，其下军卒支绢或绅一匹。[1]

（元丰八年）十月十二日，诏："定西城守城汉蕃诸军并百姓妇女城上与贼斗敌者，人支绢十匹，运什物者七匹，城下供馈杂役者男子五匹，妇人三匹。"[2]

（元符元年冬十月己亥，因守平夏城有功）诏章楶特除龙图阁学士、左中散大夫，赐茶药及银、绢一千匹两。又诏平夏城将官皇城使、康州团练使郭成为东上閤门使、雄州防御使……赐银、绢三百匹两，知城以下等第支赐（原注：……余二百、一百五十、一百、五十凡四等……士卒自二十匹至十匹凡三等，老少妇女经城上役使者五匹）。[3]

（宣和四年七月）二十二日，枢密院言：宣抚司申，统制王涣申，前去收复处州，其获级有功合转资别作施行外，其余一级合支绢七匹。刘义、张彦忠各三级，今比拟支绢共二十一匹，何择五级，今比拟合支赐绢三十五匹。关请施行。从之。[4]

（靖康元年闰十一月）十五日，虏以洞子屋负土填壕，募能焚之者，赏绢二千匹、银五百两……[5]

从上引文献可以看出，绢被非常广泛地用于赏赐（包括普通赏赐和军赏），在北宋时期，其广泛程度不但超过白银，甚至超过铜钱。可以说，在整个北宋，仅就赏赐一个方面而言，我们丝毫看不出绢帛有被白银取代的迹象。至于南宋时期，赏赐中绢的骤然减少，那是官方推行折帛钱制度所造成的（详见下文），似与白银流通也无直接联系。

---

① 《宋会要辑稿》兵一八之九。事又见《长编》卷三二一，元丰四年十二月庚戌条。
② 《宋会要辑稿》兵一八之一四。
③ 《长编》卷五〇三，元符元年十月己亥条。
④ 《宋会要辑稿》兵一八之二三。
⑤ 《宋会要辑稿》兵一八之二七。

（六）关于岁币用绢

宋朝支给辽、夏、金的岁币，主要是以银、绢立额的。给辽的岁币起初是银10万两、绢20万匹，后庆历二年（1042）增为银20万两、绢30万匹。宋给夏的岁币（岁赐）为银七万二千两、绢十五万三千匹。宋给金的岁币起初为银25万两、绢25万匹。隆兴元年（1163）改为银20万两、绢20万匹。开禧二年（1206）又增为银30万两、绢30万匹。岁币是一种特殊的支付，且具有同境外经济交往的意义。从上列数字可知，在北宋所纳岁币中，绢的数量比银多，南宋时期银、绢数量相等。这也从一个小侧面说明了在宋代经济活动中绢的生活应用比银要广泛，或至少旗鼓相当。

（七）折帛钱的征收与财政收支中绢帛的减少

南宋征折帛钱，原本是因为战争的需要，当时官方一是通过折帛想变相增加税收，二是征收折帛有利于战争环境中的财政调拨。征折帛钱使税绢连同和预买绢征收本色绢的数量大大减少，从而使官方财政收入中绢帛的数量减少，相应地，官方支出的绢帛数量也随之减少。这对于绢帛在流通领域内的数量减少、作用减弱，从而退出流通起到了促进作用。

（八）偿还入中者绢帛

官方也时时以绢代钱作为入中者的偿价物。如"庆历二年，又诏：'入中陕西、河东者持券至京师，偿以钱及金帛各半之……'"[1]大观四年（1110），侍御史毛注言："……自崇宁来……边郡无人入中，籴买不敷，乃以银绢、见钱品搭交钞为籴买之直，民间中籴，不复会算钞直，惟计银绢、见钱……"[2]入中制度带有异地汇兑的因素，也含有贸易成分，是一种较特殊的支付，但此处绢帛确是作为钱的替代物被使用的。

（九）日常生活中以绢帛作支付手段的情况

苏轼又曾致书释辨才谓："某与舍弟某舍绢一百疋，奉为先君霸州文安县主簿累赠中大夫、先妣武昌郡太君程氏造地藏菩萨一尊并座及侍者二

---

[1]《宋史》卷一八二《食货志·盐》；《长编》卷一六八，皇祐二年正月壬子条。
[2]《宋史》卷一八二《食货志·盐》。

人……"①又据载，秦桧少时曾穷困乞讨，曹泳以俸余绢二匹接济秦桧，以致秦桧作宰相后厚待曹泳以为报答②。在以上三例中，都是以绢代钱使用的。

三、绢帛作为价值尺度的情况

宋代以绢帛作为价值尺度的情况不多，但也并非绝对没有。在下述两种场合，绢帛是明显地充当了价值尺度的角色。

（一）绢匹作为刑法计赃的基准单位

在刑法中，宋朝仍沿唐制，在不少刑法条文中以绢匹为赃罪计罪基准。唐宋以绢量刑，客观上有其合理性。观察唐宋钱、绢变化，绢匹比铜钱价值更为稳定，这是因为铜钱有大小钱、用料标准时常变化，导致自身价值（每贯）含量随之变化，加之铜钱购买力因数量增易减难而持续下落，使得铜钱自身的变化相当大，有时还很迅猛。而绢匹的价值却相对稳定。特别是我们如分析白银、绢、钱三者间的比价关系，就会发现，白银与绢的比价变化比二者与铜钱的比价变化要小得多。所以，以绢计赃比以铜钱计赃要更具可行性、合理性。

表1 唐宋官定计赃铜钱折绢折价简表

年份	折价	出处
开元十六年（728）	550文	《唐会要》卷四〇《定赃估》
大中六年（852）	900文	《唐会要》卷四〇《定赃估》
太平兴国四年（979）	1000文	《宋会要辑稿》刑法三之二
元符年间（1098—1100）	1300文足	《宋会要辑稿》刑法三之二
大观元年（1107）	1500文足	《宋会要辑稿》刑法三之二
建炎元年（1127）	2000文足	《宋会要辑稿》刑法三之二
绍兴三年（1133）	3000文足	《宋会要辑稿》刑法三之二
乾道六年（1170）	4000文足	《皇宋中兴两朝圣政》卷四八

① 《苏轼文集》卷六一《与辨才禅师六首之三》。
② 〔宋〕周密：《齐东野语》卷一一《曹泳》。

在宋代，我们可以看到办案时以绢计赃的实例。李焘《续资治通鉴长编》卷三四六载：元丰七年六月己巳朔，"太中大夫、龙图阁待制、知江宁府陈绎免除名勒停，追太中大夫，落龙图阁待制，知建昌军……绎坐前知广州作木观音易公使库檀像，私用市舶乳香三十斤，买羊亏价，为绢二十八匹……"此处即将几种赃物折计为绢匹。《明公书判清明集》卷二载蔡久轩《虚卖钞》："程全、王选以县吏同谋擅创方印，印卖虚钞，作弊入己……程全计赃六十一铤，决脊杖十五，配一千里；王选计赃三十二铤，决脊杖十二，编管一千里，仍监赃。"同卷宋自牧《巡检因究实取乞》："在法：诸领寨官为监临受财十五铤者绞。其命官将校奏裁。今扶如雷所受赃数过五十铤，死有余罪……"又同书卷一二蔡久轩《豪横》："方震霆供认骗乞之数，计二千二百八十贯，见钱十五贯足，而欺诈田业与诈价钱不与，纽计绢五十余铤，合决脊杖二十，配本城。"上引三例中既有关于以绢匹计赃的律文，又有以绢匹数定刑的实例，说明以绢计赃定刑在当时司法活动中应用得相当广泛。

（二）作为马价的绢帛

绢起货币作用的又一场合是用绢向蕃族买马。西北、西南卖马的蕃族大约不惯用铜钱，同时宋朝也禁止铜钱外流，用于支付马价的主要是茶、绢、银。马价的计量，多数以铜钱，其次以银，但有时也以绢。如据载："景祐三年四月，再定诸州买马额……大马自绢二十九匹端至十九匹端六等，每差以两；牝马自绢十六匹端至十一匹端每差以一。"[1]又咸平三年十二月，官方规定，河北、河东沿边州军城寨军民，"获马堪带甲者纳官，每匹支绢二十匹"[2]，这虽与普通购买不同，但也含支给马价的意义。南宋时期，蕃族有贱茶贵银绢的情况，马价支给银绢的情况增多，特别是"上驷则非银绢不可得"[3]。淳熙九年（1182）五月二日都大茶马王渥奏中

---

[1]《宋会要辑稿》兵二四之二。
[2]《宋会要辑稿》兵二七之六。
[3] 佚名：《皇宋中兴两朝圣政》卷五五。

言："黎州买马旧额二千一百二十四疋，一年计用绢二万三千匹，乾道九年赵彦博以青羌作过，优支马直，始用绢三万四千匹。至淳熙八年龚总到任，欲买马三千三百八十一疋，将数内不及格马一千九百八十八疋升作良细马，共支绢七万六千余匹，与乾道八年买马相类而支绢加一倍以上。"①由此可见买马用绢的增加。另民间买马也有以绢计价的情况。如，元丰七年（1084），有人指控知枢密院韩缜买马亏价，"诏缜分析。于是缜言：'知石州燕复尝为臣买马，令其子孝嗣言，元买券直绢四十匹。臣先以银十两偿孝嗣道里费，许偿以山东绢八十匹……'"②这里立券及韩缜许偿之马价全以绢匹计。当然，上述两种情况都有些特殊。前者为非商品交换场合。后者则有出境贸易的色彩，出境贸易与国际贸易从经济学角度看是性质接近的。

综上所述，绢帛在宋代货币功能较唐代大为减弱，最突出的表现之一，是宋代官方始终没有颁行类似唐代的关于允许以绢代钱行使的正式法令。此外，在宋代，绢帛不适合作货币的一些特性也显现得比较充分，这主要表现在人们对绢帛自身价值的不均衡已有较清楚的认识上。首先，在宋代，䌷与绢的区别受到重视，二者的价格也有明显差异。其次，绢的质量（稀密、重量等）也不均衡，因产地不同绢的价格也有差异，此外新陈之间、生熟之间等都有价格差异。人们对此有了认识，说明生产力的提高和社会的进步，但这给绢帛发挥货币职能却造成巨大不便。这无疑是促使绢帛退出流通领域的重要原因。

但如果认为绢帛在宋代已完全不具备货币功能，那也是不正确的。宋代货币流通领域是一个多元化的领域，充当流通手段的，既有铜钱，也有铁钱、金银，还有当时世界领先的纸币。从上面的分析可知，绢帛作为一种实物货币，也时时在流通领域代替铜钱行用，在当时经济生活中相当广

①《宋会要辑稿》兵二三之一六。
②《长编》卷三四九，元丰七年十月壬申条。

泛地起到一种准货币的作用。当然，对于这种作用决不能夸大，确切地讲，绢帛在宋代已不具有完全的货币职能，它只在一些特定场合具有某些货币功能。

（原载《中国经济史研究》2004年第3期）

从银绢并用到银绢分离

——北宋时期的银绢关系试探

王文成

唐朝钱帛兼行，宋朝钱楮并用，构成了唐宋时期货币流通的主导格局。但也正是在钱楮并用的条件下，绢帛完全失去了货币的资格，而白银则迈开了从商品到货币的步伐，银绢之间隐约存在着一种进退替代关系。银绢间的进退替代，首先是绢帛与白银在一般社会财富的意义上不期而遇，被人们同时用于与其他商品互换。可是，继此之后，白银与绢帛的差别日益扩大，银绢同用减少，白银逐步成为处于绢帛及其他商品对立面的特殊商品——货币。因此，从白银货币化的意义上看，从银绢并用到银绢分离的过程，正是白银从林林总总的商品世界中被筛选出来，成为特殊商品的重要转折点，是白银货币化进程展开的起点。从这一起点出发，最终出现以银买绢之时，当是白银初步实现货币化之日。本文拟对北宋时期银绢关系的演变进程作一简要考察，以期对宋代白银货币化的研究有所裨益。

一、茶盐榷罢中银绢并用的发展

北宋时期白银与绢帛及某些商品一道，与其他商品进行交换，在专卖物资的折博中得到了充分的体现。如宋代出现较早的矾的专卖中，与矾交易的即有"金帛、丝、绵、茶及缗钱"①。因此，这里首先从矾的折博开

---

① 〔元〕马端临：《文献通考》卷一五《征榷考二》。

始，对专卖物资折博中的银绢关系进行讨论。

金银钱帛乃至粮草、茶叶等同用于博矾，是北宋时期的常见现象。建隆中如此，太平兴国、端拱中亦然。[①]景德二年（1005）又有刍粟加入到与矾的折博中来。当年林特、李溥改茶法行入中时，其所行茶法是"其于京师入金银绵帛直钱五十千者，给百千实茶。河北缘边入金帛刍粟，如京师之制，而增茶十千，次边增五千。河东缘边、次边亦然，而所增有八千六千之差"。此只言茶法而未及矾，但为推行新的茶法，真宗正式任命李溥为"制置淮南、江浙、荆湖茶盐矾税都大发运事，委成其事"[②]。李溥所"制置"者，当包含了矾，此时矾的折博，相应变成了与"金、银、绵、帛""金帛、刍粟"之类。此后，铜钱、绢帛、刍粟与白银一道博矾的情况长期未变。如天圣六年（1028）"河东矾积益多"，也曾"复听入金帛、刍粟"[③]。由此观之，宋初相当长的时期内，与矾"折博"的不仅有银、绢，而且有茶叶、刍粟等。

除矾之外，茶是较早与银进行折博的禁榷物资。但无论是乾德间还是开宝间的茶法中，与银同用的都有绢帛。自雍熙间宋辽战争爆发，粮草开始与茶货折博。除绢帛外，白银又多了一个伙伴。此后，北宋茶法在入中与帖射之间摇摆。但无论是入中法、三分法还是帖射法中，仍是银绢同用，甚至是银绢粮草同用。如天圣元年的帖射法，实行的是"客旅于山场买茶、赴官场贴射，并于在京榷货务纳净利实钱，每百千为则，内五十千见钱，五十千金、银、䌷、绢、小绫。如无本色，即纳见钱"[④]。而天圣三年行之于河北的三分法中，也明确规定"在京入纳金、银、物帛上等第加饶"[⑤]。

---

① 《宋史》中称：矾"太平兴国初，岁博缯钱、金银计一十二万余贯，茶计三万余贯。端拱初，银、绢帛二万余贯，茶计十四万贯。"《宋史》卷一八五《食货下七·酒坑冶矾香》。

② 〔宋〕李焘：《续资治通鉴长编》卷六〇，景德二年五月戊辰条。以下简称《长编》。

③ 《宋史》卷一八五《食货下七·酒坑冶矾香》。

④ 《宋会要辑稿》食货三〇之五。

⑤ 《宋会要辑稿》食货三六之一八。

与茶类似，北宋初盐与白银交换中，同样是银绢并用占绝对优势。《文献通考》引陈傅良之言，曾称：雍熙三年（986）"三月，令河东北商人如要折博茶盐，令所在纳银赴京请领交引，盖边郡入纳算请，始见于此"[1]。涉及与盐博易的好像只有白银。可是从《文献通考》本身的记载来看，雍熙年间行通商法时，与盐交换的并不是专用银。马端临称："雍熙后用兵乏于馈饷，多令商人输刍粮塞下，酌地之远近，不为其直，取市价而后增之，授以要券，谓之交引。至京师给以缗钱，又移文江淮荆湖给以课末盐及茶。"[2]此外，李焘亦称"自河北用兵，切于馈饷，始令商人入输刍粮塞下……移文江淮，给茶盐，谓之折中"[3]。实际上这时与盐互换的似乎根本就没有白银，而是粮草和缗钱。此后，景德二年（1005）"三司众官"论及解盐的入纳品时，既称"见钱、铤银、实价粮草"，也称"金、银、钱、物"、"金、银、钱、帛"、"金、银、见钱、绫、绢、绵、紬、布等"[4]。甚至庆历元年（1041）一度规定"入中他货，予券，偿以池盐。由是羽毛、筋角、胶漆、铁碳、瓦木之类，一切以盐易之"[5]。折博解盐的白银，干脆为其他军需物资取代。

由此我们看到，北宋时期矾、茶、盐这三种最主要的专卖物资的交换中，白银与绢帛及其他商品的关系纷繁复杂。不仅政府把白银与见钱绢帛、茶盐香矾等一道，用于籴买粮草军需，而且商人也把银与绢帛、粮草等一道，用于算请茶盐矾等。因此，从总体上看，仁宗朝及其以前专卖物资的折博中，白银与绢帛的关系总体上仍是银绢并用。究其原因，最根本的问题在于，专卖物资是政府折博军需物资的主要手段，与茶、盐、矾折博的，完全视政府的需要而定。正如政府为取得军需对商人实行的是"唯

① 《文献通考》卷一五《征榷考二》。原系于雍熙二年（985），据郭正忠先生考证，当为雍熙三年之误，据改。见郭正忠：《宋代盐业经济史》，人民出版社1990年版，第721页。
② 《文献通考》卷一八《征榷考五》。
③ 《长编》卷三〇，端拱二年九月戊子条。
④ 《宋会要辑稿》食货三六之五。
⑤ 《长编》卷一三五，庆历二年正月丁巳条。《文献通考》卷一六《征榷考三》。

其所欲"一样，用什么与专卖物资交换，完全唯政府所欲，而不管它是什么。而在政府手中的专卖物资不足以博取到足够的军需物资时，被频繁转移与让渡的主要财产——白银，自然成为博籴粮草的又一重要手段。反之，商人入中只有一个目的——赚钱，能赚钱当然"无物不受"。而在有加抬虚估的条件下，直接得到铜钱和实价金帛却不如博取茶盐赚钱，因此政府支出金帛也需加饶。同样，当政府对粮草之类军需物资的需求不是十分迫切，或者政府手中的部分专卖物资已足以博取到足够的军需物资时，则要求商人用军需物资以外的见钱、银绢算请其余的专卖物资。

二、茶盐榷罢中的银绢分离

然而，北宋仁宗朝以前的茶盐榷罢中，白银与绢帛在折博中的表现远比茶盐及粮草军需等坚强，甚至零星地出现了一些银绢分离的例子。如在矾的折博中，"淳化初，有司言：国家以见钱酬矾直，商客以陈茶入博，有利豪商，无资国用，请今后惟以金银见钱入博"①。"有司"之请，立即得到了太宗的批准。这说明淳化间矾的专卖中，因商人用陈茶博矾致使政府无利可图，宋廷曾明令取消了茶叶博矾的资格。不仅如此，这条记载称"惟以金银见钱入博"，似乎绢帛也被排除在外了。同样，在茶叶的折博中，景祐四年（1037）正月实行的帖射法也规定："自今商人对买茶每百千，六十千见钱，四十千许以金银折纳"②，没有提到绢帛和其他商品。而盐的专卖中，诸书记载天圣放盐时的入纳品，均不约而同地没有了绢帛和其他商品，而只剩下白银和铜钱。《文献通考》引陈傅良的话称，天圣七年（1029）"令商人于在京榷货务入纳钱银算请末盐。盖在京入纳见钱算请，始见于此。而解盐算请始天圣八年，福建广东盐算请，始景祐二年"。不仅如此，在引陈傅良的话后，还有注云："见是年八月淮南江浙荆湖福建等路提举盐事朱某奏"。这说明文中所言"入纳钱银"不是陈傅良

①《文献通考》卷一五《征榷考二》。
②《宋会要辑稿》食货三〇之九。

的创见，而是天圣七年（1029）八月朱某的原文。或许正因为如此，在马端临自己述及天圣八年的解盐入纳品时，也记为"听商贾入钱若金银京师榷货务，受盐两池"①。用于算请解盐的入纳品中，应该说只剩下了见钱和金银。

更重要的是，仁宗朝的折博，在充分体现了"博"的精神之时，宋廷将其库藏的老本与押下的赌注一道，输了个精光。于是，宋廷开始设法改弦更张，尝试将禁榷物资的折博，在一定程度上还原为普通的市场交易。这就是仁宗朝末期茶叶的通商和食盐、矾专卖中的见钱法。而见钱法的实行，却导致了包括银绢在内的诸种商品，退出与政府专卖物资的折博。这其中尤以解盐专卖所实行的见钱钞法最具代表性。

解盐的见钱法因范祥的建议而全面施行，因此也有范祥钞法之称。史载"其法：旧禁盐地一切通商"，"罢并边九州军入中刍粟，第令入实钱，以盐偿之"②，"并边旧令入中铁、炭、瓦、木之类，皆重为法以绝之"。"以所入缗钱，市并边九州军刍粟，悉留榷货务钱币，以实中都"③。从中不难发现，解盐仍旧由国家专卖。但是，解盐这种专卖物资的出售，已完全没有了"折"的含义，而是不折不扣的见钱与解盐的交换。在见钱与解盐之间，当然无须折价。如果一定要找出见钱法与折博的关系的话，只剩下了寓税于博这一专卖制度的核心。见钱法的实行，使折博场上的交换等式发生了首次明显的倾斜。此前与解盐进行交换的种种商品，已全部被清除出去，甚至连白银与绢帛也不例外。

然而，见钱法的实行，就像倒洗澡水时连同婴儿一起倒掉一样，白银也被排除在交易之外。虽然范祥精心设计的见钱钞法中，盐钞充分发挥了"轻赍"的作用。但是，当虚钞增加而钱荒加剧之时，刚被从前门逐出去的白银和绢帛，又不可避免地从后门悄悄溜了进来。尤其是北宋末徽宗一

---

① 《长编》卷一○九，天圣八年十月丙申条，又见《宋大诏集》卷一八三《驰解池盐禁诏》。
② 《文献通考》卷一六《征榷考三》。
③ 《长编》卷一六五，庆历八年八月丁亥条。

朝，银绢与茶盐的折博随着禁榷制度的演变而全面恢复。

崇宁间蔡京全面恢复折博，首先恢复了金银、绢帛、粮草等与茶盐矾的交换的资格。如崇宁元年（1102）恢复榷茶时，长引即"悉听商人于榷货务入纳金、银、缗钱，或并边粮草，即本务给钞，取便算请"①。崇宁四年宋廷明确规定："算请东南末盐，愿折以金、银、物帛者，听其便。"②但值得注意的是，政和二年（1112）蔡京复相，再次全面恢复茶盐等的折博时，也抄袭了见钱法的基本原则，开始将银绢以外的商品排除在算请专卖物资之外。因此，至宣和间，除在矾产地算请矾的手段仍包含有绢帛外，算请茶盐者已以银为主，而少见银绢并用。

不仅如此，为鼓励用银算请茶盐，宋政府还对白银给予了比绢帛更为特殊的关照。宣和七年（1125）先后规定对商人赍来算请茶盐的金银，沿路免税、禁止拖延时限，并最终做出了商人运金银算茶盐，"所有合行约束事件……并依般载见钱法施行"③的决定。白银开始成为享受见钱待遇的特殊商品之一，银绢分离有了进一步的发展。

三、茶盐榷罢之外的银绢关系

在茶盐矾的折博之外，边费、军食问题的影响不是十分严重，且没有了极具欺骗性的茶盐钞"变幻术"，或许更能反映银绢与其他商品关系变化的正常情况。太平兴国初"太宗赐（田）钦祚白金五千两，令市宅"④等例子中，居然无一例与绢帛同赐同用，这不能不使我们怀疑银绢的密切关系。真宗朝也出现了人们更倾向于要白银而不要绢帛，甚至用绢帛换取白银的情况。如景德三年（1006）"五月九日，特奉诏内东门买卖司应内降出卖匹段，自今明上簿历，令使臣当面差人印记，具关子送下杂买务出

---

① 《文献通考》卷一八《征榷考五》。

② 《宋史》卷一八二《食货下四·盐中》。

③ 《宋会要辑稿》食货二五之二七。

④ 《宋史》卷二七四《田钦祚传》。

卖。所有金银印封记交付，更不得私将抵换匹帛下行出卖"①。说明在此以前宫中降出的金银，曾有人暗中收下，换成绢帛。他们宁愿将自己拥有的绢帛换成金银。

　　然而，在大量存在的银绢并用的背景下，专用银而不用绢的例子却显得寥若晨星。更何况这类寥若晨星的例子中，专用白银与商品互换、用白银易绢的现象还不完全是普通的市场行为。这充其量只是模模糊糊地预示着白银与其他商品关系发展的未来轨迹。可是，继此之后的神宗朝，绢帛开始受到更多的挑剔，而白银却颇受欢迎，甚至某些事例已开始具有了在平凡而普通的市场上以银买绢的意味。如熙宁七年（1074）正月丁巳，韩绛因本路安抚司"累岁封桩紬绢或至陈腐"，要求"下转运司用新紬绢或钱银对易"，并得到了神宗的批准。②以此为起点，熙丰年间及其以后，较为经常地出现了专门用白银与其他商品进行交换，甚至用白银置换绢帛的价值等现象。

　　在宋朝的西北地区，熙宁二年"九月，陕西转运司言：本路秋稼丰稔，别无见钱收籴，永兴军封桩银二十余万两，乞借支本司广谋收籴斛斗，以实边廪。从之"③。在笔者检索到的专用银籴买粮草的事例中，这是出现得较早的一例。此后，宋廷更频繁地只用白银付给西北籴买粮草。仅熙宁八年八月至十一月，宋廷三次累计"赐"秦凤路转运司银 55 万两籴买粮草，而"赐"银时竟然无一次与绢帛同"赐"④。元丰五年（1082）五月"戊申，诏：陕西都转运司已支司农寺钱二百万缗、内藏库银三百万两、盐钞二百万缗，可均给诸路。鄜延、环庆、泾原路委转运司，熙河路委经制司，乘夏熟，于缘边市籴军粮封桩，以须军事"⑤。这里与白银同

---

① 《宋会要辑稿》食货五五之一五。
② 《长编》卷二四九，熙宁七年正月丁巳条。又见《宋会要辑稿》食货三七之一八。
③ 《宋会要辑稿》食货三九之二一。
④ 《长编》卷二六七，熙宁八年丁酉条；卷二六九，熙宁八年十月辛卯条。《宋会要辑稿》食货三九之二四。
⑤ 《长编》卷三二六，元丰五年五月戊申条；又见《宋会要辑稿》食货三九之三三。

用的也没有绢帛，而只剩下见钱、盐钞。除西北外，熙宁九年（1076）正月也"赐"三司银15万两，与江南西路常平钱10万缗一道，用于广西"备军需"①。

熙丰以后，类似情况也时有出现。如元祐七年（1092）七月户部曾支封桩银钱100万给陕西"计置麟、府、丰"等州粮草②。而元符二年（1099）正月丁卯，哲宗曾诏"于内藏库支发银绢共二百万匹两，赴逐路经略司封桩，专充准备边事及招纳之用"。只是在"内藏库阙银"的情况下，才采取了用绢帛充抵白银的措施，"以绢七十万匹贴支"③。似乎宋人已把用银当成了习以为常的惯例，而以绢帛充抵白银则成了特例。这意味着，神宗朝及其以后专用银而不用绢的现象继续存在并有所发展，银绢分离绝非偶然。

不仅如此，在此后的支付和交易中还出现了实际需要绢帛的使用价值，而用银来偿还绢帛的价值的现象。如熙宁九年（1076）十月，"永兴军等路转运司言：本路军装绢阙少，乞于市易或内藏库兑拨绢一十万匹，以本路新兴镇所收北银冶所输银十万两折还"④。这里之所以要用绢帛，是因为绢帛具有制作军装的使用价值，而绢被借去做军装后，却可用银偿付其价值。一借一偿之间，绢帛的使用价值和价值发生了分离。在内藏库的绢帛运往永兴军路之时，它的价值却以白银为载体，交回到了内藏库。此后，绍圣元年（1094）又发生了一起类似的事："正月九日，诏令两浙转运司将折纳到紬绢价钱置场收买金银，或将来蚕丝熟日，兼买纱罗紬绢，差官部至京师送纳逐库借过紬之数。以户部言，两浙所收蚕丝至薄，本路今年和买并夏税紬绢，乞令第四等以下户任便纳钱，兑拨左藏、元丰、内藏库封桩禁军阙额等紬绢支用故也。"⑤为偿还借过绸绢而两浙和买

---

① 《长编》卷二七二，熙宁九年正月戊寅条。
② 《长编》卷四七五，元祐七年七月癸未条。
③ 《长编》卷五〇五，元符二年正月丁卯条。
④ 《长编》卷二七八，熙宁九年十月戊戌条。
⑤ 《宋会要辑稿》食货七〇之一七。

及夏税征收到的绸绢不足时，也将绸绢用钱折纳，改市银偿还。这两条材料说明，白银在一定程度上开始被人们当作了绢帛的价值的代表，可以用于置换包括绢帛在内的普通商品的价值。显然，在当时的商品货币关系中，白银开始与普通商品发生了一定的差别，逐步向特殊商品——货币方面靠拢。而前述韩绛请以绢帛易钱银、变转物帛收储等例子中，虽其出发点是贮藏，但以卖绢为银收贮的过程，却已具有了以银买绢、卖绢得银的含义。这些事例日益明显地向我们表明，白银货币化的进程已然展开，离把白银当做货币购买绢帛已指日可待。

从以上分析中不难看出，北宋初期无论是茶盐榷罢还是专卖物资折博之外普通商品的市场上，白银与绢帛同用仍占主导地位。只是在少数特殊的场合，方才出现了专用白银或以绢易银的例子。可是，仁宗朝前后，交换中的银绢并用关系开始发生了变化，专用银而不用绢的例子增加。尤其是神宗时，不仅银绢同用减少，而且日常的交易、支付事例中，出现了不少以银代绢的现象，甚至某些事例或多或少具有了以银买绢的意味。于是，在神宗朝以后的商品货币关系中，白银与绢帛等商品间的区别日益明显，开始向特殊商品——货币转变。人们已能够把商品世界中蕴含着的一般人类劳动，把从商品世界中抽象出来的价值，与白银的天然重量相联系。赋予白银以在市场交易中履行价值尺度和流通手段职能的条件逐步成熟，白银货币化的序幕由此揭开。也只有在这样的条件下，我们论及宋代白银的社会属性时已不必过分瞻前顾后，不用担心在给白银下货币定义时，把绢帛乃至其他商品一道定义为货币。

（原载《思想战线》2001年第2期）

后　记

2021年冬日的一个上午，导师包伟民先生与我通话，告知我浙江人民出版社正在策划一套以"知宋"为主题的系列宋代历史读物，希望由我开展"货币卷"的编辑工作。"知宋"每一册一种主题，需要编者按照自己的章节设计，选择该主题之下最具代表性的研究文章，并撰写导言和提要，向读者直观展现宋代某一方面的风貌和学界比较具有代表性的研究成果。

接到这个任务之后，实话说，巨大的压力和惶恐不安的情绪占满了我的大脑，让原本"热力十足"的暖气都"清凉"了起来。两个问题让我十分担心：一是如何选择体例，究竟从哪些角度编辑货币卷；二是选择哪些学者的哪些文章以更好地支撑体例。

经过长时间的思考并与包老师讨论，我觉得还是按货币形态划分篇目更为合适，再附以几篇贯通各类货币的总论文章，以及讨论与货币密切相关的物价的研究。我相信本书选择的体例和文章能够在相当程度上代表宋代货币史研究的水准和视野。但本人学力所限，选文难免挂一漏万，也受到篇幅的限制。宋代货币史研究中高质量的论文和著作（本书没有收录著作中的章节）还有很多，如果读者能以本书为线索接触更多的精彩研究，我觉得编辑目的便真正实现了。

感谢包老师的信任支持，当然还有赐稿，让我放心大胆地开展工作。按文章在本书出现的先后次序，感谢高聪明、李伟国、何平、俞菁慧、雷博、吴旦敏、汪圣铎、王文成等诸位师长与朋友赐下精彩纷呈的文稿，让本书的设计落地成为现实。此外，还要感谢我在编辑过程中所有叨扰过，和为本书提供过帮助的师友。衷心感谢大家的关怀和鼓励！

最后，感谢浙江文化研究工程对本书的资助，以及浙江人民出版社的大力支持。特别要提及的是责任编辑金将将女士、诸舒鹏先生负责、高效的工作，大大提升了整合、出版书稿的效率。我与诸舒鹏先生是小学同学，此后各自负笈，久失音讯。谁曾想，一本讲述宋代货币史的论文集竟发挥了曾经"人人网"的重要功能，让老同学聚首。不得不说，人生经历就是充满了巧合，不期而遇带来的惊喜总让人期待明天的到来。

王　申

2024年7月于北京努力过了书房